溥仪写真书系

我的丈夫溥仪

◎◎ 李淑贤 忆述

◎ 王庆祥 撰著

群众出版社

·北京·

图书在版编目（CIP）数据

我的丈夫溥仪 / 李淑贤忆述；王庆祥撰著. -- 北京：群众出版社，2018.6
ISBN 978-7-5014-5764-9

Ⅰ.①我… Ⅱ.①李… ②王… Ⅲ.①爱新觉罗·溥仪（1906-1967）—生平事迹
Ⅳ.①K827=7

中国版本图书馆CIP数据核字（2018）第100835号

我的丈夫溥仪

李淑贤 忆述　　王庆祥 撰著

出版发行：群众出版社
地　　址：北京市丰台区方庄芳星园三区十五号楼
邮政编码：100038
经　　销：新华书店
印　　刷：三河市荣展印务有限公司

版　　次：2018年11月第1版
印　　次：2018年11月第1次
印　　张：13.75
开　　本：787毫米×1092毫米　1/16
字　　数：250千字

书　　号：ISBN 987-7-5014-5764-9
定　　价：55.00元

网　　址：www.qzcbs.com
电子邮箱：qzcbs@sohu.com

营销中心电话：010-83903254
读者服务部电话（门市）：010-83903257
警官读者俱乐部电话（网购、邮购）：010-83903253
综合分社电话：010-83901870

前　言

　　1979 年秋，我作为一家学刊的编辑到北京组稿，偶然与李淑贤女士相逢，并有幸看到溥仪特赦后所写的书稿、文稿、发言稿、日记，以及他亲手编存的影集等第一手珍贵资料，我们由此建立起了长达十八年的友谊及合作关系，合著出书多种，其中之一就是李淑贤的回忆录。

　　溥仪特赦后再婚的妻子李淑贤，亲身感受到了作为公民的前皇帝不一样的人生。他们甜蜜的恋爱和家庭生活，他们受到毛泽东主席和周恩来总理接见并亲切谈话的情景，他们与全国政协参观团一起到南方和西北各地参观旅游的特别感受，他们在住院治疗的日子里相互关爱的真情真心，他们在生离死别之际感人至深的话语和画面……这些都是李淑贤回忆录中的重要组成部分。

　　李淑贤回忆录《我的丈夫溥仪》初版于 1984 年，其叙述到溥仪去世为止，修订版定稿于 1996 年 5 月，增加了李淑贤在丈夫去世后围绕逝者的一些人生经历。遗憾的是，当修订稿于 1999 年出版时，她已经飘然远行。

　　与李淑贤女士的相识相交，注定了我一生的命运，研究溥仪成了我此生工作的重中之重，甚至或好或坏地影响到了我的生活。

　　之后，我先后于 1989 年、2012 年又出版了溥仪人生中另外两位关系密切的身边人——最后的皇妃李玉琴和随侍三十三年的李国雄的回忆录。

　　1982 年春，我在长春市图书馆第一次见到了中国最后的"皇妃"、时年五十四岁的李玉琴，当时她是图书馆的一名管理员。她说，早就听说我是专门研究溥仪的，并看过我写的《有福贵人》一文，一直想见见我。我们谈了半个多小时，都很高兴。在这之后，李玉琴先后当上长春市和吉林省政协委员，我也被吸纳为长春市政协文史委员会特邀委员。有一天，政协负责文史的领导专门宴请李玉琴和我，席间说：李玉琴拥有第一手宫廷资料，王庆祥是研究溥仪的，你们二人若能合作，就可以留下一段非常有价值的伪满宫廷史。我们当即答应，一部长达四十万字的回忆录工程就此拉开帷幕。

李玉琴回忆了在伪满后期被册封为"福贵人"的前前后后，她曾以少女的天真与"康德皇帝""夫妻"相处，随后在伪满垮台后与"皇后"婉容一起度过了八个月的逃亡生活，接着又在没落皇家苦守七年，经历了无人能够感受的孤寂落寞。为了寻找当过皇帝的丈夫，她甚至在中南海新华门前拦截过可能知情的某位首长。她打小工、借路费，六赴抚顺探监，最终不得不选择离婚。离婚后，她也曾前往北京探望溥仪，但却在"文革"中落了个"皇娘造反"的罪名，终以悲情落幕。

李玉琴回忆录《最后的皇妃》于1989年9月出版，相关电影和电视剧紧随其后，逐一问世。

我与李国雄先生的交往也是始于20世纪80年代。1987年夏，我在北京库资胡同一处很普通的、布满"私搭乱建"的四合院内，见到了七十六岁高龄的李国雄，他与老伴住在一间带小跨院的厢房里。他愉快地接受了我的合作建议，最终留下了几十盘录音带。

1924年，李国雄年仅十二岁，便进入逊清小朝廷，成了"小皇上"的奴才，从此贴身跟随溥仪三十三年。他见证了紫禁城内溥仪与皇后婉容、淑妃文绣"帝王之家"的生活；目睹了溥仪被逐出皇宫的惊险一幕；亲历了溥仪在天津张园和静园会见中外重要人士，以及他与文绣谈判离婚的始末。溥仪离津出关的最后时刻仓皇跳入汽车后备箱内，就是李国雄亲手为其盖上后盖的。李国雄还见证了溥仪在伪满时期当傀儡皇帝的全部生活，从旅顺到长春，从"执政"到"康德"，溥仪两度访日、多次"巡幸"，李国雄都陪伴在侧。溥仪囚居苏联期间，还是李国雄巧妙伪装箱底，才得以深藏四百六十八件无价珍宝，从而顺利带回国内。直到被抚顺战犯管理所关押，李国雄依然无从选择地"陪绑"，且不能不检举溥仪的罪行。获释后，两位历经坎坷的人士又在北京聚首，谈历史，话新生，句句都关涉最重要的历史事件和生动的大事细节……

李国雄回忆录《随侍溥仪三十三年》于2012年10月出版，我接到了大量读者来信，都认为这本书与溥仪自传可以相互印证，《我的前半生》中的许多背景，都需要李国雄的叙述加以补充和注解。

上述三部出自三位与溥仪密切生活过的当事人之口的回忆录，全景式呈现了末代皇帝在各个历史阶段的生活实录，具有不可替代的价值。尤其是他们述说的生活细节，最能体现溥仪鲜活的个性。可见溥仪多方面、多角度的人生，三本回忆录的当事人就是这些历史细节的亲历者和见证者，都拥有任何人不能替代的身份和角色，他们的回忆具有全世界都认可的权威性！这几本回忆录成书在他们生前，并经本人过目、修改，直到定稿签字，最后交付出版。现在他们都已经过世，但他们留下的资料、情节和故事都已经进入历史，并被铭刻在宇宙永恒演进的册页之中。

现在，这三本书又得到群众出版社的支持，而作为书系，统一风格再版，给万千读者带来阅读的方便，令我很欣慰。同时增加了若干很有价值的附录内容，其中多为三位回忆录当事人的亲笔书信和短文等。衷心希望这三本书所呈现的中国末代皇帝及其后、妃、妻子多种身份的多种生活姿态，能够给读者以新的视角，对中国历史上这位特殊的末代皇帝有一个全面而充分的认识。

王庆祥

2018 年 1 月

自 序

　　当此《我的丈夫溥仪》将与广大读者见面的时候，我的心情很激动。爱新觉罗·溥仪是中国封建社会的末代皇帝，他三岁登基，是为宣统皇帝。六岁退位后又根据中华民国政府的"清室优待条件"在紫禁城内当了十三年的"关门皇帝"，直到1924年才被冯玉祥将军驱逐出宫。这以后他又长期生活在天津的日本租界内，也曾经出任"满洲国"的傀儡皇帝。日本投降后，他沦为苏联红军的俘虏，被押赴赤塔和伯力，度过了五年囚居生活。中华人民共和国成立后，又经中苏谈判而被引渡回国，在抚顺战犯管理所内学习和改造了整整十年，终于悔过自新，完全改变了模样，变成了公民，变成了我所熟悉的丈夫。他所著的《我的前半生》，也成了畅销国内外的奇书。现在，我要在自己的这本新书里，把丈夫介绍给希望了解溥仪新面貌的广大读者。

溥仪与李淑贤合影于1964年

　　我的丈夫特赦后只活了八年，就被肾癌夺去了生命，从时间上看比五十多年的前半生短了许多倍，而从生命的意义上看，又胜过前半生不知多少倍。溥仪和我共同生活了五年半，如果从相识那一天算起，就将近六整年了。我们有甜蜜的恋爱生活、幸福的婚姻生活和在病痛中互相照顾的温暖而体贴的生活。1984年我的回忆录《溥仪与我》首版发行，引起了很大的轰动，在那本回忆录的前言里，我这样说明了撰写本书的背景：

　　大约是1979年8月至9月间，吉林省社会科学院历史研究所王庆祥同志来京拜访我。他鼓励我一定要写好回忆录，他说，这将是我对历史和民族应该作出的力所能及的贡献。他还帮助我挖掘回忆线索，拟订回忆提纲。我们商定的原则是：想出一件事就写出一件事，忆及一句话就记上一句话。他对我说："您的回忆是具有重要研究价值的当事人第一手资料，每个字都要符合历史事实，对历史负责。"我认为这话很对。

　　我的回忆工作是在半年多的时间里断断续续完成的。每当回忆的时候，我就好像又置身于十几年前的生活中，我的亲人又栩栩如生地站到我的面前，我们共同沿着历史的陈迹，由此一时到彼一时，从这一地到那一地。我不知道笑过多少次了，那是因为又生活在了当年的幸福和甜蜜之中；我也不知道哭过多少回了，那是因为突然又把忆念中得到亲人的喜悦和现实里失去亲人的痛苦联系到了一起……我的回忆可能不全面，但却是完全真实的，都是曾经发生过的历史事实。

　　王庆祥同志是一位史学工作者，他在帮助我整理这部回忆录的时候，一再申明自己的观

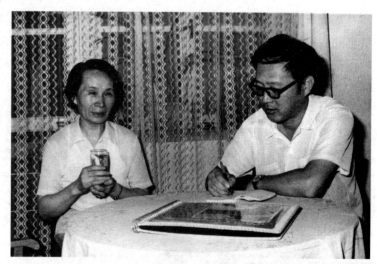

李淑贤口述、王庆祥撰写的一幕合作场景，摄于1980年

点是要客观地描出历史原型，倘有回忆不得真切者，宁付阙如，绝不虚构。现在呈现于读者面前的这部《溥仪与我》，就是他根据我的口述并对照和印证了溥仪遗稿之后整理成书的。初稿完成后，王庆祥同志又来京，和我共同对全书逐字逐段地进行了核实。我认为，改定的书稿与我口述的精神和内容都是完全一致的。当然，我的回忆只能侧重于溥仪的家庭生活方面，远不足以概括溥仪后半生的全

部；倘能略补幸而尚存的溥仪日记等手稿，那就更好了。

十二年以后，我和王庆祥先生再度合作，对《溥仪与我》加以全面修订，不但增添了我和丈夫溥仪共同生活的许多细节，还新写了丈夫去世后我作为溥仪遗孀，而在"文革"十年间以及改革开放新时代里的漫长经历。之所以能够增添大量新的内容，是因为近十几年来，前来访问我的中外各界人士、记者、历史研究者以及普通读者、游客越来越多了。每次接待来访客人，都勾起我对溥仪的许多回忆。其中，特别是一些外国记者，从我与溥仪的相识相爱到组成家庭的经过，从平日工作到家常生活，从爱新觉罗家族、国家领导人与溥仪的关系，从我们的外出旅游到溥仪住院治疗等，无不一一细问。为了更好地回答记者的采访，我一边回忆、一边做些简要的记录，这些记录成为本书重要的新素材。

我把这本经过修订的书稿取名为《我的丈夫溥仪》，希望它能够传达出我对丈夫溥仪深切的怀念之情。当此之际，我还特别要对人民出版社第四编辑室主任乔还田先生和本书的责任编辑致意，是他们的支持与厚爱，才使我得到了和广大读者交流的机会。还有一切鼎力相助的朋友们以及所有喜欢这本书的读者们，请接受我最真诚的感谢。

李淑贤

1996 年 9 月 23 日于北京

目　录

第一章　灰色的童年 …………………………………………… 1
新恋　　第一次见到溥仪 ………………………………………… 5
　　　　与末代皇帝相恋 ………………………………………… 9
　　　　感情升华 …………………………………………………… 14
　　　　六十年代的"皇帝大婚" ……………………………… 20
　　　　蜜月第一周 ………………………………………………… 26
　　　　"老来得子"成泡影 …………………………………… 30
　　　　教溥仪学生活 …………………………………………… 35

第二章　"皇家遗风" …………………………………………… 39
旧影　　"凡人俗事" …………………………………………… 42
　　　　戏迷 ………………………………………………………… 44
　　　　陪伴丈夫回到他登基的地方 ………………………… 49

第三章　名园古刹新体验 …………………………………… 53
重逢　　真诚相爱 ………………………………………………… 58
　　　　拒绝旧礼 ………………………………………………… 64
　　　　旧仆重逢 ………………………………………………… 69

第四章
交往
社会交往 ································· 75
与溥仪一起接待外宾 ··················· 81
"奇书"问世 ························· 84
江南行 ···························· 90
西北行 ···························· 101

第五章
病魔
癌症袭来 ··························· 107
探病风波 ··························· 110
邻里情 ···························· 112
行使公民的权利 ····················· 114

第六章
狂风
狂风突起 ··························· 119
敢说真话的溥仪 ····················· 123
"红八月"有惊无险 ··················· 130
"旧账"新算 ························ 134

第七章
病逝
绝症缠身 ··························· 139
最后一个夏天 ······················· 142
溥仪在我身边去世 ···················· 145
追悼会在十三年后举行 ················· 150

第八章
忆旧
搬出东观音寺 ······················· 157
开始写回忆录 ······················· 160

第九章　《溥仪的后半生》出版了 …………………… 163

尾声　　生活在皇族中间 …………………………… 165

迟到的宣判 ………………………………… 173

后 记 ……………………………………………………… 177

附 录　我丈夫溥仪是日寇屠杀中国人民的历史见证人

　　　　——李淑贤对新华社记者发表谈话 ………… 179

为自己申辩

　　　　——驳沈醉 …………………………………… 183

笔下春秋变幻

　　　　——《我的前半生》写作及成书目击记 …… 185

我 欣 慰 …………………………………………… 189

溥仪和我的婚后生活

　　　　——笔伐美国《新闻周刊》文化版主笔

　　　　爱德华·贝尔 ………………………… 190

我珍惜名誉和尊严

　　　　——驳《“末代皇后娘娘”李淑贤的后半生》…… 194

让美国人民了解溥仪

　　　　——《我的丈夫溥仪》英文版后记 ………… 198

让泰国人民了解溥仪

　　　　——《我的丈夫溥仪》泰文版后记 ………… 200

让日本人民了解溥仪

　　　　——《我的丈夫溥仪》日文版前言 ………… 202

第一章
新恋

灰色的童年

1924年9月4日，我出生在风光明媚的西子湖畔。然而，这被誉为"人间天堂"的地方并不属于穷人，我的青少年时期是在十分凄惨的日子里度过的。

母亲李张氏是家庭妇女，带着比我大十三岁的哥哥阿毛和我一起住在杭州，靠父亲每月寄点钱维持生活。父亲李金生在上海中国银行当职员，他和母亲的感情很不好，长年在外，每隔几个月，或是逢年过节才回家看看俩孩子，他一回来总要和母亲吵架。后来父亲在上海又找了一个女人，对母亲更坏了，每月给家里的生活费越来越少，我家的生活也更艰难了。

母亲没有文化，却有一双巧手。她缝制皮袄、旗袍等服装，比成衣铺出的样式还好，做工十分精细，还能绣出花鸟虫鱼、龙飞凤舞的各式图案，生动有趣。虽有许多太太、小姐送活计上门，但所挣的工钱并不能使我家生活丰足，有时候母亲还带着哥哥和我到郊外挖野菜充饥。记得有一种野菜俗名叫马兰头，烧着吃很有味道。我家每年都挖很多野菜，吃不了的便晒干留到冬天再吃。我家小院里种了很多竹子，竹笋除平常食用外，还要存一部分做过冬食品。

生活虽苦，但娘儿仨在一起，互相爱护，彼此体贴，还觉得挺温暖。旧社会的妇女对自己的孩子都有些重男轻女的思想，母亲也把希望都寄托在了儿子身上，一心想把阿毛哥供养到大学毕业，作为自己后半辈子的依靠。为了供养哥哥上学，我家常年只吃粗饭素菜，从不买肉。然而，天有不测风云，阿毛哥高中毕业那年，暑假期间在西湖边上游玩时突然患病，母亲没钱送他去医院，又缺乏医疗常识，病势日重，很快就死去了，他那年才十九岁。可怜的母亲陷入极度的悲痛之中，泪水满腮，思念儿子，精神上经受了严重的刺激，终日疯疯痴痴，几乎失常。但母亲很刚强，不顾环境恶劣，仍然送我入学读书，为了母女的生活而辛勤操劳。

然而，她终于在我八岁的时候病倒在床，含恨离开人世，死时还不到四十岁。

阿毛哥和母亲先后病逝，而我还是个刚上小学二年级的孩子，无法独立生活，父亲遂在1932年把我带到上海，住进英租界内陌生的新家中。有一个女人和父亲住在一起，他们显然已在一起生活了多年，父亲让我管她叫"妈妈"，我不愿意，父亲说这是为我找的继母。继母很刻薄，对我百般虐待。我当时在清华小学读书，每天放学一进家门便有干不完的活计。继母视我为"眼中钉"，动辄拳脚相加。有时我和继母生的弟弟打架，不管谁是谁非，继母总是打我，常常打得我鼻青脸肿。

挨了打，受了委屈，我只有在睡觉时暗暗抽泣，每天眼泪一串、鼻涕一把地苦熬岁月。有时父亲见我眼睛又红又肿，追问我为什么哭？我不敢说，因为继母不准我告诉父亲，否则会打死我。

"是不是又挨打了？"

"没有。"

"那是同学欺负你了？"

"也没有。"

"那为什么哭？"

"自己跌跤了。"

父亲还是疼爱我的，自然明白这是怎么一回事了，为此而生继母的气，经常与之吵架。继母不但虐待我，还会因为父亲疼爱女儿而大生妒意。我记得有一次过节，父亲给我买了一件很漂亮的衣服，还买了一双小皮鞋，一进门就慈爱地对我说："小妹小妹快来试试！"平时父亲下班，总要带些水果回家，也常常多塞给我一两个，结果继母必定生气，认为父亲偏心眼，两人又要吵架，闹得很凶。

我十二岁的时候，有一次跟父亲去红庙看热闹，那里有很多烧香的人。回到家里我就发烧了，呕吐不止，父亲马上把我送到医院，经确诊为伤寒。治疗了一些日子，病刚好，不料吃了一个芒果又发起烧来，吃什么吐什么。因为伤寒是传染病，大夫让我住院，但父亲不放心，一定要带我回家，并让我住在大客厅里。凑巧赶上继母过生日，请来了一些客人，遂让我搬到楼上去住，但父亲不同意，他向继母嚷道："女儿的命要紧！"硬是把最好的环境留给了我。那次我病得很厉害，伤寒反复发作，连头发都掉光了，父亲特意为我请了一位有名的中医大夫为我诊治，又买黑芝麻磨成粉给我冲茶喝，每天还给我买回一个甲鱼清蒸吃，他每天上班前还要炖好天然白木耳看着我吃下去才肯出门。他精心调养我，直至我的身体完全康复。

　　然而，我的命好苦，唯一疼爱我的亲人——父亲，却在我十四岁那年一病不起，数月后他拉着我的手，满腹遗恨又很不放心地咽下了最后一口气。

　　父亲死后环境大变，继母不准我继续上学，把家务活儿全放在了我身上，伺候她和弟弟。我不但要管吃喝拉撒睡，还要给继母烧烟泡，伺候她吸鸦片。由于每天起早贪黑睡眠不足，我常常一边烧烟泡，一边打瞌睡。这时，继母就用烧热了的烟钎子扎我的手，把肉皮都烧焦了，痛得我大声哭喊，却只能引来继母更严厉的目光！我真像童话里的灰姑娘一样，扮演受气包的角色，挨打受气后，连个说几句安慰话暖暖心的人都没有。

　　凶狠的继母还不让我吃饱饭，竟给我立下家规：一、每顿饭只能吃一小碗，不准多吃；二、只能吃剩的，不许吃好饭菜；三、只能在厨房吃，不准上桌与家人共餐。我吃不饱，实在饿得挺不住了，就趁继母不注意时偷偷吃点零食。一次继母炖了一锅红烧肉放在厨房，我急忙夹了一块吃掉，不料被继母发现，她怒目圆睁，举起拐杖向我打来，鲜血顿时顺着我的头顶淌下，把上衣染红了一片，继母也不送我去医院，只抓了几把香灰涂抹在我的伤口上。

　　自从父亲病逝，家庭坐吃山空，生活日渐窘迫，继母开始在十五岁的我身上打主意了，她要把我嫁给一位同学的父亲的朋友。我和那位同学两家相邻而居，因此常到她家去玩，有时会碰上那个胖胖的老头，他一见我就表现出很亲近的样子，叫我"小妹妹"，让我走过来抚摸我的肩头或在脸颊上亲一亲。当他得知父亲病逝、继母待我又不好等实情后，顿起坏心，遂跟我那位同学的妈妈说，他喜欢这个女孩子，他有钱，虽然已有太太和姨太太，还想娶小，托那位同学的妈妈说媒。这位大公司的老板许愿说，如果女孩同意嫁，就给继母买一处洋房并给一大笔钱做聘礼，还让继母和我住在一起，长期供养。我的同学听到消息先跑来告诉我，可把我吓坏了，那个阔佬比我父亲的岁数还要大呢！但继母却认为这是不可放弃的发财机会，从这一天起她对我突然好了起来，先是劝我嫁给老头，说什么嫁过去就可以终生享受荣华富贵，我毫不客气地反驳道，那你就嫁给他好了！继母竟厚颜无耻地说，人家不要我呀！继母一看哄我不成，又来厉害的。为了卖我，她软硬兼施，无所不用其极。

　　有一天阔佬请客，被邀与席的除同学一家外，还有继母和我，继母骗我说要去参加父亲的一位朋友的宴会，要我打扮得漂亮一些，我是瘦高个儿，皮肤较白，眼睛也大，梳着一根长辫子，继母端详了一会儿，露出狡黠的笑容。当我被带进一座富丽堂皇的洋房客厅以后，就看见那个阔佬坐在首席，我一下子明白了，回头就跑，搅散了他们的好事。继母气急败坏，回家后把我暴打了一顿。从此以后我更遭罪了，最难以忍受的就是不给饭吃，继母还总是恶狠狠地骂道："饿死你！"但无论她怎样折磨，我坚决不同意嫁给那个阔佬。

当时我很难过，很痛苦，厌倦了这吃人的家庭和社会。有一次趁着继母睡觉的时候，我偷了她的几个大烟泡，前思后想，吞恨咽泪，痛不欲生，决心要找父亲去。当时我家住在由前楼、后楼和亭子间组合的建筑内，我在后楼自己的房间里吞下大烟泡以后，便无法自控地折腾起来，惊动了住在前楼的一位男医生和一位女护士，等他们跑过来弄开房门时我已经昏迷不醒了。两位好心人急忙把我送进医院抢救，从口腔下胶皮管洗胃，把我从死神手中拯救了回来。

然而，前程仍然是黑沉沉的，继母还要把我嫁给那肯出钱的老头，不知哪天仍将有大祸临顶。十七岁那年，我终于发现一丝光亮儿，遂毫不犹豫地扑过去，从静安寺路跑马厅附近继母家的鸡毛掸子下逃进梅白克路的姑妈家中。这位姑妈原本也是后续的，但平时对我很关照，姑妈是二房东，靠房租收入吃饭。我在她家才住了几天，继母便跑来要人，姑妈以"没有来"一再搪塞，然而，继母哪里肯信，又找些不三不四的人在姑妈门前房后转来转去，或找茬儿打架，姑妈担心顶不住，我又要落入虎口，就想把我转移出去。姑妈只有两个女孩，大女儿当时已经结婚，家住北平，小女儿嫁给了一位牙科医生，就在上海，姑妈遂指点我暂往北平大表姐家躲避，于是我从上海来到了北平。

大表姐的丈夫是广东人，做生意的，早已去世，她从二十七岁守寡，带着两个孩子只能靠洗衣度日，生活很艰难，而我又给她增加了负担，心里很是过意不去。表姐终于难以为继了，不得不在我十九岁那年带着两个孩子投奔丈夫的老家，又把我一个人孤零零地留在了北平。

一个毫无社会经验的少女，处于兵荒马乱的年月，实在难以孤身生活下去，只好选择结婚之途。雪上加霜的是，从此我又陷入了一桩可憎的婚姻之中。

婚姻可憎是因为我被迫而嫁的那个男人可憎，这个纨绔子弟既把我骗到手，又金屋藏娇，玩弄别的女人，做出我无法容忍的事情。从此在婆家长期过着独处的生活。

直到1949年8月北平这座苦难的城市即将转归人民的时候，我终于摆脱了旧式封建家庭的束缚，并进入北京毓文学校学习班补习文化。1949年1月北平和平解放，10月北平改称北京，中华人民共和国宣告成立，我看到了光明，有了希望，内心充满喜悦。当时我还年轻，决心掌握一门技术，从而走上自食其力的道路。一天我浏览报纸时无意中发现一则招考护士的简章，原来有家惠英护士学校在东四南大街礼士胡同办班开学，我便约了几个女伴报名应试，事遂人意，很快就被录取了。经过两年专业基础知识的速成培训，继而又跟着苏月萍老师在一家诊所实习，刚开始时在妇科产房看人家生孩子感到很害怕，经过两年的实践教育，我终于掌握了临床护理技术。

1955 年经人介绍到朝阳区东大桥景山诊所当了护士。诊所的倪大夫是台湾人，日本医学博士，擅长小儿科，医术高明，在朝阳区颇有名气。虽然每天患者很多，工作任务繁重，但倪大夫还是抽出些时间给我讲课，在将近两年的诊所实践中，我的护理操作技术越来越熟练了，医学和临床知识也越来越丰富了。

1958 年在朝阳区卫生局的领导下，私人诊所都被组织起来，成立了中西医各科俱全的关厢医院，我也被聘用，成了这家新型医院的护士。

1960 年前后，李淑贤在关厢医院门前与同事们合影

第一次见到溥仪

当我离开惠英护士学校并当上景山诊所的护士之后，我在经济上自立了，随即义无反顾地从旧家庭中摆脱出来。

因为有过一段不幸的婚史，我对处理个人的感情问题特别慎重。好心的同事、邻居多次为我牵线搭桥，连我们医院的领导同志也很关心我的个人生活问题，他们介绍的对象中，有的是有职有权又有地位的革命老干部，有的是有才有貌又有钱的民主人士，还有的是医生或工程师，但我衡量再三，都婉言谢绝了。时光荏苒，我已经习惯了年复一年的独身生活。

1962 年旧历正月初六（2 月 10 日），春节后第一天上班，我的一位相识多年的老朋友——人民出版社编辑沙曾熙来医院看我。原来，春节期间每天都有人

找我到家里吃饭，老沙找不到我了，只好节后到单位来。

"我给你介绍个男朋友吧，怎么样？"老沙趁着屋里没有旁人开门见山地说。

"他是哪儿人？做什么工作的？"我问。

"你要相信朋友嘛！我给你介绍的人，绝不会不好的。"

"可是，也得让我了解呀！"

"有空你到我家里来一趟，再详谈一切。"

我当然不应拂却朋友的盛意，两天后我抽空来到老沙家里，他这才把实情一一讲给我听。

"我给你介绍的朋友在全国政协文史资料研究委员会工作，人很忠厚，很可靠。"

"谁呢？"我问。

"宣统皇帝。"老沙故意说出这个人尽皆知的名字，并注意着我的脸色。

"不行不行，我害怕。"听说是皇帝，我吓了一大跳。

"你怕什么？你了解他吗？"

"我看戏剧或电影里的皇帝都是够坏的，还是算了吧！"舞

溥仪在父亲载沣的扶持下，成为清朝末代皇帝

台上的"皇帝"从孩提时代起就给我留下了极深刻的印象：一个个无不是威风凛凛、神气十足、残暴成性。我不能和皇帝交朋友。

"人家经过了改造嘛！据我所知，他的条件还很高呢！"

"那我更不去了。"

"我已经和人家约定了，还是先去看看。"老沙一边与我商量，一边开着玩笑说："我也没见过末代皇帝，这回沾你的光，也让我开开眼界。"

我想：老沙代我约定见面也是关心我，不拿我当外人看待，我不该拒绝他。再说，去也好嘛，看看皇帝长得什么样儿。

原来，沙曾熙有位同乡叫周振强，也是原国民党高级将领，曾任蒋介石的卫士队队长，后来成了解放军的俘虏，在铁窗内改造十年，1959 年 12 月与溥仪同时获得特赦，又同时被安排在全国政协文史资料研究委员会任专员。在朝夕相处

的日子里，周振强最了解溥仪独身生活的难处，有一次，跟老沙提到要给溥仪介绍对象，老沙立刻想到了我。他们两人一商量觉得还合适，老周就向老沙要了一张我的照片，拿给溥仪看，溥仪立刻同意见面。老周又把这个消息告诉了老沙，其实，老沙在这之前尚未和我提过呢！他给溥仪看过的那张照片也是原存的。

溥仪与曾任国民党第二绥靖区中将司令官、山东省主席的王耀武（右二），曾任蒋介石卫士队队长、金华师管区司令的周振强（右一）和曾任国民党第十八军少将军长的杨伯涛（左一）等文史资料专员在一起研究工作

几天之后的星期天，沙曾熙陪我到南河沿文化俱乐部如约会面。跨进院子的大门，就看见两个男人站在冰冷的北风里，老沙先跟其中的周振强打了声招呼，随后便介绍我与溥仪见面。

当溥仪很热情、很大方地跟我握手的时候，不知为什么，我倒有些拘束和紧张，甚至不敢抬眼仔细看他。直到他把我们让进客厅坐定，又向服务员要了咖啡，我这才得到机会观察了"皇帝"的风采。他穿一身藏青色中山服，黑色皮鞋锃亮，头发也梳得一丝不乱，谈吐热情得体，举止文雅洒脱，这一形象令我油然生出几分好感。

溥仪在抚顺战犯管理所帮助医务室工作的情形

在谈话中，溥仪详细地向我询问工作、单位、年龄等情况，问我在医院的哪一科，病人多不多，工作累不累，等等。问得很仔细。当时我正在业余卫生学校学习，手里拿着医学教科书。他看到了，高兴地询问我的学习情况，并说："我对医学很感兴趣，改造期间学过中医，看过不少医学书籍，也曾帮助

管理所的医务室做过护理工作，量血压、注射等简单的操作都可以。我当时曾想过：真能学会了治病，改造结束后也许可以当个大夫呢！"

我问到他的生活情况时，他说："我现在只靠每月一百元工资生活，有时不太够用，由国家照顾。"

他又问我的情况，我讲了父母早逝的经历，他非常同情，说："真苦啊！"又问我父亲生前做什么工作？我告诉他，是一个普通的银行职员。

这几天我也曾了解溥仪的一些情况，知道他作为宣统皇帝曾经统治过全国，后来当"满洲国"的"康德皇帝"，在东北，家家户户都挂他的照片，每天都要给他鞠躬……然而，眼前的溥仪，总是咧开厚厚的嘴唇憨厚地笑着，一派喜气洋洋的神情。我心想：这就是那个皇帝？一点儿架子都没有，和普通人没有什么两样啊！而且，诚实、朴素、和气、热情，更不像戏里的皇帝。

虽是初次见面，但我们的谈话却很投机，不知不觉从下午两点一直谈到五六点钟，当我们走出文化俱乐部要分手时，溥仪不忘向老沙问明住址和单位电话号码，并掏出小本子认真地记在上面。不过，他当时还不好意思问我这些。

身着陆军大礼服的伪满"康德皇帝"溥仪

我们把溥仪送上返回政协的汽车以后，周振强很兴奋地告诉老沙和我说："行了，这回准成！"

"你怎么知道行了？"老沙问老周道。

"溥仪如果不喜欢，总是说几句话就要走，这回谈了几个小时，说明他有诚意。"周振强性格开朗，说话很幽默，他故意作出神秘的样子说下去，"大家给溥仪介绍对象，前后也有十几个了，他都相不中。"

"那为什么？"老沙追问道。

"岁数稍大点、相貌稍差点，都不行。因为他常见外宾，有时还要携带妻子，所以得找个能带得出去的。"

结婚以后，溥仪也向我讲过他第一次见到我的印象。他对我说："那天真是一见钟情啊！我和别的女同志还没有过一谈一下午的。我现在是个公民，只想找个能说得来的，自己真心喜欢的，如果不喜欢，整天待在一起，看着就烦了。你穿戴朴素，人老实。经历很苦，让人同情。又是搞医务工作的，和我的兴趣一致，我喜欢。当时我还想到：如果我们真能结合，就像那数以万计的北京市民一样，建立起一个双职工的家庭，谁也不过寄生虫生活，那该多么令人羡慕啊！"

溥仪夫妇双双离家去上班

与末代皇帝相恋

第二次会面是在五天之后的周末，溥仪给沙曾熙打电话，相邀去跳舞。我们按时前往政协礼堂，在白塔寺下车没走几步，就看见溥仪满面春风地迎了过来，我当时心想，这位皇帝蛮热情、蛮主动呢！

政协三楼的舞厅里，乐队一遍又一遍地演奏着《友谊圆舞曲》，一对对舞伴在乐声中翩翩起舞。溥仪这时却没有那么主动了，只顾坐在那里陪着我和老沙喝茶。一会儿，老沙邀了别人下场，以便给溥仪和我留下说悄悄话的时间。然而，他似乎又找不到合适的话题了。

正当音乐又响起的时候，溥仪站起来，像个普通的舞者邀伴那样，很客气地对我说："李同志，咱们跳一次吧！"接着又说："我不会跳，向你学一学，也许会把你的鞋踩脏的。"我说："我也不会跳。"下场以后我发现他的确是不大会跳，有点笨手笨脚，缺乏节奏感，步子与乐曲的节拍也往往不协调，有时还真把那双锃亮的皮鞋落在我脚上，同时他会轻轻地送过来一句"对不起"，或是略含歉意地无可奈何地一笑，尽管如此，跳跳慢四步什么的，他还能很认真地跟我嚓呀嚓地拖，到了快三步，简直就乱了套，像是拽着我绕圈跑。

"你当了那么多年皇帝，怎么没学会跳舞呢？"两人大汗淋漓地来到小桌旁，我问他。

"那时候我是天子，连父母见了我也得下跪打躬，一般人抬头看我一眼便是君前失礼，谁还敢跟皇上搭肩跳舞？所以我也不可能学会跳舞。现在我是公民了，想让你教教我，补上这一课。"接着，溥仪轻声对我说，"以后就不要总麻烦介绍人了，我可以直接给你打电话吗？"

他问我们医院的电话号码，我告诉了他，但又悄声说出了自己的顾虑："你的'名气'那么大，让人家都知道了，我和周围同志的关系就不好相处了。"

溥仪笑笑说："我不说是溥仪，如果医院的同志要问我姓什么，我就说姓周。"打这以后，我们医院就越来越频繁地接到"周同志"找我的电话，大家都以为我正和姓周的人搞对象呢！

舞会结束的时候已经是晚上十点多钟了。那天，天气格外寒冷，地上是一层很厚、很滑的冰雪，在路灯下溥仪又送我们小心翼翼地走到汽车站。车已经来到，溥仪还再三嘱咐我们："上车要当心噢！踏板很滑，可别摔倒了。"我心中暗想：这位皇帝还真挺关心人呢！

路上，老沙问我有什么感想？我故意说："既然你和老周都这么关心我，我只好相处相处再说啦！"

"作为一个老朋友，介绍、见面，我都替你决定了。但成不成，我可不敢越俎代庖噢！"老沙说。

"人还不错，挺会关心人的。"我说了老实话。

"我早说过人家经过了改造嘛！不是'宣统'，也不是'康德'喽！干吗还用老眼光看人？"说这话时，老沙俨然像个胜利者，"不过，我也没想到，中国的末代皇帝原来这么平易近人！"

第三次会面是溥仪直接打电话来，邀我到政协礼堂看电影《一江春水向东流》。他说已经留好了座位。电影开演后，溥仪聚精会神地看，影片情节深深地吸引了他。当他看到男主人公张忠良抛弃了受苦受难、孝敬婆婆、抚养幼子的结发妻子的镜头时，非常气愤地说："这个男的真坏！家里有那么好的妻子，还在外面寻欢作乐，逼得妻子跳了江，太没良心了！"听了这些话，我觉得溥仪的心眼挺好。散场后，溥仪一直把我送到白塔寺车站，问我冷不冷？还要亲自送我回关厢医院，我一再不让他再送，他等我上车后才回去。

一个新的礼拜六，溥仪在电话中第四次邀我晚上六点到政协礼堂门前见面。那天，车上人多，我等了几趟车才勉强坐上，而车速又慢，结果没能按约定时间到达。

在政协礼堂门前找不到他，我又转到办公楼后面，见他的宿舍也关着灯。心想：还是回到政协礼堂门前等等他吧。当我快走到大门的时候，正遇上溥仪从汽车站方向回来，他一看见我高兴极了，就像铁屑碰到磁石一样，一下子把我抱住。礼堂门前人来人往的，大家看着这场面发笑，我也怪不好意思的。他这才好像忽然明白了，哈哈大笑起来。一些认识他的人过来打趣说："你这个老头咋这么高兴啊！"他赶忙解释道："我到处找得好苦，上车站又没接着，竟在这里碰上了，哪能不高兴呢？"

全国政协礼堂

我小声埋怨他说："你咋不管不顾的？也该分分时间、场合。"

他毫不示弱地回答："你不遵守约定的时间，我这是对你的惩罚！"真是拿他没办法。

那天晚上在政协礼堂看京剧《贵妃醉酒》，他很喜欢京剧这种传统的民族艺术，也能听出各种唱腔味道。他边看边给我解释，发表他的感想和评价。因为我经常和他一起看京剧，逐渐也懂得了一些这方面的知识。

戏一演完，溥仪便提出让我到他的宿舍看看，我就跟他来到政协大院内的一所平房，里间是卧室，约有二十平方米，摆着一个写字台、一对儿单人沙发和一张双人床，还有圆桌和几把椅子，靠床一侧有道门连着卫生间。外间是客厅，看上去比卧室还要大些，有办公桌、书架和半圈形的沙发茶几。但溥仪不会收拾，衣物和用具等摆放得很乱。

溥仪曾告诉过我宿舍的位置，但进入屋内这还是头一次。他让我在外间沙发坐下，又拿出一大堆东西来给我吃。看我并不伸手，他又拿橘子和糖果往我手里塞。他对我说，经过几次接触产生了良好的印象，觉得有点儿离不开我了似的。又问我愿不愿意和他交朋友？我说希望继续相处，以达到互相了解。他还问我现在对他有什么意见？我说，愿在相处过程中开展批评，互相帮助。他笑了。

刚聊了一会儿，溥仪的五妹夫万嘉熙就来了，好像他们预先有安排。随后溥仪就提出，第二天——星期日，两人要一起到我家去。考虑到我们的关系尚未确定，而溥仪又有特殊身份，到我家去恐怕不太合适，我就推辞说："我们院子里人家多，房子又小，路也远，还是不要去吧！"溥仪遂反问道："你是不是对我有意见呀！"看来他是决心要去了，我看推辞不掉，也就勉强答应了。

第二天上午，九点钟左右，溥仪和老万按照"朝外吉市口某条某号"的地址真的找到我家来了。我家只有一间很小的房子，三个人坐在屋里就显得满满的了。后来他们提起当时的

溥仪的五妹夫万嘉熙
（1914—1972）

印象说："地方不大但很干净，东西不多却井井有条，因此，我俩都挺满意。"我想：堂堂宣统皇帝居然到一个普通的平民之家来做客，也怪有意思的。

我们在一起说了一会儿话，老万就借口有事告辞先退了，留下溥仪一个人坐在我家里一个劲地抽烟。

"今天在你家里，我想好好和你谈一谈。我觉得有好些话非和你说说不可。"谈话就这样由溥仪先开了头。

"也好！我很想听听你的意见。"我说。

"你知道：我是个改造过来的旧人员，满身是罪，特别是跟日本人走了十几年，更对不起党，对不起人民。"

"我觉得你改造得不错，政治觉悟挺高的。我的看法也许不正确，我认为历史是很复杂的，我们主要应该向前看。"

"我赞成你这个看法。后半生，我一定多给人民做些事情。"

"我们都应该多做工作。"

我的话使他解除了一个顾虑，他立刻显出很高兴的样子，并把话题转到新的方面。

"由于我在改造中体会到党的政策的温暖，又经过反复的思想斗争，把从宫中带出的经过一再精选而保存下来的白金、黄金、钻石、珍珠之类首饰、珍宝共

四百六十八件全部献给了国家。现在，我只靠每月一百元工资生活，别无长物，所以你跟着我并不能得到享受。"

"我和你相处，并非因为你曾当过皇帝，如果你还像皇帝那样坏，纵然有千千万万件珠宝我也不稀罕。只要人好，再穷我也愿意，感情是金钱买不到的。"

"我的年龄大，我们之间有差距，不知道这一点对你有没有影响？"很明显，这是溥仪早有准备要提出的又一个新问题。

溥仪在抚顺改造期间最早献出乾隆当太上皇时用过的田黄石三连环玉玺，后来又交出四百六十八件无价珍宝

我想和他开个玩笑，看他有什么反应，就轻轻说了一句："还没有考虑过这个问题。"我看他的脸上立刻显出了有点儿异样的神情，"不过，只要精神状态好，是可以让人年轻的。"

他立刻高兴起来，说："你看我的精神状态如何？特别是……和你认识以后，我真是从心里往外高兴啊！"

"我愿意找岁数大一些的，因为从小没有父母，年纪大点更能疼爱我。"我说了老实话。

那天，我们谈了很长时间，谈得那么开心。然而，还不能说两人就此确定了关系，刚刚见过几次面，互相之间都希望多了解了解。对我来说婚姻是一件大事，溥仪也认为处理婚姻问题应该特别慎重，他颇为神秘地轻声告诉我说："这是毛主席向我提出的要求！"原来就在我们初次见面的半个月前，毛泽东曾在中南海颐年堂家中设宴款待溥仪，还鼓励他重建家庭，并对他说："你的婚姻问题要慎重考虑，不能马马虎虎。要找一个合适的，因为这是后半生的事，要成立一个家。"

我们正谈着，邻居李大妈来了。她平时把我当亲女儿看待，听说宣统要来，岂能不想看看，遂带着好奇和惶恐的心情来了，不料，溥仪是一副和蔼可亲的样子，张口闭口一声声叫"大妈"，问寒问暖，嘴巴甜甜的，还执意让李大妈跟我们一起上小饭店吃了一顿饭。过后李大妈很惊愕地对我说："真想不到！皇上怎么变得跟咱老百姓一样啦！"

感情升华

这次会面以后，我们的恋爱生活进入了一个新的阶段。如果说爱情之树在此之前已经萌发，并长出了树苗苗，那么在此之后这树便茁壮地成长起来了。我们见面的次数增多了，溥仪几乎每天都用电话邀我，有时也直接到我家来坐一会儿，聊聊天。

1962年的头几个月，我国仍处在经济困难时期。政府为了照顾民主人士，每月发给文史资料专员十几张就餐证，可以到政协内部食堂或文化俱乐部食堂改善一下生活。溥仪总是在星期六的晚饭前或星期日的早饭前找我一块儿去就餐。遇到他的同事，常过来说说笑笑，问我们几时完婚，要吃喜糖。为了让我换换口味，溥仪也带我到过高档的民族饭店或新侨饭店，美美地吃上一顿。

当时，溥仪正在群众出版社的协助下修改《我的前半生》一书，我也跟他一块去过出版社。他和编辑谈书稿的事情，就拿出一大堆照片让我看。那里面有婉容的、文绣的、谭玉龄的，还有李玉琴的，我觉得很有意思。

溥仪最愿意逛街，每逢星期天，一定会拉上我满城逛，百货公司、食品商场、汽车站的牌子、街头的果皮箱、柜台后边戴小白帽的售货员、人行道上穿蓝制服的年轻姑娘……人们司空见惯，他却觉得新奇。大概是因为自三岁入宫，便由端康太妃、敬懿太妃之类的人看护着，动辄又有庞大的随从队伍跟随着，这种囚禁宫中的生活实在令他太腻烦了吧！现在总算获得了自由，他要充分享受这蓝天之下、大地之上的自由！

记得有一次，我们在西四路西的一家小饭铺吃便饭，找了一张靠墙边的桌子坐下。买了八两米饭，一盘炒肉丝，一碗羊肉丸子汤。

邻桌的一个人突然认出了溥仪，竟禁

溥仪自存《我的前半生》大字本"未定稿"下册封面（1962年10月群众出版社内部印行征求意见用）

不住说了声："这不是小皇上吗！"一传俩，俩传仨，小饭铺的人都放下碗筷围拢过来，互相咬耳朵："看！这就是宣统帝！"还有的人把目光停在了我身上："她就是皇后吧？"当时的场面简直让我连头也不敢抬一抬了，只觉得脸发烧，耳边一片嗡嗡声，脑袋直发木。像怪物一样地被人看，被人议论，这是我从来不曾经历过的事情。但溥仪却满不在乎，跟人们打招呼，点头，哈哈笑着。

一位胸前飘着白胡子、像个老学究式的长者，很尊敬地走过来和溥仪握手，他们边吃饭边攀谈起来。

"您在哪儿工作？"

"在政协。"

"传说您在文史馆。"

"是政协下设的文史资料研究委员会。"

"您的工作一定很忙吧？"

"主要是审阅文史资料，有时自己也写一点儿。此外，每周抽出一些时间到植物园劳动。"

"看您身体蛮好的，请问今年高寿？"

"大爷您看呢？"溥仪反问了一句。

"就像一个四十多岁的人似的，不过……"老人端详了一阵，又开始掰指头计算了，"宣统年是……"

"我今年五十六岁了！"溥仪笑着告诉他。

"不像，不像。"老人连连摇头，又很感叹地说，"你现在一点儿架子也没有啊！"

"我是一名普通公民，哪里还有什么架子？作为一个平凡的劳动者，我感到光荣。"溥仪对老人说。

老人每次问话，溥仪都很礼貌地回答。老人又问我是谁？我看溥仪带着一种骄傲的神情说："这是我的女朋友！"老人感慨万千："难以想象啊！你当皇帝的时候，能带着自己的女朋友到这样一家小饭铺来吃饭吗？"溥仪听了这话也很感慨："当然是做不到的，从前的皇帝溥仪已经死了，您现在看到的是获得了新生的溥仪。"

我们吃完饭要和老人告别了，老人握着溥仪的手告诉他："我家住在西四某胡同，非常欢迎您抽出时间光临寒舍。"溥仪又向饭铺服务员和其他顾客招手，连声道"再见"。走出小饭铺，我跟溥仪说："刚才如果不是人太多，把我们围在中间，我真想找个机会溜掉！"溥仪不以为然地回答："那个老头，连围观的人都是善意的，他们关心我，就是朋友，所以我们不应该一走了之，而让他们失望……"

发生在小饭铺里的这件事情使我对溥仪更加敬重了。我觉得他是那样谦虚，那样可亲，难道生来就以"真龙天子"自居的人竟会是这个样子？难道以"虐待狂"著称于世的人竟会是这个样子？虽然溥仪常常给我讲述他前半生的"丑行"，但我简直不敢相信！我从正在爱上的这个人身上所看到的，是满身的优点，也许这就叫"情人眼里出西施"吧！

当然，溥仪并非没有缺点。长年的宫中生活，特别是当傀儡受监视的年月，养成了他性格多疑的一面。据溥仪自己讲，除了弟、妹，他是绝不轻易在外人家吃饭的，怕别人在食物内放毒药。1962年3月初，有一次在我家里，他忽然问起："李同志（婚前他一直这么称呼我），你的南方菜一定做得好吃吧？"我说："下星期你来吧，我给你做！"下个礼拜天他果真来了，还买了一些鱼罐头、猪肉罐头。我就动手给他做了几样，没想到菜做好了，他却说啥也不吃，无论怎么让，就是一口不动，我很失望，只好自己吃了。原来，当时他还不能对我的一切都深信不疑。

溥仪常常在下班之前到家里找我，他明明知道我的下班时间，为啥偏要早早来碰锁头呢？后来我明白，原来他是要找个"借口"，到街坊李大妈家坐坐。在那里，他总是非常细心地打听我的情况，如问我每天回家晚不晚？经常来找我的都是些什么样的人？有没有常来的男同志等。你看他调查得多么仔细又多么巧妙啊！溥仪因此和李大妈的关系也处得很好，结婚以后还常常提议去看望她。

我不但被溥仪当过怀疑对象，我们之间也曾起过风波。有一次，溥仪在我家谈起以前的"皇后"和"妃子"。他说："那时候我根本不懂夫妻之间应有的相互关系。妻子就是我的玩物和摆设，高兴了就去玩一会儿，不高兴就几天不理，是谈不上有什么感情的。"听他这么说，我就顺嘴讲了一句："以后对我能不能那个样啊？"谁知这句话竟触痛了他，居然生起气来："如果咱们实在不能做永久的伴侣，就做个永久的朋友吧！"说完，穿上外衣就走了。

溥仪为什么生这么大的气呢？经过后来几年的共同生活，我才悟出这其中的道理。特赦后的溥仪最珍视的东西就是十年改造的成果。最感到痛心的事儿就是人们用老眼光看他，而对前半生和后半生不加区分。他常说，昨天的溥仪正是今天的溥仪的仇敌。所以，我那句无心的话确实是触犯了他的大忌。

事后，溥仪有两三个晚上没有露面，记得李大妈还问过，"周先生"怎么好几天不来了？我说，未给他打电话。三天之后他终于又来了，自述说"闹了点感冒"。

"我还以为你生我的气了呢！"

"哪能生你的气呢！"溥仪并没有忘记那天的争论，但他善于自我批评，常把道歉或检讨挂在嘴边，这回又主动认错说："我是改造过来的人，以后对自己的爱人当然不会像在宫中对待'皇后'和'妃子'那样。"他那副样子，就像等我判决似的，这个人的心眼特别直，挺傻的，却也是实实在在的。

郭布罗·婉容就此成为"末代皇后"
（摄于 1922 年溥仪大婚时，年十七岁）

不久，全国政协就派人到我工作的医院来了解情况了。对此，他很担心，生怕我有什么问题成不了。后来，政协领导找溥仪谈话说："李淑贤政治清白，作风正派，为人忠厚老实，是一位好同志，组织上同意你们结婚，但她离过婚，这个问题需要你自己拿主意。"溥仪回答说，这个问题他早就深思熟虑过，对于旧社会强加的痛苦婚姻，离掉有什么不好？

当天晚上溥仪又到我家来，他拉着我的手，显得那么高兴，我问他是不是捡到了什么好东西？他激动地告诉我，政协干部已到医院人事科来调查过了，对你的评价不错，领导上通知我，同意我们结婚，我再也不用担心了，还能不高兴吗？现在你就是我最喜欢的人，如果因为组织上不同意而失去了你，对我来说是多么痛苦啊！

从此，常往医院打电话的"周同志"又还原为溥仪了，医院里人尽皆知，我正和"宣统皇帝"谈恋爱，终于闹得满城风雨了。由于得到了组织上的支持，

额尔德特·文绣摄于入宫前，时年十四岁，溥仪在这张照片上画个圈儿而决定了她的命运

溥仪想见我一面可就方便多了，他常在上班时间到我家找我，李大妈则必给医院领导打电话，领导随即通知我回家。到家一看是溥仪来了，聊一会儿，我再把他送到车站上，还返回医院继续工作。溥仪每天一次，从西城白塔寺乘1路无轨电车到东城朝阳门总站，再走到朝阳门外我家，这段路跑熟了，也敢在晚上自己过来了。我当时很忙，每天晚上都有会议，一到家就会有街坊告诉我，"周先生"来了，正在等你。他们对溥仪还沿用着习惯的称呼。

当时国家正处于困难时期，溥仪总是把政协机关内部照顾配给的罐头、饼干、糖果等带来我家，和我一起吃。

四个多月的相处终于使我下定决心，要把自己的命运和溥仪的名字永远地联系在一起。然而直到这个时候，还有关心我的同志，善意地劝我要慎重考虑。他们说，当皇帝的人怎么能和我们有共同语言呢？可是，我已经有了许多的实践经验，我敢说：他和我们普通人并无两样。而且，我认为他有许多我喜欢的优秀品质。

医院化验室有位女同志对我们的关系很不理解，她曾把我叫到一边说："你还这么年轻，为什么要和溥仪结婚？怎么能和封建皇帝一起生活呢！"我回答说："感谢你的关心，但是我喜欢他，他也喜欢我。"还有个平时很要好的同事小魏，从在医院人事科当干部的嫂子那里得知全国政协来人调查的事，特意找到我说："给你介绍了那么多对象都相不中，却偏偏看上了溥仪，让我想不通，你是图他有钱吧？"

"不，他很穷。"我答道："我们两人都有工资，谁也不靠谁。"

"那么你看上了他什么呢？"

"我喜欢他这个人，他为人老实，对我特别好。"

不管我怎么解释，小魏还是想不通。甚至说如果我和溥仪结婚，她就跟我断绝朋友交情，以后确实没有来往了。

我和溥仪的感情越来越深了，他知道我身体不好，和我在一起的时候总是怕我冷着、热着、受风、着凉。一次我得了感冒，他听说后便来看我，见我嗓子疼得说不出话来，心里十分焦急，他相信中医，让我到海军医院找著名的张大夫看看。我说不用去，过两天就会好的。谁知他竟脸背着我掉起眼泪来，哭得很伤心，我安慰了半天，他才不哭了。一次溥仪来电话说他病了，发着高烧。我一听赶紧利用中午的休息时间，买了一些平时他很喜欢吃的食品去探望。我给他量体温，38度多，我说我陪你去人民医院打一针，好得快。他听后非常感动地说："现在我算是有了一个真正的好朋友了！你这么老远来看我，我的病好像已经好了许多，不用上医院了。"坐了

溥仪与李淑贤的恋爱达到高潮

一会儿，他突然拉住我的手用力地握着，两只眼睛盯住我问：

"告诉我，你打算什么时候结婚？"

"再等一段时间吧！"

"为什么还要等？"他用恳求的语气说，"答应我，早点儿结婚吧！"

"是怕我会变心吗？"我猜透了他的心思。

"有点儿怕，因为我喜欢你，所以更怕失去你，我不能没有你呀！"溥仪老老实实地说出了自己的想法。

"有一句人们常说的俗语，可我还是愿意借用它来表达一下我的心情：海可枯，石可烂，我这颗心不会变。"

听完这话，溥仪高兴得几乎要从床上跳起来，像唱和对联似地说出下面一句："山有顶，河有源，爱情之花不凋残。"

我们的恋爱生活至此达到了高潮。像一对对青年恋人一样，也曾发出了海誓山盟。

六十年代的"皇帝大婚"

溥仪多次向我提出结婚的要求，他催促说："淑贤，还考虑什么呢？我们相处好几个月了，快结婚吧！省得我天天往你家跑。"我不能还让他失望，遂商定在1962年4月30日结婚，婚后第一天便是五一劳动节，这位当过皇帝的人非常希望把自己大喜的日子与劳动人民的节日联系起来。

临近婚期的日子里，陪同溥仪和我购买结婚用品的全国政协工友赵华堂赵大爷早就开好了两张介绍信，一张介绍到百货大楼，一张介绍到友谊商店。这是领导特别关照赵大爷的，因为当时正是困难时期，物质缺乏，有介绍信可以照顾些。领导还告诉溥仪说："你们白手起家

溥仪与弟妹们和政协工友赵华堂（前排右一）合影

不容易，要好好安排一下，不但应把家庭生活日用品一次购全，还要把你们俩人的服装鞋帽都添置够用，费用均可报销。"

我平时穿用的衣物不缺，但听说将有各界领导人、许多名人及海内外新闻记者出席婚礼，作为新娘子的我，当然希望能打扮得漂亮些，心里真想能趁这机会买几套好衣服。

在柜台前，当我指着看好的布料或服装而把征询的目光投向溥仪时，他却好像没看懂似的。跟着一块来的赵大爷遂插嘴道："结婚是一辈子的大事，你不能委屈了人家。"溥仪则用商量的口吻，温和地对我说："这次买衣物用品都是国家开支，咱们要节约办事，主要买锅、碗、瓢、盆日用必需品。衣服你买一件就算了，以后我们自己有了积蓄再陆续添置好吗？"溥仪的话是有道理的，国家有困难，组织上这样照顾，我们难道就不该体谅国家吗？那次，我们买了一条床单、一个被面，我也只在百货大楼买了一件凡尔丁西服裙，溥仪则什么也没有买。

赵大爷在旁边见溥仪一件衣服也不买很着急，劝他说："你也别白跑一趟

啊！"可溥仪坚决不肯："我的衣服还可以凑合。"赵大爷提起这件事就夸溥仪，说他"是个有觉悟的人"。

4月25日溥仪来找我，正碰上我嗓子疼，说不出话来，他很着急，对我说："新华社记者听说我们就要结婚了，希望能在婚前把我和女朋友的照片发布出去，特邀我们明天去颐和园玩，给我们拍照，你却病了，怎么办呢？"溥仪说着说着，又坐在那里伤心地哭了起来。

"你哭什么？"我以嘶哑的嗓音很勉强地说。

"怕你的病严重起来会出问题，真担心婚期也要耽误了。"

"只是感冒嘛，有什么关系呢！过两天就会好的，明天病稍好些就到颐和园去，尽量不要影响新华社的工作。"

我说着，拿条毛巾给溥仪擦拭眼泪，他又高兴地笑了起来。第二天上午，溥仪坐着全国政协的汽车来接我，如愿以偿地完成了这次任务式的郊游。

4月29日政协机关派了一辆汽车来，把我家的几样家具、几个衣箱、行李被褥和锅、碗、瓢、盆之类全部拉到溥仪的住处，第二天上午政协机关又派一辆小车来接我，由溥仪陪同到王府井四联高级理发店为我理发，理完发仍把我送回朝阳门外我那间空房里。当天下午，溥仪又坐着小汽车来把我和我的几位同事一起接到政协机关，并在机关食堂吃了晚餐。

饭后，大约从六点三十分起，政协机关的大小汽车排成一列，向文化俱乐部（南河沿礼堂）驶去，隆重而热闹的婚礼仪式将在那里举行。我和溥仪乘坐的上海牌小轿车走在最前面，因为第二天就是"五一"劳动节，大街上张灯结彩，使我们的婚礼更为增色。

在文化俱乐部门前，我们一下车就被一大堆来宾围上了。其中有中共中央统战部、全国政协以及北京市委统战部的领导同志，有许多著名的民主人士和文化艺术界的名流，有文史资料研究委员会的专员们，有我的医院同事，还有溥仪和我两方面的亲朋好友等。大家一边介绍着，问候着，一边走进了典礼大厅。

1962年4月30日，溥仪和李淑贤在全国政协文化俱乐部举行婚礼

大厅里的客人分别围坐在一张张长桌前面，桌上摆满了茶点和糖果。我们进屋后先就座，然后溥仪领着我一张桌子一张桌子地互相介绍、握手、让烟、让茶。大家都高兴地和溥仪打招呼，曾任国民党第二绥靖区中将司令官、山东省主席的文史资料专员王耀武说："老溥，明天就是五一节了，你挑这个日子结婚很有意义，好极了！"溥仪说："五一是劳动人民的盛大节日，作为一个新的劳动者，我对这个节日感到特别亲切。"

七点整，由担任司仪的政协委员、政协总务处处长李觉（曾任国民党第四十三集团军中将副司令）宣布结婚典礼开始。

首先，由主婚人——溥仪的七叔载涛致祝辞。七十七岁高龄的载涛讲起话来声音还是相当洪亮。他说："我今天参加这个婚礼非常高兴，希望你们在婚后新的生活中相亲相爱，互相学习，取长补短，在社会主义革命和建设中作出自己的一份贡献，以报答政府的关怀。最后，预祝新郎新娘和衷共济，白头偕老。"

载涛讲完这几句就坐下了。1922年溥仪在清宫中举行大婚仪式，载涛就是主要的操办人之一，1937年溥仪册封"贵人"谭玉龄，载涛也曾参与其事，而这次为溥仪主婚，情况大不相同了，回想历历往事，感慨系之。司仪宣布请新郎讲话，溥仪大大方方地走到台前。

各位领导、各位同志和亲友：

我和淑贤在劳动人民最好的节日里结婚，蒙各位在工作百忙之中光临，我们表示衷心的感谢！

我们选择这个日子结婚则因为这是劳动人民最愉快的一天。我们要记住这一天，永远向劳动人民学习，学习他们勤劳、勇敢、直爽、朴素的优良品质，学习他们崇高的无产阶级思想感情。

回想自己的前半生，那是一个剥削者、寄生者的可耻的经历，经过十年改造，今天我成了自食其力的光荣的劳动者。我是一个园艺工作者和文史工作者，而我的爱人是一个我最尊敬的医务工作者。我们在劳动者的

溥仪亲笔拟写的新婚典礼讲话稿

节日里建立起一个劳动之家，这正是我所追求的幸福。现在这幸福已在眼前，是政府给的，是人民给的。

我愿意代表我的爱人，在今天的来宾面前表示决心：我们两人一定要相互勉励，随时克服缺点和错误，在各自的劳动岗位上，永远忠诚于人民的事业，把一份微薄的力量献给期待着我们的祖国！

溥仪这几句话是事先作了准备的，他还几次跟我商量说："淑贤，在婚礼上我定要讲几句话，你也应该讲几句，因为这很有意义。"我说自己不善于在人多的场合讲话。溥仪并不退让："那你就写个稿子练练嘛！"我虽未表示答应，却暗自准备了讲话稿，这回真用上了。新郎的婚礼讲话刚结束，客人们一致强烈要求新娘也说几句。司仪同志走到我眼前，很客气地对我说："还是请您满足群众的要求吧！"我感到实在躲不过去，非说说不可了，便掏出讲话稿，站起来念下去。

各位首长、各位同志、各位亲友：

今天，各位盛意参加我们的婚礼，谨致以最衷心的谢意！

我们的结婚，经过了较长时间的了解，彼此认为满意。我们的感情在相处中奠定了基础，共同的语言和共同的兴趣，把两人的命运联结在了一起。今天的婚礼说明我们的爱情已经成熟，我们的希望也终于实现了。在这样的时刻里，我们不能不由衷地感谢给我们带来了美满家庭的社会主义祖国！最后，再次向诸位致意。

我讲完，当场就有人打趣地说："这新娘子还讲得不错嘛！"接着，司仪李党处长也代表政协组织向新郎、新娘表示了热烈的祝贺之意。

婚礼结束后，宾客们围坐起来，大厅里洋溢着欢声笑语。曾任国民党陆军第四十九军军长的文史资料专员郑庭笈夫人冯莉娟的声音最尖，她指着溥仪说："你不是喜欢医学吗？这回和白衣战士结婚，可遂了你的心愿了。"中共北京市委统战部部长廖沫沙同志坐在离溥仪不远的地方，瞅着我们一个劲地笑。大家在喝茶、闲聊，本来新郎新娘应该给大家倒倒水、点点烟，可溥仪这个人不大懂客套，只顾坐在那里聊天。我怕客人们有意见，就小声提醒他。他却站起来大声招呼说：

"大家抽烟、喝茶，可不要客气噢！"你说多气人！我只好自己忙着招待客人，不断给曾任国民党徐州"剿总"司令兼前进指挥部主任的文史资料专员杜聿明、曾任国防部保密局云南站站长的文史资料专员沈醉以及周振强等人点烟，他们也都客客气气地起身道谢。溥仪还几次小声叮嘱我，让我注意休息，那天我真倦了，事后溥仪还心疼地说："幸亏王耀武、郑庭笈、范汉杰、李以劻这些人都不会抽烟，不然可要把你累坏了！"

中国新闻社等好几家新闻单位的摄影记者也参加了婚礼，并拍下了许多令人难忘的镜头。他们还趁着这个亲属聚会的机会，替爱新觉罗家族拍了一张集体照，我作为汉族血统的南方人，正是从这一天起，加入了这个曾一度衰败而在新中国成立后又获得了新生的著名家族。

热闹的婚礼场面

直到晚上九点多钟，才由我的几位医院同事及"月下老人"周振强等陪同回到政协新房。溥仪特赦后一时没有给他找到合适的住房，就把政协秘书处旁边的两间办公用房临时改为他的宿舍，也算是对他的照顾，上下班不用

出席溥仪和李淑贤婚礼的爱新觉罗家族成员合影留念

出政协大院，我们婚后也暂时住在这里，那天我们就在此接待了一批批的祝贺者。

曾任国民党中宣部部长、甘肃省主席、陕西省主席，而有"和平老人"之称的进步人士、全国政协常委邵力子先生的夫人傅学文同志来了，她把两瓶陈年老酒放在桌上说："老邵过几天要来喝喜酒，让你们备点儿好菜呢！"溥仪笑着说：

"我们恭候。"

第一、第二和第三批获得特赦的专员们三三两两地前来祝贺，其中有曾任国民党川湘鄂边区绥靖公署主任的宋希濂、曾任国民党第九兵团中将司令官的廖耀湘，以及杜聿明、王耀武、沈醉等溥仪的同事。他们大多穿着在战犯管理所时发下的上、下身蓝制服，有人拿来了烟具、有人拿来了儿童玩具，他们都很了解溥仪的爱好。

全国政协副秘书长、文史资料研究委员会副主任委员申伯纯、全国政协秘书处副处长连以农、全国政协常委平杰三等政协领导同志也来了，他们合买了一条很漂亮的被面送来说："希望你们夫妇永结百年之好。"

植物学专家、北京植物园的俞德浚主任也来致贺了。原来，北京市民政局根据周总理的建议，把刚特赦的溥仪分配到北京植物园，从 1960 年 3 月到 1961 年 3 月，他在那里半天劳动，半天学习，度过了很有意义的一年，在此期间与植物园的领导和同志们朝夕相处，结下了深厚的情谊，他把植物园看作自己的家，到政协工作以后仍是每周一次回植物园"探亲"。俞主任还带来了他与植物园另一位主任田裕民以及和溥仪同在植物园生活过的军队干部胡维鲁共同送给溥仪的新婚礼物——一套崭新的精装本《毛泽东选集》。扉页上的题字是："爱新觉罗·溥仪、李淑贤同志结婚志禧，俞德浚、田裕民、胡维鲁敬赠。1962 年五一节前夕于中国科学院北

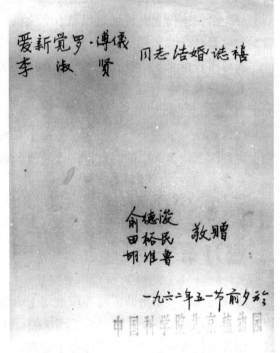

植物园领导赠给溥仪夫妇的新婚礼物《毛泽东选集》，图为扉页上的题字

京植物园。"

群众出版社的领导同志也来了，他们送来溥仪平时非常喜欢的毛主席诗词

手写体挂卷。溥仪立刻挂上墙，一边欣赏，一边赞叹："主席书法好，诗词也写得好！"

七叔载涛也来了，他送给侄儿的新婚礼物是一对大理石烟缸。

溥杰夫妇也来了，他们送给大哥一件雪白的衬衫和一双袜子，说是象征着后半生洁白如之。又送给我一个精美的小钱包和一条白底黑花包袱皮，我后来仔细一看，发现包袱皮上有两个细微的虫咬洞，似乎不怎么吉利，但又不好意思挑这个毛病。溥仪也看见了，安慰我说，别往心里去，我们会很吉利的，会白头偕老。我说这也是有意义的，象征着勤俭度日……

群众出版社领导送来毛主席诗词手写体挂卷，溥仪立刻挂上墙

四弟溥任也来了，贺礼是一块小型电子表，这只表后来就挂在我家墙上，帮助我们计算着一分一秒的时光。

妹妹和妹夫也一个个来了，都带来了具有一定纪念意义的各种礼品。

直到深夜快十一点的时候，一伙一伙的客人才陆续散去。

一个星期的新婚假甜蜜地开始了。

蜜月第一周

溥仪与李淑贤结婚的消息连夜被送上香港各大报刊的显著版面。半个多世纪以来，千千万万张报纸大量报道了溥仪的行止，唯有题为《溥仪新婚，贺客盈门》这一则报道，被溥仪亲手剪下保存了起来。

溥仪新婚 贺客盈门

[北京航讯]4月30日，溥仪和一位名叫李淑贤的女士结婚。新娘是浙江人，36岁，在北京一家医院工作。溥仪在婚礼上说："我现在是一个文史工作者。我们今天能建立起一个幸福的新家庭，感到非常兴奋。"他表示今后要和他的妻子互相勉励，互相帮助，共同进步。李淑贤也讲了话。

　　参加婚礼的有溥仪的亲属载涛夫妇、溥杰夫妇、他的姐妹和郑洞国、覃异之、黄雍、李觉、鲁崇义、杜聿明、范汉杰、宋希濂、王耀武、廖耀湘等，以及女方的许多亲友，共一百多人。宾客们纷纷祝贺溥仪夫妇婚后的家庭生活美满、愉快、幸福。

　　第二天就是五一劳动节，政协礼堂将有庆祝大会和文艺演出，九点开始。八点多钟，邢秘书长来到我家说，郭沫若同志和包尔汉同志现正在礼堂，很想见见我们。当我们随着邢秘书长走进礼堂休息室时，郭老、包老立刻从座位上起身并迎了过来，亲切地和我们握手。溥仪又把我介绍给郭老和包老，郭老微笑着说："溥仪先生，你大喜大喜啊！祝贺你新婚，祝贺你建立了幸福家庭，希望新郎和新娘永远相亲相爱。"致了贺以后又问："新娘是哪里人啊？"

　　"浙江杭州人。"

　　"原来是我们南方人呀！"

　　郭老说着，把准备好的新婚礼物——两筒"双喜牌"香烟交给溥仪说："祝你们快乐！"这既是贺喜，也预祝那将会带来新生命的幸福结合……文艺节目开演之前，郭老、包老和我们一起照相留念。溥仪很高兴，也很得意。

　　中午，我们在政协食堂进餐，买了炸丸子、炒肉片和酥鱼三样菜，吃着大米饭，溥仪边吃边称赞这几样菜做得很不错。吃饭中间，溥仪又和我谈起郭老来。

　　"郭老是文学家，也是剧作家，对国家有很大贡献。"说到这儿，溥仪又问道，"话剧《武则天》你看过吗？"

　　"没看过。"

　　"这个话剧已经公演了，我看过，很有意思。剧本就是郭老写的。"他又说，"郭老的书法也有功夫，在许多地方题过字。他的夫人于立群也是一位书法家。郭老还是一位很有造诣的历史学家。"

　　溥仪又和我谈起在

郭沫若（左一）、包尔汉（右一）在政协礼堂会见新郎和新娘

一次宴会上见到郭老的情形。郭老对溥仪说："你应该帮助专家们研究清史呀！"溥仪说："可惜我的满文不大通噢！研究清史不懂满文可不行。"他回忆说，郭老每次见到他都热情地打招呼，很客气地问候。

当天下午，国务院副秘书长、总理办公室主任童小鹏前来道贺。他向我们转达了周总理的祝贺，这使我们感到无比兴奋。童小鹏是个爱开玩笑的人，他指着溥仪说："溥仪，你结婚了，看来明年此时有希望见到皇太子啦！哈哈！"在场的人都跟着大笑起来，溥仪更是乐不可支。

童小鹏走后，中共北京市委统战部部长廖沫沙同志又来了，同来的还有北京市委统战部的一位副部长。廖老仪态庄重，文质彬彬，说了一会儿话就告辞了。

5月2日中午，全国政协又设宴招待我们以及爱新觉罗家族。七叔和弟弟、弟媳、妹妹、妹夫都出席了宴会，政协的几位领导和爱新觉罗家族的人们共餐，热烈祝贺我们的新婚之喜。

5月3日晚上，北京市委统战部和北京市民政局，在北海仿膳定了两桌宴席，祝贺我们新婚。统战部廖部长和民政局王局长亲自给新郎新娘敬酒，真是盛情难却，干杯的时候我很为难，说自己喝一两口酒就会醉，廖部长说，喝醉了大家会送你回家，有什么关系呢！正相持不下，溥仪挺身而出为我挡酒："她不会喝呢！她从来不喝酒的。"

"那怎么行，新娘子还有不喝酒的道理！"王局长也不谅解，"再说，我不能白举这杯酒，你照量着办吧！"

"好，好，我代表。"溥仪举杯一饮而尽。第二个敬酒的又起立了。"谢谢，谢谢。"他不等我回答，又是一举杯，干了。在笑声中，他又干了第三杯、第四杯……

这情景引得大家一阵阵哄堂大笑。王局长说："溥仪现在懂得关心爱人啦！还是淑贤有福气，找到这么一位好丈夫。"继而又问溥仪："你原来对皇后和妃子也能这样吗？"溥仪老实地承认说："原来不懂得夫妻之间应是平等的、互相爱护的关系。"

当摆上点心时，王局长说："今天的点心全是在清宫中给溥仪当过御厨的老师傅做的，和原清宫点心一样。"遂又转对溥仪说，"是否请老师傅出来见见你？"随后，一位矮矮的、很和气的年过七旬的老师傅走出来和大家见面，他亲热地长时间握住溥仪的手不放，讲起了在御膳房制作点心的往事。溥仪说："我十九岁离宫，四十多年没吃过这样的点心了，今天在这里吃到，真是想不到的事情。谢谢老师傅噢！"又说，"我觉得这点心比清宫那时候还好呢！"老师傅说："您什么时候还想吃清宫点心就告诉我一声，我立即到您的府上去做。"溥仪连声称谢。

这时，有位二十岁左右的年轻姑娘尤感兴趣地走到老师傅面前，深深地鞠了一躬，很尊敬地说："愿意向老师傅学艺。"原来是溥杰的二女儿嫮生，她生在中国，长在日本，1961年5月随母亲来京探望已经特赦的父亲，不久又返回日本，溥仪结婚之际她再度回到中国，与父母团聚，并参加了

右起：七叔载涛、溥仪、侄女嫮生和嵯峨浩之母嵯峨尚子

伯父的婚礼等活动。老师傅答应了，以后一连几天登门到溥杰家向他的女儿传艺。

为了祝贺我们新婚，群众出版社派来协助溥仪修改《我的前半生》书稿的编辑，也在文化俱乐部西餐厅设宴招待我们，还邀来了婉容的五姨父察存耆。他不

溥仪的乳母王连寿（1888—1946）

但深谙"皇后"的家事，还长期担任溥仪的英文翻译，帮助他回忆了许多历史情节，他们在修改书稿过程中，频繁相聚，情深意笃。

众所周知，溥仪吃乳母王连寿的奶长到九岁，对她有很深的感情，成年以后还总是让她生活在自己身边，直到1946年她在通化中了流弹去世。溥仪特赦后继续与乳母的儿子及两个孙女保持着联系。5月4日那天，我们带着乳母的孙女王佩英到北京植物园玩了一天。溥仪历来是以植物园为家的，新婚之际当然要回家看看。

我们在上午十点左右到达植物园。因为事先通了电话，田裕民主任早在门外迎着了。溥仪把我和王佩英一一向田老作了介绍，田老把我们让进会客室，祝贺新婚，

并关心地询问婚后的生活安排等，溥仪一一作了汇报。

中午到了，田老让夫人做了许多菜，他说是招待植物园的亲人带回门的新娘。吃饭的时候，大家都夸田老夫人做菜的手艺很好。田老在饭桌上对我说："溥仪遇到你是很有福气的，他什么都不会做，你要多帮助他，照顾好他，就像对待老大哥一样。"田老的夫人也是老干部，他们夫妇对溥仪都非常诚恳，对于他们的嘱咐我完全理解。

饭后，田老陪我们参观各种植物，溥仪则能一一讲述它们的来历。在温室中，我们看到一种像大树一样的植物，溥仪讲道："这种植物是外国传入的，对于它的管理，不但要浇水，还必须精心培养。它和含羞草差不多，是一种比较娇贵的植物。"说着，他拿起一把松土用的小铁铲，熟练地松着土，又说："必须经常松土，我刚来植物园的时候，连这种小铁铲也使不好呢，哈哈！"

我们还参观了溥仪住过的宿舍，清洁的房间内陈设很简单，两张单人床、一张办公桌和几把凳子，办公桌上只有暖瓶和茶杯，溥仪的硬板床上还铺着他从抚顺战犯管理所带回来的那套被褥，直到这时每周他还要在这里住上一两天。

那天我们真像新娘回门似地充满了欢乐。当我们告别田老离开植物园大门时已过了六点。回到政协，天就全黑了。

"老来得子"成泡影

新婚蜜月的第一周，在无休无止的活动日程中很快就度过了。晚上一上床，只两分钟工夫，溥仪不轻不重的呼噜声便会传出来。我想，他已经五十六岁了，受不了太多的劳累，就让他甜甜地休息一回吧！

当蜜月的第二个星期开始以后，晚上还是各盖各的被子，起初我只是觉得奇怪，莫非当皇帝的都有特殊"涵养"？我上了床，他仍坐在沙发上抽烟，或者翻书看，我以女性特有的腼腆保持着沉默，一会儿便迷迷糊糊睡着了，忽然又被一股热气烤醒，睁开眼睛就见溥仪手持台灯照我的脸，正细细地观瞧。我就说："都下半夜三点钟了，你还不睡觉，点着一百度的大灯泡，还不把我的脸烤焦了？"他这才悄悄睡下，一连几天都是如此，他总是在我睡下后，便用台灯照着我的脸看。我这才发现不大对头，新婚生活不应该仅仅是这样的。

溥仪还每天到位于白塔寺的人民医院去打针，起初我不知道他打的什么针，有一次我主动跟他一起到了医院注射室，才知道他在打荷尔蒙，我知道这是一种增强男性性欲的激素类药，遂暗中询问注射室护士："溥仪是不是经常来打这种针？"

"他每天注射一支。"护士回答。

有了这个题目，我便问他："你是不是有病啊，为什么要注射荷尔蒙？"

追问之下，他哭着向我承认自己有男性病，还不能正常地与妻子同床。他本以为孤身独处多年，加之后来参加了一些体力劳动，饭量大增，人也发胖了，自觉身体状况颇佳。再说，特赦后由于周恩来等中央领导人的过问，曾做过全面体检，认为旧病可愈，继而先后接受著名中医施今墨、岳美中、张荣增等老先生的诊治，感

海军总医院顾问张荣增为溥仪把脉诊病

到不会有太大的问题，有位政协领导曾问他病好了没有？他还说已经好了，正因为有这种自我感觉，他才考虑结婚的问题。然而现在看来，当时的感觉其实还是错觉。

"为什么婚前不把这一切告诉我？"我生气地问道。

"这是难以启齿的事，我担心要是你事先知道了，也就不会跟我结婚了。同时我还有侥幸心理，也许我这病不知不觉就好了。"溥仪言辞诚恳。

"你有病，令人同情，但也不该欺骗我。"

"淑贤，对不起你，也许我太自私了，可不是有意要欺骗你，我实在是太喜欢你了，实在是怕失去你，恳求你一定不要离开我……"

"现在生米已经做成熟饭，然而，我已经三十多岁了，还想要个孩子呢！"

"你想要孩子，我们就抱养一个吧！"溥仪说着"扑通"一声跪在我的面前，"别人给我介绍过许多对象，都不满意，好不容易遇到了你，我真心喜欢，一定加倍地疼爱你，事事让你高兴，让你称心，绝不让你受一点委屈。如果还有别的

条件，比如交交朋友什么的，只要你仍然爱我，我可以不干涉，也……依你，唯一的要求是不离婚，别离开我，好吗？"

我从小失去父爱和母爱，直到碰上溥仪，才又感受到亲人的温暖。他为人忠厚、朴实、诚恳，我们相识以来，他时时、处处疼爱我、关心我、照顾我，让我怎么舍得一下子离开他呢！他的一番话早把我的心说软了，令我对他只有同情和爱怜，而没有一点儿别的。我心想："不是冤家不聚头"，这辈子的事，我认了！我勉强忍住扑簌簌往下掉落的眼泪，把跪着的溥仪扶起来，安慰说："你曾说过，我们即使不能成为终身伴侣，也要做永久的朋友。别哭了，我不会跟你离婚的，你有病也很痛苦，谁能保证自己一辈子不得病呢？夫妻间并不是除了肌肤之爱就没有别的了，今后你就做我的大哥哥吧！只要你疼我、爱我，我也就满意了。你说让我另外交朋友，这对不起你的事情我绝不做！政协不是派人到医院调查过吗？对此你是完全可以放心的。"

我想好了，决心牺牲自己，跟溥仪做一辈子名义夫妻，从那时起，他就开始管我叫"小妹"了。风波过去，溥仪又高兴起来，但他总觉得欠我，领导知道了，为此特意找我谈话说："溥仪的情况组织上是了解的，希望你不要只看到他生理上有缺陷这个方面，而要顾全大局，要考虑政治影响，你就给溥仪当个保卫工作者吧！今后关于溥仪的工作、学习、生活，不管遇到什么事，你有什么话，都可以对组织讲。我们还千方百计给他治病，慢慢就会好的。"

全国政协领导对溥仪的病情确实非常关注，为之不断地延请名医和专家，治疗一个阶段，便要把溥仪找去，询问疗效。

"溥仪，治疗效果怎么样？"

"大有起色！"

溥仪不希望领导太为自己操心，其实他的病没有什么好转，我也根本不指望了，只是想好好地跟他一起生活下去。不料，这段隐情若干年后也被人绘声绘色地编成了故事。沈醉就曾在

香港《新晚报》1981年3月14日登出沈醉的文章《无药可治的隐病》

香港报刊上撰文加以发挥，按他所述，溥仪曾说过，自己作为男人"不能人道的病""是后天的"，是少年时过度的斫伤。他十多岁住在故宫的时候，因为服侍他的几个太监怕他晚上跑出去，而且他们自己也想睡觉休息，便经常把宫女推到他的"龙床"上，要她们来侍候，不让"天子"下床，溥仪说那些宫女年龄都比他大得多，他那时还是一个孩子，什么都不懂，完全由宫女来摆布，有时还不止一个，而是两三个睡在他的床上，教他干坏事，一直弄得他精疲力竭，才让他睡觉。第二天起床常常头昏眼花，看到太阳都是黄色的。溥仪把这些情况向太监说了之后，他们便拿些药来给"小皇上"吃，吃了虽然又能对付那些如饥似渴的宫女，但后来慢慢地越来越感到对那些事没有兴趣了。等到他结婚后，便常常力不从心。当上伪满皇帝以后，有时要出席日本人安排的祭神、祭天等典礼，多走几步都腰酸腿痛，往往走一段路便故意东张西望，问这问那，好借此休息一下。

我曾向国内著名的清史专家请教，即使在清朝皇帝退位以后，"小朝廷"内仍然严格地执行着名目繁多的宫廷制度，像沈醉所说的那种情况是不大可能的。至于沈醉又说还给溥仪配过三种"秘方"，"除了口服，还有用煎药水洗浴配合，内外兼治"，曾有效地"维持一段时间"，令他"很高兴"云云，实为笑谈。其实溥仪病了几十年，什么样的名医都请过，什么样的好药都用过，他的病也没好过。我们婚后几乎寸步不离，我也没见过溥仪何时曾服用过"偏方"。

溥仪不止一次地跟我说过，当童小鹏来贺喜，希望我们生出"太子"的时候，我是多么盼望这能够成为事实啊！然而，当时我就很担心，这份担心终于又成为难以启齿的惭愧，看来我这辈子永远见不到亲生骨肉了。

在众多关心溥仪身体的人们中，周振强总有负疚感，直到1964年在南方参观期间他还时时提起，说他对不起我："哎呀！我可把你害了……"

"这怎么能怪你呢！我自己愿意，我很满足。"我说的是实话。

其实，溥仪自知他的病没有康复的可能，他说，十七岁大婚以后与婉容、文绣都没有夫妻生活，后来又娶了谭玉龄、李玉琴两位"贵人"，也是只作摆设。20世纪50年代李玉琴探监，并得到特别批准与溥仪同房，后来溥仪跟我说过，那一宿也只有说不完的话，而没有别的。在这个问题上我很理解他，也深深地同情他。我认为夫妇之间还有更丰富的生活，同样能够建立起深厚的感情，我和溥仪就是这样相爱的。当然，溥仪有这种病，也不能说不是一个很大的遗憾。

"淑妃"文绣提出离婚，这是
皇室史上无前例之举

"祥贵人"谭玉龄华年即逝，
她就凭这张照片获选入宫

"福贵人"李玉琴也在 1957 年与溥仪离婚，
此照摄于 1956 年她当上图书管理员之际

教溥仪学生活

婚后的第一个早晨，我六点钟起了床，可溥仪却懒洋洋地不愿起来。我怕来客人，就召唤他。他起床后大概想表现一下，就自己叠起被子来。我一看，叠的什么被子呀，不过是折成一个团团堆在了床头。我开始教他，他认真地学了几遍，可叠出的被子还是没棱没角。

溥仪过了几十年"衣来伸手、饭来张口"的帝王生活，缺乏独立生活的能力。据他自己讲经过十年改造已非昔日可比，却仍是笑话百出，那种可笑的事如果不是我亲眼所见也不能够想象。我们恋爱的时候，溥仪衣帽整洁，发型优美，我还以为他很会生活呢！

其实，溥仪不会料理生活，在抚顺时就已经出名了。他也曾努力学习叠被褥、洗衣服、缝缝补补搞卫生，但此人特笨，像做饭、生火炉这些活儿，则连学习的机会也没有，结婚之前用不着干这些，现在有了家，面对这类事情立时显得狼狈不堪。他洗脸、吃饭很不留心，新衣服刚穿上身就落上饭粒，沾了油污，很快变脏了。洗脸也洒水，洗完脸整个上衣都湿透了。

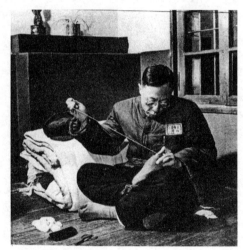

溥仪不会料理生活，在抚顺时曾努力学习叠被褥、洗衣服、缝缝补补

有一回，我让他把洗好晾干的床单收进屋里，再铺好床，竟把他难住了，手拿床单两眼盯着床看，看不清上下头，不知从哪里铺起。还有一回，我炒菜让他取鸡蛋，他拿了三个，没等走到我跟前就全部摔到地上去了。不久的一个星期天，我和溥仪上街转了一圈，中午在莫斯科餐厅吃西餐，晚上就在家随便做点儿饭。饭好了，我在厨房收拾一下，让溥仪把锅端到饭厅去，他却不懂应该用布垫一垫再端锅，结果因为烫手把锅扣在了地上。溥仪很难为情，一再自我批评："我太笨了，恨自己什么都不会做。"我真挺生气的，饭菜洒了一地，溅了满身，衣服、裤子全弄脏了。他也不让我动手，主动扫地、擦地、洗衣服，又怪可笑的。

溥仪帮我洗衣服，真是帮倒忙，把定量供应的肥皂浪费了不少，还没有一次能够洗得干净。平时吃完了饭，还想帮我收拾一下，擦擦桌子或洗洗茶杯，也显得笨手笨脚。有一天吃完早点收拾饭桌，他竟没注意到我放在桌上的一块价值二百六十多元的进口手表，一掀台布，手表摔在地上碎了。我见他很着急就安慰说："摔就摔了吧！急也没用，你的身体要紧。"他说："我要给你买块新的，要比这块更好的表。"

还有一回，溥仪要表现一下，回家就先动手生火炉，等我下班到家一开门，满屋浓烟往外冒，还以为着火了，吓了一跳。蹲下细看时，却见溥仪还在火炉前眯缝着眼睛扇风呢！弄得满手煤黑，头上汗珠流个不停，用手一擦又变成了大花脸。

原来，我们结婚前天天有赵大爷帮溥仪生火炉，婚后他决心自己练习做，可总是弄得满屋烟，冬天放烟常常放空了屋中的热气，像冰窖似的。有一天，来了一位朋友刚好碰上溥仪生火炉，见他这副狼狈的样子，就赶紧帮忙，溥仪则趁机认真学艺。这位朋友说："你过去当皇帝是不会生火炉的，难怪呀！"

可笑的是，溥仪自己上街还常常迷路呢！听亲戚们说他刚特赦时住在五妹家，为了表示自己已经放下皇帝的架子，一起床便拿把笤帚扫大门口，扫着扫着拐了个弯儿就找不到五妹家大门了，幸好有个外甥出来，才把他领回去。有位专员也讲过一件事：1962年春节期间，溥仪等特赦人员都被邀到人民大会堂参加联欢晚会，有人看电影，有人看京戏和杂技，也不知溥仪爱看什么，挤来挤去挤散了。原来约好散会后都到附近的崇文门内旅馆集合，到了深夜十二点多钟，联欢会已经结束了，大家陆续回到旅馆，却不见溥仪，让人着急，身体好一点的便分成两路去寻找。沈醉一伙人围着人民大会堂转圈圈，终于把溥仪找到了，因为他也在转圈圈，想辨别一下回去的方向。

我们结婚后，溥仪仍坚持每周到植物园劳动两天，一般是星期五早晨去，星期六下午四五点钟就回到家了。有一回晚上七八点钟还不见溥仪的人影，怎么回事呢？我打电话给植物园，因为已是下班时间，没人接电话，我挂了好多处，才碰上一个值班的，告诉我说溥仪早就出来了。我十分焦急，并向政协领导汇报，史永副秘书长安慰我说，可能他不认识路，走错了，也许会有人送他回来。直到深夜十一点钟，他才走进家门，晚饭还没吃呢！原来他每次都搭乘植物园俞主任的送班车，这回因故未搭上，便自乘公交车返城，不料换车时上错了车，绕来绕去走了几个小时，后来真遇上好心的路人给送回来了，一场虚惊就此结束。从这以后，我再也不敢让他单独行动了，去时政协派人送，回来时搭乘植物园领导的接班小汽车。我告诉他，如再搭不上俞主任的车，要认准路，乘哪一路车，到哪一站下，向何方向走，再转乘哪一路车等，溥仪认真地记在小本上。以后有两次他故意不搭车，要锻炼自己走路回家，还真没有走丢过。

溥仪缺乏自理能力，不便单独行动，每周去植物园劳动由政协派人送，回时搭乘植物园小汽车

在常人看来很普通的事情，对溥仪来说都有相当难度，他自己说原先笨得连衣服纽扣都系不好，花和草也分不清，盛碗饭还要撒饭粒。好在他肯学，常对我说："不会就从头学起嘛！"在抚顺战犯管理所的劳动中，他学会了包扎、量血压、做消毒棉签、糊火柴盒等，在北京植物园锻炼期间，又学会了一套种植技术，劳动使他从自暴自弃中恢复了信心，也使他感觉到自己存在的价值。

还有一段溥仪学待客的故事可以说说。有一次医院的一位大夫来看我们，溥仪只管坐在沙发上不动，也不让座，自己悠闲地抽着烟、喝着水，却不知道向客人让烟让茶。客人走后，我对他说："你这样待人是很不恭敬的，不了解你的人会说你瞧不起人。有客人来，应该起身相迎，让座、让茶、让烟，以示礼貌。"

过了几天，又有一位政协委员来了，溥仪立刻起身，说："您请坐吧！"又倒茶水，又拿糖果。客人说："哎呀老溥！你这一套学得很不错了，会招待客人啦！谁教给你的呀？"又打趣说："现在应该和你算账了，以前到你家，你向来不招待呀！"溥仪笑着说："欠账就一笔勾销吧！"打这以后，谁到我家都能受到溥仪的热情招待，赶上饭时也一定留吃饭的。

当然，他一做就错的时候也还不少，总是说："别着急，别着急，我慢慢一定学得会的。"每做出点"成绩"来，

1964年，五一劳动节的假日里，溥仪夫妇在欣赏收音机里的节目

也不"埋没"自己，情不自禁地要问我："学得怎么样？"有一次他洗了一件衣服，叫我检查领口，我看也还可以，便夸奖了他，他很得意。还有一回，他一定要烙饼给我吃，烙出一张，自我感觉还不错，就拿来让我看，等我夸他几句，好像我说两句话也挺值钱似的。可他烙糊的，就不让我看了，自己悄悄吃掉，其实，我哪能不知道呢！溥仪总是怕我累着，希望我少做点家务，说我上了一天班才回家来，应该陪他说说话。

我们婚后最初的岁月就是这样度过的。有人说我和溥仪结婚是贪图他的政治地位和物质待遇，为了享乐，这实在是误解。当年的溥仪不过是文史资料研究委员会的普通专员，每月只有一百元工资，而我作为护士的工资只有五十元，哪里还谈得到"享乐！"

就在我家不起火的那段日子里，溥仪在政协机关食堂吃饭，我则在医院食堂吃饭，各自花自己的工资，我每月只需二十几元伙食费也吃得很不错，但溥仪每月的一百元工资却分文不剩。半年后我曾问过他，工资是怎样花掉的？他说不知道，抽烟、吃零食，随手就花掉了。不够便到财务科去借，下月发薪时再扣回，如此每月都有扣款，一月压一月。后来我们自己起火，才逐渐还清了欠款，又攒钱买了收音机等家庭用品。那时我们两人的工资放在一个抽屉里，各带一把钥匙，谁用自己取。溥仪很尊重我，花了钱总是告诉我一声。我嘱咐他，该花的钱就要花，不该花的别乱花就行了。

因为收入低，没有条件请保姆，溥仪又不会生活，家务就全落到我一个人身上。我所在的医院在朝阳，家住西城，每天早晨六点多钟就得赶车上班，下班以后还要开会，每周数次上课——参加业余医学院的学习，往往回到家就九点多钟了，还要做饭、洗衣服、收拾房间，一直忙到深夜十二点钟。溥仪差不多每天都要换一套衣服，我势必天天洗衣服，加之溥仪的外事活动很多，每次见外宾之前，我还要帮助他整理服装、擦皮鞋，连扎领带、系扣子也必须到位，有时还要陪他一起去。我的身体不好，日久天长就有点难以支持了。婚后才两个多月，我就患了神经官能症，肝大了三指，体重也由婚前的一百多斤迅速下降到九十斤左右。这以后，胆囊炎、子宫出血、肾炎等疾病便一样一样地接踵而至了。

第二章
旧影

"皇家遗风"

在将近四十年的漫长人生道路上，溥仪先后三次当皇帝，养成了与一般人很不相同的习惯与嗜好，这或者可以称作"皇家遗风"吧！

人们都知道他当皇帝时有"洁癖"，出入不碰门把手，购物手不摸钱币，凡来见他的人必须在大门口接受消毒等。我们结婚后他也有新表现。有一回在某宾馆的房间里，我发现他使用坐便器，居然也把两只脚蹬在瓷盆的边沿上，问他为什么不用坐式而用蹲式？他说："谁都来坐的地方我不能坐。"原来是嫌脏。

"满洲国"年代，溥仪的生活无规律，常常要到深夜才上床就寝，一直睡到中午。特赦以后他每天上班，固然不能太随便，然而，也往往睡得很晚，有时我一觉醒来，已是下半夜一两点钟，见他还开着100度的电灯伏案写东西，而到早晨就喊不醒，上班自然要迟到，同事们了解他，也不说什么，但我还是劝了他几回，我说这种习惯对身体很不好，应该改变。他听从了我的意见，很快就纠正了。

和溥仪共同生活的岁月里，我感到他有很强的自制力，能够时时约束自己，不断改正多年不正常生活所铸成的不良习惯。1962年秋冬之际，有一次在政协舞厅，时任地质部部长、全国政协常委的何长工遇见我，问我说："和溥仪在一起生活习不习惯？"我说："溥仪的生活习惯是很特别的，婚后很长一段时间内觉得很难生活到一块儿。但他听话，也愿意改正。在实践中确实把许多长年形成的旧习惯改了。"

溥仪也有改得不好的，那就是丢三落四的坏习惯。他特别爱丢东西，可能是因为当皇帝时从来不用自己提着东西出门，所以不论挎背包还是手提包，只要一放下来，临走一定记不得再带上。溥仪特赦后不久，在五妹家住的时候，有一次到服务站打电话，就把装有钱和粮票的皮包丢在了那儿，很快被服务站的同志原

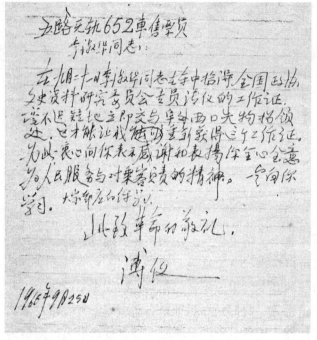

溥仪因丢失工作证又复得而致五路无轨652车
售票员李淑华的感谢信

封不动地送回。溥仪的专员同事也给我讲过这类事，说他丢过许多手提包，好在里面没有值钱的东西，不过是书籍、笔记本或钢笔之类的学习用品。后来他接受别人的建议，把单位、姓名、电话号等写在手提包内明显的地方，以便于拾者及时联系。有了这个办法，真找回几个提包，因为捡了东西的人很愿意亲自送到溥仪手中，趁着这个机会看看皇帝的模样，并得到他的一句谢词。

1962年3月，溥仪列席了全国政协会议。其间，政协在新侨饭店招待专员就餐，可以携带夫人。当时，我们尚未结婚，我以朋友的身份参加。溥仪高高兴兴地到家找我，又一起乘车赴宴。车到南小街时，溥仪突然发现兜里的工作证和会议列席证全没有了，拿不出证件，连新侨饭店的大门也进不去，非常焦急，又返回我家找，发现果然在我家地上呢！原来是溥仪掏手绢时掉落的。

那时，溥仪在全国政协食堂就餐，也常常忘记带钱票和粮票，肚子饿了，便向食堂走去，炊事员也渐渐知道他并不是故意的，遂先记账，嘱下次补交。更滑稽的是常常有这种事，当炊事员把菜或饭递给他之后，他先把菜拿走放在一张桌上，

溥仪列席或出席全国政协会议的证件

回头再端饭时就找不到放菜的那张桌子了，于是又向炊事员要菜，说炊事员没给他菜，炊事员了解他并不是为了占便宜，便再给他一份，等食堂里吃饭的人都走光，就会看到他多拿的那份菜还摆在桌子上。

有一次我问他，别的毛病都能改，丢东西这一条为啥总不改？他笑笑说："丢了东西你别急，它会回来的。"这是开玩笑的话，却也道出了一个事实：溥仪丢过多次东西，真都回来了，有的是自己找回来，有的是别人送回来。

1963 年 8 月底，我们去看望三妹，顺便取出了在洗衣店洗好的被单。溥仪拿着装被单的布包上汽车，汽车开出后忽然发现被单和布包都不见了，于是，到站停车后赶紧下车往回走，在原来等车的地方找来找去，有看见的人告诉我们说："刚才被一个小学生拾到交给了交通民警。"第二天，东四北大街十二条交通队果然通知政协人事科，让溥仪领回失物。

这类事经常发生。

一天，溥仪焦急地到医院找我，问见没见到他的怀表，就是那块出宫时在乌利文洋行买的法国金怀表，特赦时管理所又还给了他，他觉得有纪念意义，丢了可惜。等我下班回到家，他又兴冲冲地告诉我：怀表已经找到了，原来是他卷窗帘的时候，裹在里面卷了上去。"马大哈"带来一场虚惊。

深秋时节，我们一起到政协礼堂看文艺演出。因为怕晚上回来时要冷，我就带了一件大衣，但溥仪却一定要替我拿着。可我们上了 7 路汽车后就发现大衣已经不知去向，到站停车后又急匆匆下车快步走回原来上车的站点，真不错，大衣一动不动地放在原处，我们这才松了一口气。看他满头冒汗，我笑着说："看你急成这样！"溥仪也笑了："你又要说我！"正说着，来了一辆汽车，溥仪立刻登上去。可是，车开出以后，才发现又丢了爱人——由于人多，我没有挤上去。于是，他照例下车返回原站，等我们重新聚齐并共同登车到达政协礼堂时，节目已经演过半场……

也有一样东西我很担心他会丢失，他却一直使用到去世之前，保存得很好。那是在 1963 年 6 月我家搬到东观音寺以后，因为溥仪每天都要穿越南草场到政协上班，我怕他晒，就给他买了一把小巧玲珑的黑色凉伞，并一再提醒他不要随手乱丢，使用了几年果然没有丢失。我夸他"进步"了，他说这是爱人给我买的，怎么可以丢呢！这把伞已经成了我的一件念物。

"凡人俗事"

　　我和溥仪共同生活的时间不长，但那却是我一生中的黄金时代，是我所经历的最珍贵、最难忘的一段时光。这里从衣、食、住说起，叙叙当年的生活。

　　我们恋爱的时候，溥仪每次见面总是穿一套笔挺的制服，分头也抹了发蜡，亮光光的。给我的印象似乎他很注意修饰、打扮，也一定有很多的衣服。其实，这不过是遵照五妹夫老万的叮嘱，在搞对象的时候"装装相"而已。我和溥仪结婚后才发现，原来他这个人并不讲究穿衣戴帽。国家先后发给他几套较好的制服，是每逢会见外宾时才舍得穿的。此外，还有两套制服：一套是蓝色咔叽制服，特赦后国家给做的，平时每天都穿着它；另一套是黑色中山服，还是在抚顺战犯管理所时所发，已经穿得发白了。溥仪从不张罗添新衣，他向我说过，国家经济困难时期，他把发给自己的半年布票全部交还国家，并说自

溥仪夫妇摄于 1962 年秋天

己的衣服够穿，应把这些布票送到国家急需的地方去。婚后他仍是阻拦我给他买衣服，总说："小妹啊，还是少给我买衣服，因为经济不富裕，够穿就行了。"平时，溥仪连皮鞋也不穿，有一双随脚的布鞋他就满足了。

　　有一次逛商店，我相中了一双男式亮面牛皮鞋，想给溥仪买下，可他说什么也不要，硬拉着我向"儿童玩具部"走，并说："你看那个大胖娃娃多好玩，还是买下它吧！"真是让人哭笑不得。他这个人啊，不是我替他想着，连刮脸刀片也不会自己买。

　　有人以为溥仪在宫中时，吃饭有御膳房伺候，几百名厨师，每餐一百多样菜，当了公民以后虽然不能不从简，也总要讲究些吧？其实不然，他很随便，也很俭

朴。结婚初期我家不起火，溥仪和我都在各自的单位食堂吃饭。有时赶不上开饭，溥仪就上周振强家去吃，周家住在社会主义学院内，离我家不远，而老周的爱人又有一手很好的烹饪手艺，直到 1963 年 6 月搬到东观音寺以后，才逐渐添置一些锅碗瓢盆，每逢星期天自己动手在家里做。1964 年溥仪得到稿费以后又陆续添置了小橱以及吃饭用的方桌、椅子等。国家还处于困难时期的时候，他常对我说："咱们过日子要注意节约粮食，每人节约一点儿，全国就是一个很大的数目。"

两人吃饭总要剩一点儿，他不许我扔掉，下顿总是抢着吃剩饭，不让我吃："你胃口不好，我胃口比你好。"他说，粮食是农民辛辛苦苦种出来的，一粒粒麦子积起来的，实在不容易。

他爱吃面食，平时也让我给他做玉米面饼子或玉米面、白面两掺的发糕，他说玉米面营养丰富，吃它身体好。当然，并不是说他天天都要吃粗粮，从他来说还是愿意吃得好些，只是和过去比，确有根本的变化。

为了吃点儿有滋味的东西，他也常到外边吃饭。不过，一般他只到政协或文化俱乐部的内部食堂就餐，有时候也到街上的小饭馆去，只要一两样菜，或是一盘炸鱼，或是一盘油酥鸡，吃到最后往往用米饭拌一下菜盘再吃掉。偶尔喝一点啤酒。

溥仪有个嗜好——喜欢吃西餐，早在天津时就如此，特赦后还常常想吃西餐。我们每月到莫斯科餐厅或东安市场内的和平餐厅吃一两次西餐。每次去之前他都找我商量，征得同意后才去。去了也不浪费，两人吃一顿饭不过花三四元钱而已。

对于在小饭馆里吃东西，溥仪只挑剔一样，那就是食物必须清洁。有一次他去买油条，见服务员用收钱收粮票的手抓油条，一下子就倒了胃口，也没法吃这顿饭了。还把当时的所见所感详明地写入日记，就像碰上了一件大事。

溥仪的烟瘾很大，但他患有气管炎，有时夜间睡觉咳嗽得很厉害，我劝过他戒烟，他说戒不了。我又劝他尽量少吸，因好烟含尼古丁较少，有利于健康，溥仪听从了我的劝告。

至于住的地方，溥仪一点儿也不挑剔，可是，政协组织对我们是满照顾的。我们婚后就在溥仪的独身宿舍内临时安家，有一间卧室、一间客厅，还有特别为我们临时装配的卫生间。有一次，我和溥仪一起到政协秘书处连以农处长家闲坐，连处长说："你结婚了，现在住的房子太小，以后要给你调大些的房子。"又问道，"你过去住在紫禁城内，有那么多那样的大房子，现在一定不习惯吧？"溥仪说："我觉得现在还很不错嘛！"他讲，宫里的房子很多很大，但天地狭小；

现在的房子虽小，却天地广阔，因为是两个世界呀！

我们在政协大院住了一年多一点儿，到 1963 年 6 月 1 日搬进西城区东观音寺新居。这里是洋式平房，条件好得多了。我们住着两间卧房、两间客厅、一间饭厅、一间卫生间，此外还有厨房、库房、用人房和宽敞的走廊。在很大的长形院落里，长着各种各样的树木，有松树、柏树、梨树、海棠树以及榕树等，盛夏之季繁茂无比。我们就在这清静、幽雅的环境里一直住到溥仪去世。这套房子前后墙都有窗户，夏天特别凉快，进屋就消汗了。但冬天就很麻烦，客厅、卧室、卫生间都要烧炉子，取暖费用很高，后来剩下我一个人就没法住了，于是要求组织给我调了房。

1963 年 6 月 1 日，溥仪夫妇搬进西城区东观音寺大院平房新居

戏迷

1964 年 5 月，三位法国记者来到东观音寺 22 号我家访问。其中有位女记者，头发是黄色的，披在肩上。她一来就盯住我问，弄得我怪紧张的。

"你每天在医院做什么工作？"

"做护理工作。"

"下班以后呢？"

"有时和溥仪一块散散步，看看电影或京剧，有时在家里读书看报，也聊聊天。"

"你最喜欢的是什么节目？"

"溥仪喜欢看京剧，我也喜欢，常陪他去看。"

"你们很幸福吗？"

"非常幸福。"

那天，法国记者还当场录了音，又拍了一些照片。

无论从物质生活看，还是从精神生活看，我和溥仪共同生活的那个时期，都能用"非常幸福"这几个字加以概括。和溥仪结婚以前，在我的想象中，皇帝一定是整天板着面孔，就像寺庙的大佛似的，除了发布命令、下达指示不会干别的。但溥仪完全不是这样的人，他和普通人一样，热爱生活，有广泛的兴趣。

溥仪喜欢读书，而且常常读到深夜。我一觉醒来，发现他还在灯光下看得很有兴味。《红楼梦》《三国演义》，还有一些文言古书他都看过。

溥仪离不了收音机，他爱听新闻，爱听音乐，1963年年初就多次和我商量要买一台收音机，并说"买台便宜点儿的就行"。买回以后，他每天都花很长时间收听广播。

溥仪少年时曾在名师指导下研习字、画，颇有功力。特赦后很少绘画了，但书法还练练。求他写字的人也很多。亲戚、朋友和同事都向他索字，许多国际友人和他会见后也往往请他题字，我的同事纽韵铎和胡益萍在结婚前恭请溥仪题写扇面，他欣然应允。溥仪给人家写字非常认真，

溥仪儿时写帖

倘有一字一笔不满意便要重写，而把废字随手丢进一个大竹筐内，我曾一张张叠起来，居然高高地堆满了筐，可惜未能保存下来。

十年改造期间，溥仪学会了锻炼身体。我们婚后他仍坚持锻炼。每天早晨起床后他先在院子里打一通太极拳，打得很带劲。有一次正打拳时外宾走进来，很感兴趣，让他继续打，一边拍下了许多镜头。溥仪还喜欢散步，每天晚饭后都让我陪他到外面去遛弯儿，转来转去的。溥仪还喜欢骑自行车，大家都能记得他在宫中为了骑车把门槛都锯断了，到了晚年仍然没有忘记这项运动，我为啥说是"运动"呢？因为溥仪从来不把自行车看作交通工具。溥仪骑车非常快，真让人担心。有好几次想带我，我可不敢坐。有一次借街坊的车，骑到胡同口把一个老太太撞倒了，赶紧下车赔礼，问老人受伤没有，又要送她到医院检查。老太太起来一看，原来是"小皇上"撞了她一下，又急得不得了，便拍拍身上的灰尘，连声说："没

什么关系。"于是，溥仪留下自家的门牌，并告诉老人，如今后发生问题一定要找他。老太太虽然并未来找，但溥仪还是觉得过意不去，又让我陪着买了点心送过去。老太太特别感动，逢人就说："我是清朝末年出生的人，宣统皇帝登基时，还在家中给皇帝万岁的牌位磕过头呢！皇上登门给我送点心真是世道大变了！"我曾和他商量过想买一辆自行车，也在院子里练一练。他虽然喜欢自行车，但不同意买车，怕我学骑车出事。对我说："你若买自行车，我会得神经病的。"意思是担心。

溥仪喜欢聊天。特赦后的溥仪和各阶层人士都有接触，有的是高级党政领导人、社会名流、高级知识分子，有的是一般群众，老头、老太太、小孩子。溥仪和谁都能聊得来，海阔天空地讲。谈话内容主要是国内外形势、工作或学习。他还常常和我谈起宫中礼法，讲宫里的规矩和礼法甚多，如叩头、请安就有多少样儿，对什么人，什么时候需怎样跪拜，都有一定的规矩。请安有双腿跪、两条腿先左后右地跪下去，身子要挺直，还有单腿安，只跪下一条腿，一边讲还一边做示范给我看。

溥仪喜欢郭兰英演唱的《南泥湾》，说这是总理最喜爱的一首很优美的抒情民歌。特别有意思的是他还愿意唱呢！我记得那是1963年3月间，溥仪把《国歌》和《国际歌》的歌词抄录下来，并认真学唱。收音机一唱他也跟着哼哼，却总是唱得不很像。有一年政协举办大合唱活动，他积极报名参加了合唱队。

溥仪性格开朗，是个忘却了忧愁的人，平时爱说爱笑，特别爱开怀大笑，好像从来不懂得生气似的。别看他五十多岁了，可真逗，差不多每天都要和我说几个笑话。他整天乐呵呵的，人也就不显老，直到六十一岁去世时，连根白头发也没有，满头乌黑。因为他总和我开玩笑，有一次我也和他开了个玩笑。当他洗脸的时候我把他的近视眼镜藏了起来，我自己也躲到了房门后边。他洗完脸，没有眼镜戴，也找不到我了，就伸出双手在半空中摸呀摸呀，也不敢迈步了。后来他讨饶，我把眼镜还给他，并故意逗他说："你这个人过去是皇帝，现在是废物，离了眼镜连道也走不了，我要和你离婚！"他一听就急了，脸色突然变白，并尽力表白自己。更想不到的是，他竟跑到厨房操起刀来要抹自己的脖子。我急忙拉住他解释说："这是和你开玩笑呀！怎么当真事了呢？"他也"扑哧"一声笑了："我也是和你开玩笑嘛，何必当真！"说完又哈哈大笑起来。说实在话，那次可真把我吓得够呛！

我们常常接到出席各种文化艺术活动的邀请，溥仪好动，总是高高兴兴地带着我去。

1962 年农历八月十五日，在政协三楼参加赏月会的情形给我留下了难忘的印象。那是我婚后第一次和溥仪参加这样的活动。洁白的台桌上摆满了烟、茶和月饼，一对对夫妇满脸挂笑，整个场面轻松美好，人们对月抒怀，有赋诗的，有题字的，有以团圆为主题发表种种感想的。一位带着录音机的新华社记者很礼貌地走到我们跟前，让谈感想。溥仪说："我今年赏月感到和往年心情不一

1962 年中秋节，溥仪夫妇出席在全国政协三楼举办的赏月会

样。去年和前年是我蒙特赦后单独赏月，月圆人不圆；今年则是带着爱人一起赏月，月圆人也圆。"记者又把录音机放到了我跟前，我说："有生以来我没有参加过这样隆重的赏月晚会，感到格外高兴。这诗情画意般的场面真是令人陶醉。"

1963 年 3 月 7 日我们参加三八节庆祝活动的情况也很值得说说。溥仪的几个妹妹都来了，先到我家，又一起走进政协三楼会议室。我婚后第一次参加这种庆祝会，溥仪和我坐在一起。文史资料研究委员会的同事们见了开玩笑："老溥怎么总陪着新娘？今天可是妇女过节呀！"溥仪却满不在乎，振振有词地说："她是初次在政协过妇女节，我应该陪陪她。"那天，周恩来夫人邓颖超和鲁迅夫人许广平都参加了，并先后讲了话。之后是文艺节目，由国内最著名的电影和戏剧演员表演，十分精彩。演出中溥仪问我："你和我结婚以前参加过这样的节日活动吗？"我说："医院每年三八节也开会，但没有国家领导人参加，没有这么隆重。"

我们经常参加跳舞晚会，看电影、看京剧、看各种文艺演出，每周至少一两次。他特别喜欢传统的京剧节目。有时候同时发了京剧票和电影票，他总是动员我一起去看京剧，开台锣鼓响过，他便会闭着眼睛"入戏"，手也打拍，脚也打拍，嘴里不停地哼着，一副入了迷的神态，回家后还要学台上演戏的动作，扭来扭去的。甚至从爱看京剧到喜欢京剧脸谱，每次到商店都买几个，什么大花脸、小花脸、老生、青衣无所不有，竟陆续装满了一箱子。

从京剧又谈到梅兰芳，溥仪向我讲起前半生中两次看戏的情景。第一次是端

康太妃过整寿那天（1923年10月2日），宫里把杨小楼、梅兰芳、尚小云三人找来唱戏。溥仪还记得，梅兰芳演了两出戏：《游园惊梦》和《霸王别姬》，他非常喜欢。唱完后，溥仪赏赐每人一只乾隆的鼻烟壶，还单独赏赐梅兰芳"御馔一桌"，银洋五百块。这一下引来了不少闲话，在那些遗老们眼里，优伶是低贱的人，不应赐以厚礼。第二次是在天津时，溥仪和婉容到开明戏院看梅兰芳演的《西施》，由于这次"俯临剧场"，竟惹得一位遗老胡嗣瑗上了自劾的请求告退的奏折，大意是，这样很失皇上尊严，既然如此，可见他们随侍左右的人实在有亏职守，只好引罪求退……溥仪再三慰留，以至拿出两件狐皮筒子赏之，他才转嗔为喜，又称赞溥仪"从谏如流"。从这以后溥仪是不敢随便到戏院去了。曾有一位瑞典王子到天津要见见溥仪，他却因为在报上看见这位王子和梅兰芳的合影，便以为有失身份，拒绝相见。

"旧社会里无论是多么有名气的演员也属于下九流，让别人瞧不起……"溥仪感慨地继续说道，"新社会完全不同了！"他又说起1960年年初与梅兰芳在三届二次全国政协会议上会面的情景，弹指三十多年过去了，在不同的时代里，两人都经历了复杂的变化，现在又高兴地紧紧握手，悠悠话旧，何等地激动！

溥仪还跟我讲起过他与著名京剧演员马连良先生的一次难忘的会见。那是1961年10月3日，溥仪和马连良都应邀参加了政协举办的欢迎华侨、港澳同胞归国的酒会。他们极为亲切地在一起交谈，吸引了一批又一批的华侨，一批又一批的记者。两人还十分高兴地站在酒会大厅门外的台阶上拍了一张有纪念意义的合影。后来我见到这张照片，就向他询问马连良先生的近况，他说："马连良先生在海内外有很高的声誉。在酒会上，他见了我非常客气，我也十分敬重他。"还说这次会面引起他许多感想。

1961年10月3日，溥仪与著名京剧表演艺术家马连良合影

陪伴丈夫回到他登基的地方

　　故宫，我们去的次数最多，因为那是溥仪青少年时代的家，他当然也有依恋之情，回首往事，感慨万千。

　　每次从神武门进宫，溥仪总要在门前停住脚步，看看这座由古代劳动人民创造出来的伟大建筑的外观。他的目光由环绕着故宫的护城河开始，先转向那玲珑剔透的角楼，再转向红色的高墙以及"故宫博物院"几个大字和它下面的极为壮观的城门，颇有感触地对我说："这是在五百多年前的明朝永乐年间，搜刮全国人民的人力、物力和财力修建而成的。先后有明清两朝二十五个帝王，在这里过着锦衣玉食、后妃成群、一呼百诺、骄奢淫逸的生活。直到我被逐出宫，才结束了数百年的历史。"他又说："我稀里糊涂地成了这里的主人，也稀里糊涂地认为它是属于我个人私有的家产。"

　　坐在御花园的长凳上，溥仪讲起了小时候的故事，最感兴趣的事儿是喂蚂蚁，让太监专门找些棒子面，招蚂蚁来吃，看着玩。有时跟太监玩"捉迷藏"，用块布蒙住眼睛互相摸，如果太监摸着他，就赏太监点心吃，如果他摸着太监，就要罚站半个钟头。冬天下雪以后，又

少年溥仪在宫中从房顶眺望外面的世界

叫太监陪他堆雪人玩。溥仪说："我三岁奉西太后之命进宫，直到十九岁出宫，四墙之内，如此大一块地方，可把我腻烦死了。随着年龄增长，'捉迷藏'已经不能使我满足，只想插上翅膀飞出这监牢一般的宫廷。直到今天，想起当年的苦闷，我还痛恨西太后呢！"

　　"1924年冯玉祥撵我出宫却把我吓坏了！"溥仪说着，把我拉到养鱼池边上，轻声讲述四十年前发生在这里的一段史实。当时冯玉祥部将鹿仲麟派兵包围清宫，限溥仪在二十分钟之内出宫，因为来不及，经过交涉延长三个小时。这中间，鹿仲麟的军队还向宫中开了炮，一颗炮弹就在这养鱼池里爆炸了，吓得溥仪魂不附

体，站都站不起来。他说："幸亏炮弹没落在我待的那座宫殿的房顶上，不然性命就没了！当时还有人说什么'皇帝有菩萨保佑'这类鬼话呢！"

来到坤宁宫，溥仪说："大婚那天我并未住在这里，只是好奇揭了新娘的红盖头，一看婉容长得挺美，然后就跑回养心殿写字、画画去了，直到天亮再没到新房来。"溥仪又谈起在坤宁宫吃"子孙饽饽"的一段往事。按照习俗，新娘必须找一名父母儿女俱全的"全合人"当伴娘，由她指示"子孙饽饽"的吃法。伴娘端着饽饽问溥仪是生的还是熟的？溥仪说是熟的，拿一个就吃了，又让婉容吃了，伴娘很吃惊，家族的人们听说后，连脸色都变了。按照迷信的说法，"生"即生孩子，"熟"即无后，因此，说"熟"是很不吉利的。

在养心殿小院里，溥仪领我来到他当年的卧室，他仔细看看被褥说："这被子是我盖过的，原物！"

"四五十年了，真结实呀！"我说。

"那就是我睡觉的地方。"溥仪指着殿内的硬板"龙床"说。

"在这儿睡觉能舒服吗？皇后也在这儿住吗？"我颇感兴趣。

"我有时候到婉容那里去住。"

"也上文绣那儿去吗？"

"不常去，偶尔去，待一小会儿就走。"接着又附耳轻声告诉我，"我和她俩实际上都是名义夫妻。"溥仪讲，他一生在夫妻生活上都是很苦恼的。

在敬懿住过的长春宫、庄和住过的储秀宫、荣惠住过的重华宫和端康住过的永和宫，溥仪一一细观陈列的原物，好像要从中找到点儿什么似的。他说："我小的时候常和太妃们闹别扭，她们想约束我，我不服，向她们发脾气。心想：我是皇上，要谁管呢？"从这些名义上的母亲，溥仪又想到亲生的母亲瓜尔佳氏，他说，母亲是文渊阁大学士兼直隶总督、北洋大臣荣禄的第八个女儿，由慈禧"指婚"嫁给醇亲王载沣为"福晋"（满语，意

溥仪当年在养心殿内的卧室

即妻子），她有才智、爱时髦、个性强，相当能干，也特别能花钱。1918 年秋天，溥仪不服端康太妃（光绪的妃子，珍妃的姐姐）的管教，扫了她的面子。端康乃召瓜尔佳氏进宫，加以申斥。她不能忍受这种刺激，出宫后就吞服鸦片自杀了。想起这些，溥仪很难过。

溥仪生母瓜尔佳氏手牵溥杰

参观宫廷御膳房的时候，溥仪说他从小爱吃甜点心，宫里每天制作许多样，端来后也只吃一两块，绝大部分摆样子或赐给太监。

在乾清门东侧靠近毓庆宫的地方，溥仪用手指指前面这一组建筑说，这是他小时候读书的地方。因为周围都是游人，他只好压低声音："我当时不爱读书，老师也没办法，每天早晨让太监在房门外把学过的课程念一遍，希望我能用耳朵听进一些。"他还讲儿时的恶作剧："有时候老师打瞌睡，我就用纸捻成纸棍，捅老师的鼻子。"

来到故宫内的珍宝馆，溥仪依次介绍各种珍宝的来历和用途，介绍慈禧佩戴的珠宝玉器尤详。他说："西太后接见外国驻华使节及其夫人时，最喜欢佩戴许多珠宝首饰，不过是为了显示'中华之物力'，以表明有足够的力量'结与国之欢心'。"讲解时，他尽量压低声音，回避游客。因为他讲得非常细致，许多又是外人不能知的内情，终于被几位游客察觉了，立刻围上来追问："你怎么知道得这么清楚？"围观者越来越多，溥仪连连说："不清楚！不清楚！"赶紧脱身而去。

第三章
重逢

名园古刹新体验

北京风光秀丽，有许多著名的风景区和名胜古迹，为我们的生活提供了美好的环境。溥仪特别喜欢逛公园，可是，好不容易盼来一个休息日，又总有客人来，游玩计划只能放弃。后来，我们想出办法，每逢节假日，一大早就出门，到北海、故宫、景山、中山公园等处游玩，中午在文化俱乐部吃饭，下午遛遛街，逛逛商店。

出故宫神武门，马路对过就是景山，也是我和溥仪常来的地方。记得第一次来，从正门进园，溥仪回头看了一眼马路南侧的紫禁城，颇有感触地说：“我住在宫里时来过几趟景山，虽然只隔一条马路，还是要用轿子抬过来，想自己走走路的自由都没有！”

从绮望楼沿着山路往东走，到红墙的拐弯处折向北，再往西登山而行，走几步就看到左边的一道矮墙，围绕着一棵古香古色的老槐树，溥仪若有感触地轻声说：“你一定听说过崇祯皇帝吊死在煤山的历史故事吧！元朝时这里只有一个小土丘，唤作‘青山’。明代永乐年间，因修筑皇宫在此堆煤，又被称作‘煤山’。后来，挖护城河的泥土堆在这里，形成五座山峰，到清朝又修了几个亭子和一些殿堂，供奉历代皇帝、皇后的遗影遗物，遂改称‘景山’了。李自成打进北京以后，明朝末代皇帝崇祯被包围起来，走投无路，皇后、妃子纷纷自杀，他也跑到这棵树下吊死了。说明压迫人民的皇帝终究不会有好下场。”溥仪深深叹了一口气，又说：“如果不是建立了新中国，弄不好，我也一定要在这棵树下吊死的……”

随后登上主峰，扶着万春亭的栏杆，透过苍松古柏的淡烟轻霭，俯瞰北京面貌，心中充满了感慨。

我还记得那次下山后是从东门出园的。溥仪指指东门旁边的几间房子说：“我特赦后在这里住过几天，参加劳动，浇花种草。”他又说，“原来曾打算安排我在景山和故宫劳动，周总理说不太合适，有那么多游人，也许会认出他来，后来就让我到植物园去劳动了，总理考虑得多么周到啊！"

溥仪夫妇来到北海公园

北海是北京最美丽的园林之一，记得那是新婚蜜月后不久的一个星期天，我们约了媒人周振强和溥仪的本家侄女毓灵筠（溥修之女）一起去玩。进园后，我们站在湖边的汉白玉栏杆前，看那湖上的绿漪清波，看那牌楼后面的朱廊翠瓦，看那小山上如同用玲珑白玉雕琢而成的白塔。讲起北海的来历，溥仪如数家珍。

远在公元 9 世纪的辽代，就在这里修建了"瑶屿行宫"。金代时，又建造了"瑶光殿""广寒殿""团城"以及环绕北海的小山等，同时，由开封等处运来大批艮岳山石，砌成园中假山。到清代顺治年间修了这座白塔，同时兴建了白塔寺，以后又陆续建起许多亭台殿阁。乾隆时，在其母八十寿辰之际，建造了"万佛楼"。据说在一座三层楼中，有一万个大大小小的佛洞，而每个洞内都有一座金质的无量寿佛。八国联军杀进北京那年，帝国主义者们便捎带着把这一万个金佛以及"阐佛寺"大佛身上的无数银嵌珠宝和具有高度艺术价值的雕刻并珍宝全部掠走。

来到"九龙壁"前，溥仪拉着毓灵筠的手，给侄女讲了一段相关的历史故事。在茶座休息时，周振强开玩笑地对溥仪说："你过去当皇上能这样来喝茶吗？"溥仪说："那时候来一次北海，地铺皇毡，人抬大轿，还要多少人鸣锣开道呢！但那算什么自由呢！现在，我可以和爱人、朋友一起来逛逛，喝茶水，吃点心，多随便呀，这才是自由。"休息了一会儿，又登上一条大船，到对岸去玩了一圈。当我们爬到白塔之下并瞭望北京全景的时候，溥仪高兴地说："过去我连几步路都走不了，现在爬了这么高的山却不觉得累。"

广济寺是一座不开放的佛教寺院，该寺的巨赞法师是政协委员，又是中国佛教协会的副会长，和溥仪在同一个小组里学习，他们颇熟。有一次，溥仪从报上看到有关佛牙的报道，才知佛牙现存于广济寺，这引起了他想观瞻佛牙的愿望。巨赞法师了解他的心愿后热情相邀，溥仪很感激。

1963 年 2 月至 3 月间的一个星期天，我们如约来到广济寺。身穿灰色僧衣的巨赞法师在大门口迎接，把我们引进西院他的居室。房间不大却有两个很高的立式书架，摆满了各种版本的佛教经典和大量哲学著作。看得出来，法师是一位渊博的学者。好客僧人奉上香茶，溥仪呷了一口，连夸"好茶"！

聊了一会儿，法师就陪我们参观。他拿了一大串钥匙，先到大雄

1963 年二、三月间溥仪夫妇来到广济寺，巨赞法师在门前迎接

宝殿。殿中央是一尊释迦牟尼佛的高大塑像，迦叶弟子和阿难弟子侍立于佛前，两侧则分别为东方琉璃世界佛祖药师佛和西方极乐世界佛祖阿弥陀佛，大殿两墙还并列十八尊护法神，法师详细介绍了诸佛的来历。我不大懂，但溥仪似乎很懂，因为他在"满洲国"宫中是天天念佛的。我们又来到圆通殿，这里有观音菩萨像。最后到法堂，巨赞法师告诉我们，这是寺内向教徒讲经说法的地方。登上二楼就是存放佛牙的舍利阁，溥仪反复观察那颗约有小拇指三分之二大小的佛牙。

巨赞法师讲述了佛牙的传世情况，这颗佛牙是六朝时南齐和尚法献在新疆南部找到的。他带回南齐后自己保存起来，后因消息传出，法献和尚的住处被抢，佛牙失落。直到陈武帝时又重新出现，并被供奉在宫中，正式受到佛徒的朝拜。隋唐时期，佛牙随着都城的迁徙而辗转，唐末以后来到北京。辽道宗时即在西山灵光寺造塔存放佛牙。该塔在八国联军打进北京后被击倒，佛牙暴露，当时人们看到这颗佛牙被装在檀香木的盒子内，而木盒又藏在一个石函里。军阀统治时期寺院潦倒，佛牙竟一度被送进"当铺"，后经赎回，保存于灵光寺内。1953 年佛教协会成立后，才把佛牙请到广济寺，放在这个舍利阁内。

参观完毕回到巨赞法师的居室喝茶，开饭时法师很诚恳地对我们说："这里的素斋做得很好，有专门的手艺，你们可以尝尝。"但溥仪执意要走，法师也只好送客了。我们走出很远还看见那位身穿僧衣、年近花甲、个子不高、红光满面的法师，久久地站在寺院门外，目送着我们的背影。

颐和园我们也去过多次，第一次的印象还很深刻。那是 1963 年 6 月间的事，

没去之前溥仪就告诉我，有个卖活鱼的地方很有名气，可以在那儿用餐。等我们到达园内已接近中午，就先去吃活鱼了。

"你怎么知道这个地方？"我问。

"特赦后来过。"

"以前也来过吗？"

"我在宫里时，此地属于皇家私园，我曾派英文师傅庄士敦在这儿管理，我也坐汽车来过几次。"

饭后游览东山的亭、台、殿、阁，在仁寿殿后面的漪澜堂西殿屋内，见到一堵青砖墙，溥仪说这堵墙是为了幽禁光绪才砌起来的。在另一座大殿内高高的慈禧画像前，溥仪又说："每年一开春，慈禧就到这儿来了，天一凉又回城了，每次都由许多人抬着大轿，一步一步抬过来。"在慈禧的寝宫——乐寿堂，溥仪指着屋中的陈设说："她置国家危亡于不顾，带着女官和画家尽情享乐。"

转到前山，溥仪游兴更浓，竟一个人登上万寿山的顶层向我招手，然后又很快地走下来，而我只能在山下等他。

我们又沿着长廊走到石舫，溥仪指着园内的山水亭台说，慈禧太后为了享受，在光绪十四年（1888）挪用海军经费三千万两修建了这片园林。她死后，光绪皇帝的皇后隆裕为"孝敬"婆婆，又花了数以万计的银两扎纸船、纸人烧，慈禧活着害人，死了还糟蹋人，逼得百姓活不下去。

直到午后四点多，我们才离开颐和园。

溥仪很喜欢动物，每次去动物园之前，他都买些廉价水果或饼干之类，切成小块带着。他喂熊，而熊就用两条后腿站起来接，并会合掌致意，似乎表示感谢，这使溥仪感到很大的乐趣。

我们还一起游览过其他许多地方，如西山八大处、卧佛寺、香山、碧云寺、天坛等，只是印象已不大深刻，记不起当时的情景了。

溥仪爱逛公园，却要冒着被

溥仪夫妇在香山

围观的风险。在他曾经"登基"的地方——故宫，就有好几次险被游客认出，作为我的"私人导游"，他的讲解实在太详细了，尽管总是压低声音，还是常常引来疑惑的目光。如果说碰上这种场合尚可躲避的话，在小饭馆里面对面围观就不容易脱身了。

溥仪起床时往往我已经上班先走了，他便自己到附近的一家小吃店喝碗豆汁，买两根油条吃，小吃店生意顿时兴隆起来，远远近近的人们为了看溥仪一眼，都特意跑到这儿来吃早点。起初，服务员对溥仪很客气，照顾他不用排队，还帮助找位子。后来，吃饭的人越来越多，大大增加了他们的工作量，而对于国营饭店职工来说，多卖势必受累，工资并不增加，所以还不如少卖点儿，清闲些。于是，渐渐地不再欢迎溥仪了，毫不客气地让他到门外排队去。溥仪也知趣，就不太上那家小吃店去了，那里的顾客顿时减少了。

我和溥仪谈恋爱时曾在西四一家小饭馆碰上围观"险情"，婚后也屡屡发生。有一天拜访张仁甫老大夫回来，中午走进王府井的一家小饭馆，买了几碗馄饨，却又被同桌对面的一位长者"识破庐山真面目"。

"啊！这不是皇上吗？"老头吃惊地问。

"我是溥仪！您怎么认得出？"

"谁能不认识宣统皇帝呀！您怎么还到这种小饭馆来吃饭？我想，您应该到高级些的饭店去。"

"那您可说错了！"

"啊！经过学习和改造，您和平民百姓一样了，以前您就不可能到这种饭馆来！"

"是呀！以前我身为皇帝，没有自由，当然来不了。"

吃饭的人们都围了上来，七言八语地议论着，听老头和溥仪对话。

"您现在还参加劳动吗？"

"我经常到植物园去种花。"

"您住在什么地方？"

"我已经建立了自己的小家庭！"

"听说您喜欢画画？"

"小时候学过，也不大会。"

"我家住在东城，平时喜欢画画写字，家里养金鱼。您有空时请到我家玩玩，我和老伴都欢迎您。"

"您这样盛情，谢谢！"

"您爱下棋吗？"

"下不好！"

"我喜欢下棋，您到我家时下下看！"

我们吃完饭要走时，溥仪和那位热情的老头，还有不少围观的人——握手告别。

真诚相爱

溥仪当过皇帝，而我却是个普通护士，然而我们真诚相爱，无论是溥仪所在的全国政协，还是我所在的医院，人们都知道溥仪对我特别好。

说起来也不怕大家笑话，溥仪这个人好像离不开我似的。我每次上街，他有空就一定陪我，或把我送到公共汽车站，晚上下班，也常常会看到他已在车站等着了，这在他的日记上有许多记载。其实，我在家里他也总是跟着转，洗脸时他就看着我洗完，在厨房做饭，他也笨手笨脚地围着帮忙，我就故意训他："你怕我跑哇！"他却嘿嘿笑两声。

我们医务人员常有夜间值班的情况，每逢轮到我，溥仪都几次打电话来，或直接找到医院，无论如何总要到我所在的值班室待一会儿。有时拿件衣服、送把伞或买点儿吃的东西送来，往往要到赶末班车的时候才肯回家去。这种情况逐渐被医院的几位领导知道了，大概也是照顾吧，后期就很少再安排我值夜班了，组织巡回医疗，一般也不让我参加。

还有几回我上白班，溥仪也到门诊来找我，患者很多，有的大夫嘴快，他就是我院某某的丈夫——末代皇帝，这一下患者都围上来了，以致影响了正常工作，回家后我对他说："我给你磕一百个头，今后千万不要再到医院去了，不是我不愿意让你去，而是患者要围观你这个特殊人物，影响工作。"溥仪答应道："好吧！小妹，我以后不去就是了。"

我每次上街或外出购物，如果饭时未归，他没有一次拿起筷子先吃，无论多晚都一直等我。

政协经常发影、剧票，但我的身体很糟糕，常因不适而不能去观看。我不去，溥仪也不去。当我知道正是他非常喜欢的京剧节目时，便动员他自己去看，他却说："把你自己留在家里，我的心不踏实。"有一回，溥仪让我跟他到政协三楼听音乐，我说累了不想动，他就劝我"少玩一会儿"，那天是周六，他说："辛苦一礼拜了，应该换换脑筋，还是让我搀着你去吧。"参加这类活动他一定要拉上我。还有一回出席舞会，宣武医院某女医生一连几次邀溥仪下舞池，也许他怕我不高兴，便带我换了一个地方，到民族饭店一楼舞厅去玩，这方面他是很细心的。溥仪凭着一张专员活动证，有时一个晚上能跑三个地方，就像年轻人似的。

婚后头几个月，我还坚持在朝阳区业余卫生学校学习。每天晚间上课，到家就九点多钟了。为了提高业务水平，溥仪是赞成并支持的，每次都耐心地等着我。有时回家后还要看书，他就"不客气"了，一下把书给合上说："你一整天不在家，好不容易盼回来了，还要看书写字，这怎么成啊！"其实是怕累坏我。当然，他也喜欢让我陪他说说话。总之，能和我在一起他就觉得高兴。

有几回我下班回来太疲倦了，往沙发上一坐不爱说话，他便过来像哄小孩似地问我："怎么不高兴啊，谁欺负你啦？"

"没人欺负我，只是有点疲倦。"

溥仪马上端来茶水，拿来水果，温存地说："你吃一点吧！休息休息，一会儿就会好的。"让我感到很温暖。

溥仪对我的疼爱之情，在两个单位的同事之间是众所周知的，比如我们在一起出席宴会的场合，他见我很少伸筷，便会不顾众目睽睽往我小碟里夹菜，弄得我不好意思，在桌下用脚碰碰他。我的家务负担重，他也很心疼，无论如何也要让我请保姆，帮助搞卫生、洗衣服，后来我终于同意请了一个半日制工作的保姆，一直做到我停薪留职。还有一次，我跟他商量想买辆自行车，骑车上班或购物都方便些，溥仪坚决反对，他说骑车不安全，果真买了车，他连觉也不用睡了，得急疯了。

我所在的关厢医院位于朝阳区，而我和溥仪一直住在西城区。每逢天气出现异常情况，或下雨或下雪，溥仪都不顾道远路滑难行，从西城到朝阳接我。1963年夏天，一场暴雨下来，大街小巷遍地是水，有的地方积水竟有几尺深，汽车都无法通行，那天我是卷起裤腿，光着脚上班的，溥仪很不放心，到了下班时间便拿了伞匆匆赶到医院，可是我已经从另一条道回了家，路上还听人们议论："有人蹚水掉进了阴沟，沟口上还横着一把伞呢！"我心里就犯嘀咕："可别是溥仪呀！"等我慌慌张张地推开家门，溥仪果然不在，遂又转身冲进大雨之中。终于在一条马路上远远地看到了溥仪，只见他像一个刚从水里捞出来的人，正高兴地冲着我喊："千万注意下水道口——没有盖！"原来他去医院没接到我，很着急，以为我一定是被雨截在了什么地方。往回走的路上，忽然发现一处没有盖的下水

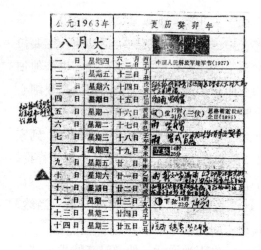

道口已被雨水漫过，从表面上完全看不清楚。他知道这是我每天上、下班必经之地，怕我走到这里不注意而滑下去，于是，就张着伞守在旁边。关于这件事，溥仪在1963年8月14日的日记中，有八个字的简略记载："晚，雨。接贤，贤已到家。"

有一回，医院原定的班后会议不开了，我趁机到王府井去理发。往次开会时，溥仪总要给我挂几次电话，这次他也很快就知道我没开会。上哪儿去了呢？过了晚九点仍未回来，可把溥仪急坏了，到处打电话找我，又让五妹夫老万帮他找。老万说，北京这么大的地方上哪儿去找啊！溥仪还是不甘心，自己一条条马路找，用电话向许多派出所询问，以为我一定是出事了。当我十点多钟回到家时，溥仪正在沙发上掉眼泪呢！问他为什么

1963年8月14日溥仪日记仅记八个字："晚，雨。接贤，贤已到家。"

哭？哪儿不舒服？他见我平安无事，马上破涕为笑："还问我呢！你跑到哪里去了？"没想到晚回家一会儿却让溥仪受了这么大的惊吓，从此再有什么事儿，我都事先跟他打招呼。

还有一回，我把溥仪惹得不高兴了。那天上午，应中国新闻社之邀去游北海，直到下午才回家，我觉得很累，脚也磨破了。四五点钟的时候，政协又派车来接我们见外宾，我说累了，就没有跟去。溥仪见外宾后回到家就批评我："这是自由主义！"他发火了，"你这样随便多不好！"

"我的脚破了，有点儿疼。"我说完又反问他，"你想让我去，为啥当时不说？"

"因为当时有别人在场，怕你接受不了。虽然累了，脚也疼，但还是应该去。"

在他的批评下，我哭了，他又心疼地说："我性急，说得太重，方式方法也不好，请你原谅我！"其实，我并非因为批评而哭，结婚以来溥仪从没用批评的口吻说过我，发现我有错的地方，总是用很委婉的话使我认识到。这次一反寻常，

说明我的错误是很严重了。因此我恨自己，哭了，觉得溥仪是真心爱我的。

溥仪曾经亲自动手，用保存下来的若干历史照片和特赦前后拍摄的生活照片，装贴了一本家庭影集。有一回我们一起翻看，由一张溥仪在天津静园当寓公时所摄的照片而引起一段对话：

"这是我出宫后在天津照的，你看我当时能有多大岁数？"

"这么年轻，大概不到二十岁吧？"

"看我领带上那枚别针，是钻石的，你见过钻石吗？"

"钻石当然见过，但没有戴过钻石别针。"

"如果你是那个时候和我结婚，我可以给你很多的钻石别针戴，现在什么都没有了，不能给你了。然而，如果你真是那个时候和我结合可就遭罪了，只能充当我的摆设品和玩物。那时我根本不懂什么是爱，什么是夫妻，高兴就去说笑一阵。现在我是从心里爱着你，懂得了夫妻间应有的态度，我们建立了真正的家庭。总之，我能给你钻石别针的时候，却不能给你爱情，不会对你好！"

溥仪说了实话，我们的全部婚姻生活足以证明。

我这人经不得风霜，常常感冒。每次感冒溥仪都当成一件大事，在日记上逐日记载病情的发展。他护理我更是耐心周到，有一次我夜间发烧，他一宿起来五六次，摸摸我的前额，准备好退烧药品和开水。白天见我往窗边坐，马上伸手关窗，怕受风着凉。有一回我患重感冒，偏赶上溥仪也因病住院了，想回家来看看却办不到，于是，一天数次打电话来询问，还打电话给溥杰，请他送药给我。

1963 年 1 月间，我因妇科病而住院治疗。当时溥仪正参加全国文史工作会议，每天都有领导同志的讲话以及参观、座谈等活动，日程排得很满，但他仍抽暇或请假探病，给我很大的慰藉。可是后来，我做了一件使他很不高兴的事儿。

那次住院，我被安排在医院的地下病房。那里一连死了几个重病号，我有点害怕，就在尚未痊愈的情况下自己办了出院手续。大夫们都知道溥仪关心我，不会赞同的，就劝我说："溥仪不让你出院，会来找我们要人哪！"可我还是决心出院了。说也巧，回家路上正好碰上溥仪，他大吃一惊说："你怎么在车上？我是做梦吗？怎么随便出院了呢？"我说不愿意住院。溥仪说："你也太不听话了，让人操心！"他拉拉扯扯地偏让我回医院去，惹得同车乘客都笑了。他还是拉不动我，就又劝："回到家，医疗条件差，又没有人照顾你，我这些天正在开会……"劝又不听，只好"同归政协"——这几个字是溥仪无可奈何之下记在当天日记上的。当时，我家还在政协院内呢！溥仪上班也不放心，开会也惦记着。好在是一个院内，一会儿回来看看，一会儿又回来看看。

为了治愈我的多种慢性病，溥仪东奔西跑，想了许多办法，找了许多名医。他找过西苑中医研究院的岳美中大夫，岳大夫也是我的一位同事的老师，他医术高明，早在广安门中医研究院高干诊室当副主任的时候，就出国为当时的印度尼西亚总统苏加诺看过病。

溥仪还找过名扬海内外的中医专家蒲辅周。蒲老曾任广安门中医研究院高干诊室主任、副院长，积多年临床经验，晚年专门搞点儿中医研究工作，有时被中南海的中央首长请去诊病。此外，蒲老作为政协常委，还必须参加一些社会活动。因老先生年事已高，精力有限，是不给一般人看病的。溥仪当时和蒲老并无一面之识，找不找他呢？为了爱人决定试一试。于是，他在政协工友赵华堂的陪同下来到中医研究院。先找到院长作了自我介绍，然后说："我爱人有病，想请蒲老先生看看。"院长立刻答应，很客气地引导溥仪到蒲老处，蒲老当即应允。蒲老又问他："是否马上出诊？"

"不！明天我和爱人一起来。您答应给看病，我就心满意足了，哪能还劳您出诊！"

溥仪向政协领导说起这件事时，别人跟他开玩笑说："因为你是皇帝呀，能请蒲老出山！"从此，溥仪和蒲老之间建立起了深厚的感情，溥仪有病常请蒲老诊治处方，从而留下了一批弥足珍贵的临床药方资料，填充了中医研究的宝库，这当然是后话了。

溥仪为了我东奔西跑，我是很感激的，可也有一次我对他有意见。那是 1963 年 8 月，我因感冒卧床，溥仪很着急，事先也不商量就把海军总医院顾问张荣增先生请到家为我诊病。张先生年近七旬，系四代祖传世医，溥仪

1963 年 8 月 7 日溥仪请海军总医院顾问张荣增到家中为李淑贤诊病

调到全国政协后，经文史办公室副主任张述孔介绍与之相识，请他看过病。张先生走后我批评溥仪说："张先生岁数大了，让人家出诊不合适！"

"我看你正发烧，如果再外出就诊，怕病情加重啊！"溥仪是这样为自己辩解的。

"那可以先在卫生院打一针嘛！"

溥仪还是很接受意见的，打这以后，我们一般是到张大夫那里去诊病，而不轻易地找大夫到自己家来。

对爱情来说，病中是一个考验。我的身体不好，常患病，却因而感受到溥仪的一片深情。回想起来，我和溥仪的婚后生活够甜蜜的，但是，也有一点美中不足，就是缺少一个孩子。

"我们抱个孩子吧！"丈夫多次向我提出这样的建议。每回别人把领小孩的线索告诉他，他都细心地记在本子上，不断地提醒我。他非常喜欢孩子，总想自己能有个孩子才好，见着街坊和邻里的孩子也特别亲。

我们在政协院内住了一年，那个大院里的孩子也很多，他每天散步或休息的时候就走到孩子们中间去，和孩子们聊天，逗他们玩，给他们讲故事，有时候还和孩子们捉迷藏呢！邻居赵大妈常说："溥仪五十多岁了并不显老，就是有颗孩子心！"

我们搬到东观音寺新居后，溥仪还是一帮一帮地往家招街坊孩子，教孩子们叠小飞机、小纸船、小纸漂玩，又买来各色各样的蜡笔和铅笔，教他们画画，还拿出糕点、糖果让孩子们吃，他们一起玩得可高兴了。有些孩子挺顽皮，又和溥仪熟悉了，就当面叫他"小皇上"。溥仪并不生气，摸着孩子们的头说："当皇上并不幸福，关在宫里不让出来，就像关在笼子里的小鸟一样。你们生长在新社会，能自由自在地学习、玩，才是幸福呢！"孩子们起初不信，怎么能说当皇帝不幸福呢？他就讲当皇帝的一件件苦衷，直到孩子们相信了为止。从那以后，孩子们见着溥仪就拥来把他围住："给讲个故事吧！"

有一天，没等下班我就提前回到家里，打开门吓了一跳，只见满屋戴花脸面具的孩子正在打闹，其中一个特大个的孩子戴着张飞的面具，也正比比画画地做动作。这个"孩子"见我进来慌忙摘下面具嚷了一声："糟了，这回叫你看见了……"原来是溥仪。

我这才明白，为什么每次回家总发现屋里的摆设不如出门时整齐，我们家都成了儿童俱乐部了！溥仪为了掩饰他的淘气，在我下班前总要先收拾一下屋子，但我还是一眼就能看出：沙发变了位置，地上总有些未拾净的纸屑以及从面具上掉下来的一缕胡须，还有桌子底下或床底下的纸漂、纸船等。我不埋怨他，因为我理解他，知道他为什么这样喜欢孩子。

我永远记得那件事：1963 年 6 月 1 日搬家那天上午，溥仪陪我到医院请假，在汽车上遇见许多穿节日盛装的儿童，他们乘车到各处去参加节日活动。溥仪看着孩子们，满心羡慕地对我说："今天是下一代过节的好日子，他们可真幸福啊！"忽然又若有所思地问我，"你小时候也过儿童节吗？"

我遗憾地告诉他："没过一次儿童节！"

"我从小就关在大墙里面，不知道什么叫儿童节。"溥仪感叹地自言自语道，"咱们的儿童时代全浪费了，真可惜呀！"他从这样的心情出发，喜欢孩子不是完全可以理解的吗？

溥仪被关在四面高墙里的童年，根本遇不到一个普通小孩，妹妹偶尔可以进宫陪他玩玩，弟弟溥杰和另外两个男孩陪他读书，都是以臣仆身份出现的，年长了，他在故宫再没见到过孩子。以后在天津和"满洲国"宫廷中，身边出现过几个当童仆的孩子，那是他的奴隶。如今他的侄儿、侄女和外甥、外甥女中间，有北京女子摩托车比赛中的冠军获得者，有登山队的队长，有医生、护士、教师和汽车司机等，还有正在读书的共青团员、红领巾……特别是当他和第一次相见的侄女金霭琋会面时，心中更充满了敬爱之意，就是这个出身皇家的女儿，在新中国参加了中国共产党，抗美援朝战争爆发后，她背着家里人当上志愿军，跨过了鸭绿江，在举世闻名的上甘岭战役中立下了功勋。溥仪紧紧握着侄女的手，感慨地说："你是中国人民最可爱的人，而你大爷在历史上曾是中国人民最可恨的人，和你根本不能比。今后，大爷要好好向侄女学习！"溥仪常向我提起这个侄女，他说："我们爱新觉罗家族也飞出一批新时代的凤凰。"

溥仪出奇地想孩子，出奇地喜欢孩子，这是为了要补上童年生活的缺憾啊！当时我考虑到两个人都有病，要了小孩怕伺候不起，总是劝溥仪放弃这个念头，现在回想起来就觉得对不住他。

拒绝旧礼

溥仪常常带着我一起去看望七叔载涛，哪怕只坐十分钟呢，也要询问一下身体、生活情况。他说："只有这么一个亲叔叔了。"

婚后的第一个新年，我们又去拜年。载涛很高兴，仍沿袭对皇帝不能直呼姓名而只能讲"官称"的旧礼，称呼溥仪为"大爷"。他也听说溥仪会干许多家务活了，笑着对我说："我们这位大爷改造得很不错，原来连穿衣服也要别人服侍呢！现在自己会生炉子了，不简单啊！"溥仪谦虚地说："我还差得远呢！"

载涛家里挂着许多字画，溥仪一幅一幅地看，特别欣赏其中一幅山水画，问是谁送的？载涛告诉了他，并说："要请大爷写几幅字呢！"溥仪说："我的字不常练，拿不出手啊！"回家以后就认真给七叔写了几幅。

亲属中也有旧意识根深蒂固的人，当他们不时有所流露的时候，溥仪感到特别苦恼，对我说，当皇帝的时候，连父母见了也要磕头，现在亲属之间可以平等相待了，得来不易呀！可是，偏偏有人喜欢不平等。溥仪确实遇到不少这类事。

一次本家几个人一起吃饭，有位平辈的兄长，听溥仪说话时老是拿出昔日臣下对皇上应诺的腔调"嗻""嗻"连声。还有位平辈老弟，一时忘情举杯道："今天真高兴，君也在，父也在……"溥仪放下杯子说："我们是叔侄兄弟，是新社会的公民，自由平等，难道反而不如专制吗？旧的时代和旧的溥仪都死了，你们应该为新时代、新溥仪高兴……"

特赦不久后也遇到这么一回事，就让溥仪更生气了。那是1960年春节，溥仪在四弟溥任家遇到一位比他岁数还大的侄子。这位年长的晚辈诚惶诚恐地口称"皇上"，向他"大礼参拜"，竟"扑通"一声跪地叩头。溥仪当时气得不知说什么好，恼怒地斥责这位侄子说："解放这么多年了，你这个人怎么封建思想还原封不动？"

这位"大清遗老"兼"皇上的侄儿"虽然尴尬得无地自容，却没有马上起立。溥仪见侄子仍跪拜在地，气得转身就走，四弟一看情势不妙，一把拉住溥仪为跪着的侄子"打圆场"。侄子也乘机改变了口气，对"皇叔"解释说："咱们虽非君臣，总是叔侄吧！为侄给大叔拜年也是理所应当的啊！"他说着又磕起头来。溥仪只得抢上一步，把下跪的侄儿一把拽了起来，严肃地批评了他一顿。这位"皇侄"见溥仪真动了气，觉得脸上无光，随后也就托词走掉了。

最令我感动的，是七叔家的人给我讲的一个故事，原来，1961年年初溥仪还碰上了一位念念不忘"皇恩"的小姐。

一天，七叔载涛在政协食堂请客，只有四人参加：溥仪、载涛夫妇及那位念念不忘"皇恩"的小姐。从表面上看，她很年轻，又打扮得很华丽，头顶上有珠宝，脖子上戴项链，脸上还涂着香粉。说话纤声细气，行动百态千姿。饭后，载涛邀请大家到三楼舞厅，坐定后她便热情地邀请溥仪下场，溥仪本不大会跳，却又不好拒绝。虽然溥仪只是很笨拙地跟了几圈，舞场上的她却十分得意，能跟当过皇帝的人一起跳舞，她觉得是今生今世的荣耀。

休息的时候她又请溥仪写字，溥仪觉得累，没有满足她的要求，她略有失望之感。当时，溥仪住在崇内旅馆，她就经常到旅馆找溥仪。她唱昆曲很动听，有时就给溥仪唱一段。还主动教溥仪学唱，但溥仪学了几句就不愿再学了。她知道溥仪爱遛街、逛公园，就经常提议要陪溥仪到处走走。接触一段时间后，她早已失去等待溥仪开口的耐性，大大方方地表明了自己的心意。

原来，她如痴如狂地追求溥仪，也是有一段历史因由的，说来话长。她爷爷本是农村孩子，光绪年间家乡受灾，便随着难民逃到京城。一天，正碰上溥仪的祖父醇贤亲王的轿子，差人在轿前鸣锣开道，行人纷纷退避，但那个没见过世面的农村孩子竟在荒乱之中落在道上，手足无措。差人正欲鞭答，醇贤亲王掀开轿帘看见孩子相貌英俊，就吩咐把他带进王府，以后又让他给儿子当伴读，学业甚佳。后来他受到提拔做了官，自己又购置家产并经营煤矿，逐渐发了大财。总之，这位小姐的先人正是靠"皇恩"起家的。

因此，她念念不忘"皇恩浩荡"，可是，这对于一不言恩，二不图报的溥仪来说又有什么用处呢？溥仪根据自己的标准，觉得小姐尚不理想，就决定对她采取回避态度。因为她常往旅馆打电话约会，溥仪就告诉服务员说："如果电话是女人的声音，就说我不在。"有一次，她的父亲来京，邀请溥仪到莫斯科餐厅吃饭，服务员在电话里搪塞了她，但她不肯轻信，竟领着父亲到旅馆来了。一进屋，正碰上溥仪下楼要走，她说明了来意，再三恳请，可还是遭到了溥仪的谢绝。

溥仪为什么没有相中漂亮的年轻小姐呢？后来他和我谈过这件事，他说："我喜欢朴朴实实的人，但她给我的印象不够稳重，恐怕很难和我生活到一块儿呢！她也不可能真心爱我。"

溥仪在前井胡同五妹韫馨家居住期间，许多亲属以及与其前半生有过种种瓜葛的人纷纷前来看望。溥仪后来对我说，最令他为难的是，有些人仍把他当作"皇上"对待。

第一个到前井胡同韫馨家看望溥仪的旧日随侍就是赵荫茂，他还是个少年的时候就入宫伺候溥仪了，在溥仪身边二十多年，直到"皇上"当了苏军的俘虏。其间，他受到过严酷的惩处，也得到过丰厚的赏赐，据说仅用溥仪的一笔赏钱就在北京盖起一栋小楼，便设龛供奉溥仪的照片，感念"皇上"的恩德。他依靠在御膳房给"皇上"烧菜的本领，又当上某机关招待所的厨师。

赵荫茂见了溥仪激动万分，一面呼唤"皇上"，一面磕头不止，溥仪照例扶起他来，颇为生气地说："我已是公民，直呼姓名有何不可！"那天，溥仪还留赵荫茂一起吃饭，详细询问分别后的经历，临别还嘱咐说，下次见面要以同志相称。我和溥仪结婚以后赵荫茂还来过几次，溥仪也到赵家去过，赵荫茂的原配妻子去世后，溥仪还曾说服赵家子女帮助赵荫茂实现了再婚的愿望，这一对历史上的主仆，今天成了"同志"。

自 1959 年 12 月 23 日起，溥仪遵照北京市民政局的安排，离开了五妹家，搬到东单附近苏州胡同南口崇内旅馆，与杜聿明、王耀武、宋希濂和郑庭笈等人住在一起，又过上了以参观学习为内容的集体生活。

有一天，溥仪正在崇内旅馆的房间休息，服务员敲门进来，告诉他说有两位老先生在楼下求见。溥仪接过服务员手中的信封拆开一看，不由得大吃一惊。原来这是两张向"皇上""请安"的红帖。恭恭敬敬的墨笔正楷字写在大红纸上，一个落款赫然是"前清翰林院编修陈云诰"，另一个则是"前清度支部主事孙忠亮"。可见，仍然称呼溥仪为"皇上"并且愿意给他磕头的人，不仅有皇亲以及贴身数十载的随侍，还有已经灭亡了四十八个年头的"大清王朝"的遗臣！一股怒火在溥仪的胸中燃烧，他厌恶这些遗老们，不愿见他们，就对服务员说："麻烦您转告来客，就说我不在。"于是，服务员替他挡了驾。

这件事第二天就传到了周恩来耳朵里，总理加以认真的思考，结论是：人的思想不容易改造！他说，如果不把溥仪特赦出来，谁会相信还会有这种人，皇帝经过改造都不想当皇帝了，而过去的臣子却还没有忘记这个皇帝，还想当臣

1960 年 1 月 26 日，周恩来在全国政协礼堂接见溥仪和载涛

子！ 1960 年 1 月 26 日周恩来接见溥仪和他的亲属时说："现在不一定每一个人都能把你当成平民看待，可能有的人还会向你下跪打躬。"溥仪当时就告诉总理说："这次回来后，还有两个老头拿着用清朝官名写的信来见我，当时我说要出门，没空儿，没有见他们。我想是没有办法说服他们的。"

在短短的时间里，溥仪碰到了那么多来磕头的人，不免悲观。然而，总理并不赞成他的认识，要求他面对"社会死角"，不但自己不受影响，战胜环境，还要帮助落后，这些话被溥仪记住了。

一两天后，族侄毓嵒又到韫馨家向溥仪行三拜九叩大礼来了。毓嵒也是五爷府的后人、大阿哥溥儁的胞侄，当时在德胜门煤厂当业务员，没想到把溥仪给惹

生气了，从此再不敢见溥仪的面。

溥仪特赦后的第一个春节过去以后，心怀旧礼的人并没有绝迹，溥仪到植物园以后，同类事又一而再地发生。

有一次，溥仪在由植物园回城里的路上，遇见一位原来宫中的殿上太监。这位当年伺候过小皇上的老人，因为已听说"万岁爷"特赦回到北京的事儿，所以一眼便认出了溥仪，并恭敬地向皇上请安。虽说没有像过去那样就地三拜九叩，可那谦卑的样子已足以使路人侧目并为之惊奇。溥仪赶忙过去搀扶老人，诚恳地解释说："从前的溥仪已经死了，现在我是公民，我们之间的关系是完全平等的。"这次溥仪并没有像在崇内旅馆那样大动肝火，除了尊重老人的心理之外，不能不说是在学习中得到了进步，对社会上客观存在的各种阶级现象有了一些认识。

1960 年 7 月的一个星期日，溥仪进城到五妹家度假。五妹告诉他，前几天有位姓陈的女同志送来一大包东西，有香皂、牙膏等生活日用品，还有两瓶酒、一匣糖以及其他许多食品。来人说，是父亲陈懋侗让她送来的。

陈懋侗就是溥仪青少年时代最敬重又最依赖的"帝师"陈宝琛之子，他也曾随溥仪到长春，先后出任"执政府内务处事务官""宫内府内务处需用科科长""宫内府侍卫处处长"等职。

现在，20 世纪 60 年代，陈懋侗又给溥仪送礼品来了。这礼品之中，显然包含着二三十年代他父亲对溥仪的感情，也显然包含着三四十年代他自己对溥仪的感情。溥仪反复考虑认为，不该收这份念旧情的礼品，于是决定只留下糖果，其余送回。

8 月 7 日那天溥仪抽暇去陈家退礼。因为路不熟，他找了两个伴儿同行，一个是族侄毓嵒，另一个是乳母的孙女王佩英。这次去，溥仪是决心要帮助一下陈懋侗的。三个人按照门牌找到陈家。陈懋侗看见溥仪后，脸上现出惊喜之色，继而又进来一男一女，还带着他让女儿送去的包裹，遂又疑惑起来，不知应以何礼接待。溥仪抢先伸出手来，陈懋侗勉强握了一下，显得很拘谨，半天说不出话。

"这些年身体还好吧？"溥仪先开口问道。

"还可以，只是这两年肺病不好。"陈答。

"有固定工作吗？"

"新中国成立后我也参加了工作，现在退休了。"

溥仪和他闲谈了几句，就把话转入正题，他说："我在历史上对祖国、人民犯下了严重罪行，百死不足以蔽其辜。政府对我宽大，给我学习和改造的机会。

这次又蒙特赦，实在是做梦也想不到的事。"溥仪这样说着的时候，陈曾侗心烦意乱地左顾右盼，根本听不进去。

"过去我们之间的历史旧关系早已完结了，绝不应该恢复它，而要重新建立新的同志关系。"溥仪把退回的包裹放在床上，对陈曾侗说："你送的糖果我留下了，这些日用品还是你们留着用吧。我样样都有，用不着这些东西，况且你的经济情况并不充裕，以后再不要给我买这买那的。"溥仪的这句话说得陈曾侗更紧张了。

"送东西？我根本不知道！"陈曾侗看了看毓嵒，又瞅了瞅王佩英，神色很紧张。他一口否定了送东西的事，这是出乎溥仪意料的。

"你女儿明明说是你让送的，怎么说不知道？"溥仪生气地说。

"我女儿真荒唐！她给你送东西，我竟一点儿也不知道！"陈曾侗还是矢口否认。

"不管谁送的，反正我不需要，请你们留下。"溥仪的态度显然又升级了。陈曾侗没有再说什么，但还是神色不定，总像是防备着什么似的。溥仪对此很反感，就赶紧告辞出来了。

植物园田主任知道此事后告诫他说："这次你遇到落后人物，没有采取拒绝态度，而是采取了帮助态度，这是你的进步。但是，帮助人要讲究方法。你不是经过十年改造成为新人了吗？你知道这十年中多少人为你操心，千方百计地帮助你呀！"溥仪在后来的思想总结中谈及此事时写道：

这件事说明我对后进人物的帮助不讲方法，比较生硬，使人不易接受。一则说话不婉转，二则带了两个人同去。我想，这两个人一定被误认作两个干部了。因此，他不讲心里话了，连事实也不敢承认。不但帮不了人，反而拒之于千里之外。这就是心怀善意，效果不良。今后应该讲究方法。

旧仆重逢

跟溥仪的前半生联系着的人们，情况各有不同，当然也有溥仪喜欢、想念的人，他们的重逢完全是另一种场面。

溥仪对乳母二嬷的感情胜过亲生母亲，他说："我吸吮乳母的奶直到九岁。

当太妃们背着我把乳母赶走以后，我天天嚷着要嬷嬷，嗓子都喊哑了，做梦还叫呢！大婚后懂得行使权力了，立刻接回了乳母，后来又接她到长春，把乳母当作唯一的亲人。"

溥仪特赦回到北京就急不可待地打听乳母的下落，并终于在鼓楼附近后门桥找到了乳母的儿子王书亭。其实，二嬷被选入醇王府当奶妈时已经守寡，当时唯一的吃奶女婴又因断乳而夭折，后来二嬷被赶出宫，又从哥哥和弟弟家过继了两个儿子，王书亭便是其中之一，他也跟着养母在长春住了多年，见着溥仪十分亲热。直到这时溥仪才知道，他最怀念的乳母早在 1946 年跟随皇族溃逃时，就被流弹击中死在了通化。溥仪又为乳母流下了眼泪。

那天，王书亭留溥仪与家人在一起吃了饭。从此，溥仪与他们又像亲戚一样走动了。王书亭的儿子佩兴是开关厂工人，大女儿佩华是儿童医院护士，小女儿佩英也是工人。这几个孩子常到政协宿舍帮助溥仪打扫房间，溥仪也常到他们家看望，我跟他去过多次。后来佩华嫁给一位华侨，佩英和佩兴也先后结了婚，我们都赠送了礼品。王书亭不幸在 1966 年故去，他的妻子也患了重病，溥仪一次又一次前往探视，给予悉心照顾。

凡是住在北京又与溥仪早年接触较多的人，先后都来看过他了，唯有一个人始终不来，这就是李国雄。这个以忠君而深受溥仪赏识的人，十二岁入宫给溥仪当奴才，由"殿上"升为"随侍"，从宫廷乐队演奏员到宫廷仪仗队队长，还曾出任护军第二队队长。1945 年 8 月与溥仪一同当了苏军的俘虏，在伯力囚室中继续伺候溥仪。1950 年 8 月又一同被引渡回国，在抚顺战犯管理所改造，直到 1957 年春节前获释。回到北京不久，便被地方公安部门编入带有强制性的生产大队，先后在天安门前建筑工地、八宝山砂石场、石景山钢铁厂、小汤山苗圃等地参加重体力劳动。

李国雄有了这些经历，"忠君"的思想早已破除了，甚至认为正是溥仪这位"万岁爷"造成了他的终身痛苦，所以不愿意再见溥仪。然而，已成为全国政协文史资料专员的"皇上"，由毓嵂陪同，一直找到德胜门外八道湾李国雄的家里来了。李国雄后来回忆这次见面的情形道：

虽然他是以普通人身份来看我，见面主动和我拉拉手，又拍拍我的肩膀、弹弹我身上的灰尘，显得很亲切，但这一切在我眼里都是虚假的，唤不起往日的情意。他说回京后生活好、工作好，什么都好，我不爱听，甚至有反感，又说如何如何想我，我根本不信。

　　这次见面并不愉快，但溥仪不埋怨别人，认为还是自己对不住李国雄。我们结婚时李国雄也不参加婚礼，溥仪就去看望李国雄及其全家人，那时他已调入大兴县天堂河农场成了农业工人，因农忙不能回家，没看见他。这以后，溥仪还几次让毓嵒或毓嶦捎口信，表达想念他的心情。

　　全国政协秘书处副处长朱洁夫乃是朱益藩的本家亲属，溥仪听说以后马上找来打听朱家的情况，朱洁夫很快就把朱益藩第四子朱毓鋆给带到了溥仪面前，两人相见悲喜交加，都很激动。

　　朱益藩也是清朝翰林，自1916年开始担任溥仪的师傅，受到信用，与闻机要，兼为"御医"，在毓庆宫诸位师傅中间其地位和影响仅次于陈宝琛。溥仪出宫后他管理"清室北京办事处"，仍负有为溥仪谋划之责。"九一八"事变后，朱益藩"但主拒，不主迎"，态度鲜明，溥仪出关，他不但不随行，而且至死没去过长春。1937年朱益藩病逝，溥仪闻报极为伤悼，依例追赠"清故太保"，谥"文诚"，赏银五千元治丧。

　　朱毓鋆告诉溥仪说，他是中学教师，膝下二子二女，生活美满。又谈到他三哥毓銮在北京土产杂品公司工作，他五弟毓琨在北京调压器厂工作，还谈到几位姐妹的情况。这次谈话使他了解了朱家的一段历史秘闻：

自1916年起，担任溥仪师傅兼"御医"的朱益藩

朱师傅生前曾掩护过从事地下抗日工作的朱洁夫，把他藏于家中的重要文件保存下来，溥仪因此更加敬重朱师傅了。

　　常言道"冤家路窄"，很少单独上街的溥仪居然单独在一条街上碰上了实实在在的冤家，他就是伺候溥仪十多年，之后又被溥仪开除了的随侍李体玉，原来他正是当年有染"宫闱秽闻"的两人之一，溥仪没杀他，只把他赶出了长春的"宫廷"。将近三十年过去了，他们俩谁也想不到会在这样的场合重逢。

　　"过去的事实在对不起了！"李体玉向溥仪深深地鞠了一躬。

　　"过去的事就让它过去好了，你又何必道歉？"溥仪平和地说下去，"这些年过得还好吗？现在做什么工作？”

“我在宽街中医院工作，老婆孩儿住在西口袋胡同，生活还凑合。”

“好嘛，咱们又生活在同一个城市之中了。”

“奴才早已从新闻中了解到‘皇上’的近况，只是没有勇气去看望‘皇上’……”李体玉发现溥仪并不生气，才敢于恢复了旧日说话的口气，不料又遭反驳。

“从现在开始我们是新的同志关系，再不要‘皇上’‘皇上’的，等我有了时间还会来看你。”

溥仪说到做到，这以后去过宽街中医院，也去过西口袋胡同李家，得知李体玉的妻子患病，还掏出自己的工薪资助他，让他感动得直流眼泪。后来我听说，他还参加了我和溥仪的婚礼呢！

还有一位半生都伺候溥仪的人叫王简斋，自 1916 年入宫，任过膳房会计、御前随侍和代理奏事官等职，跟随溥仪经历北京、天津、长春三个时期，达二十八年之久，直到 1944 年因母病返乡尽孝，从此离开溥仪。他听说溥仪获赦，专程从京东蓟县来到北京东观音寺 22 号门前，以后的情形，他本人是这样回忆的：

我摁了门铃之后，走出一位十八九岁的姑娘，我请她通报溥仪，“就说京东的王简斋想见见他”，那个姑娘进去后很快出来对我说：“让您快进去呢！”遂由她引领，刚穿过耳房，就见溥仪双手扶着客厅的隔扇迎候，见到我即快步上前，把我紧紧抱住，拥到客厅让我坐在沙发上。由于过去的老习惯还不敢坐，溥仪硬把我摁在沙发上，然后坐在我身边，紧紧握住我的手，感伤往事，无语呜咽。我的心情也十分激动，一时说不出话来，只是相对垂泪。一会儿李淑贤进来，溥仪才稍稍平静些，边用手帕擦拭眼泪边介绍说：“这位是京东的王老大爷。”随后又向我介绍了李淑贤。李夫人中等身材，举止端庄大方，待人诚恳热情，她感到客厅温度较低，遂把我让进卧室，沏茶，端点心，拿香烟。

溥仪跟当年相比判若两人，身体胖了很多，精神也焕然一新。他简单介绍别后的经历说：“往事真如一场噩梦不堪回首，你走后一年日本投降，当时为吉冈挟持，想此生定是沦落他乡，成为异域之鬼了。没想到后来党和政府能对自己这样的历史罪人如此宽大，晚年又回到了祖国首都。”溥仪大谈党对他的改造和教育、今天的幸福生活，流露出对党对毛主席和周总理的感激之情。他还向我细致地询问家中生活，连有无自行车、半导体、养了小鸡没有都问过了。谈话中间李夫人问我“溥仪过去打过你没有”？当我回答说“打过，那都是过去的事”时，溥仪面带愧色说：“过去真对不起你，现在应该向你道歉。”

近中午时我起身告辞，溥仪说："你问问淑贤答应不答应？"李夫人诚恳地说："你们爷俩二十多年没见面了，吃完饭再好好聊聊。"溥仪当即把我摁在沙发上说："过去是你伺候我，今天我要让你尝尝我的手艺。"说着就扎起围裙和李淑贤一起到厨房做饭，我也想帮忙，但他们不答应。

边吃边聊直到下午两点，因为要赶车我便起身告辞。溥仪夫妇送到大门外，并一再叮嘱有时间再来。我走出很远回头看时，他们还站在门口目送。这回目睹了他们相敬如宾的情景，无限感慨涌上我的心头：是党把一个暴虐、冷酷、乖戾的人改造成懂得尊重别人、关心别人、体贴别人的人；是党把一个连衣服也要别人穿的封建皇帝改造成自食其力的劳动者。

第四章
交往

社会交往

特赦后的溥仪生活在 20 世纪 60 年代的中国社会里，接触方方面面的人，那么，他们怎样看待这位特殊身份的人物，而他又怎样对待别人呢？

溥仪有了许多的"同事"，对他来说，这也是一件新鲜事。

在植物园的一年里，溥仪和俞德浚、田裕民、胡维鲁等领导建立了深厚感情，他们始终保持着密切的联系，这是我亲眼见到的。植物园主任俞德浚 20 世纪 40 年代曾在英国爱丁堡大学专攻植物学，是园艺界的知名专家。溥仪得到他亲手赠送的学术专著《植物园手册》以后认真研读，写笔记，采标本，真摆出了要钻进去的架势。植物园党总支书记田裕民早年参加革命，当过红军，打过游击，负过伤，立过功。他常把溥仪带到自己家里，让他从家庭藏书中挑选喜欢读的借回宿舍去看，有时还会拿出新购藏的清代文物与溥仪一同鉴赏，两人成了知心朋友。胡维鲁是 20 世纪 20 年代入伍的老红军，新中国成立后任公安部队大校，因病在植物园长期疗养。他和溥仪在一个院子里居住，在一间食堂就餐，早晨起床后一起练太极拳，周末又同乘植物园的小汽车回城度假，两人友情甚笃。

在植物园职工中间，溥仪也交了许多朋友。刘宝安和刘宝善是与溥仪住在一间宿舍里的年轻人，正是他们帮助当时还不大会生活的溥仪逐渐适应了新社会的要求。溥仪犯了痔疮或是得了感冒，他们悉心照料，端水取饭，无微不至。溥仪同样关心两位年轻人，比如天气突变的时候，他能够想到把刘宝安和刘宝善晾晒在室外的被褥收取进来。

我见到溥仪精心保留的一张解放军战士的照片，起初还以为是他的哪个侄儿呢，一问才知道，原来是他在植物园结交的好朋友刘宝安。溥仪指着照片对我说，他从小在东北受苦，后来入伍，参加过解放战争和抗美援朝战争，在植物园我们共同劳动、朝夕相处，真有点儿难舍难分。离别之前，刘宝安把自己的一张六寸着色照片留赠溥仪，照片背面还写着几句话："敬赠溥仪先生：相处虽短，情意深长。离别前夕，留此永念。您的年轻的朋友：刘宝安。1961年3月6日。"

到政协以后，溥仪和全国政协文史资料副主任委员申伯纯、全国政协文史办公室主任兼北洋组组长沈德纯和全国政协秘书处副处长连以农接触最多，得到他们的帮助也最大。同时，溥仪和专员们也相处得十分和谐。杜聿明常和溥仪开玩笑，学习讨论中也愿意争论，

全国政协文史委副主任沈德纯（中）、文史办公室副主任张述孔（左）探望溥仪时合影

他认为溥仪忠诚坦白，有话直说。王耀武、沈醉、李以劻以及曾任国民党天津市市长的文史专员杜建时、曾任国民党第十五绥靖区司令部第二处处长的文史资料专员董益三等，和溥仪的关系都很好。溥仪有病，大家都来看他，无话不说。有一次我和溥仪一起到和平里去看望同事们，大家招待我们，每家端来一盘菜，真挺热闹呢！

前半生里的溥仪是个虐待狂，而且生活极不正常，害得服侍他的人叫苦连天，每天从早晨6点到晚上12点，他随时都有可能用皇帝专用术语"传膳"下令开饭，因此，他的厨子就得一直陪着，稍有怠慢都是不允许的。至于溥仪欺辱太监、打罚随侍的例子，《我的前半生》一书中写了很多。如今不同了，溥仪关心着他接触到的劳动者。

政协老工友赵华堂，在溥仪独身生活期间，对他有不少照顾，两人之间建立起了很深厚的感情。溥仪常带我去看望赵大爷、赵大妈，赵大爷病了，他就带着点心一遍一遍地去探病，安慰两位老人。

因为溥仪和我都常常闹病，虽然主观上都想自己把

溥仪和王耀武、杨伯涛两位文史专员同事研究工作

家务担当起来，却力不从心，因此，先后雇用过几位保姆。溥仪待她们都非常好，谁家有困难尽力帮忙，改善生活的时候，溥仪总不忘记把已经离开我家的保姆再请回来聚一聚。一位姓杜的保姆，女儿上学常常为交学费犯愁，溥仪每次都替她交上，溥仪去世后我的收入很有限，但仍尽量帮助她，我想，帮助有困难的人是不应该中途停止的。还有一位曾在我家当过保姆的老太太，一次往外倒土时不慎跌倒，膝盖出了血，溥仪和我轮流去看护她，并送去钱和粮票。溥仪每次去就像在自己家里，往炕沿上一坐嘘寒问暖。

由于特殊的历史身份，溥仪有许多机会接触党和国家领导人，会见各界知名人士。

溥仪在后半生中，多次受到周总理的接见，又常常应邀出席总理招待贵宾的宴会，他对总理怀有一种特殊的爱戴之情，每每溢于言表。有一次，溥仪出席了在全国政协三楼举行的"双周座谈会"以后兴奋地告诉我："今天的会议是周总理亲自主持的，总理见到我就亲切地打招呼，我很激动，一时不知道说啥好了。我想，总理这么关心我，我怎么报答他老人家呢！想了想，也办不了什么事，谈到特长，也许故宫里的情况能比别人多知道些。于是向总理说：'我对故宫很熟悉，给您当个导游吧！您可以抽点儿时间逛逛故宫。'总理听见这句唐突的话爽朗地笑了，惹得旁人也都笑了。"

1963年11月10日，周总理接见在京的特赦人员和家属，宴请时周总理、陈毅副总理与杜聿明夫妇、张治中夫妇以及溥仪和我等八人同桌。我还记得那天吃的是中餐，南方菜。总理给我夹菜，因为他的小臂有疾，伸不直，伸出去只好又放下了，他亲切地对我说："还是你自己夹吧！"继而又对溥仪开玩笑道："杭州出美人啊！"我说："什么地方都有美人，可是我并不美。"总理遂又把话题转到曹秀清身上："你回来后生活还过得惯吗？你终于跟杜先生团聚了，祝贺你啊！邓大姐今天有事没有来，她让我向你问好。"

1963年11月10日周恩来在人民大会堂接见溥仪和李淑贤

周恩来和陈毅同特赦人员及家属亲切交谈

溥仪和其他党政革命老干部也有很多接触，如地质部副部长何长工、水利电力部副部长刘澜波、对外文化联络委员会主任张奚若、华侨事务委员会主任廖承志以及他的姐姐廖梦醒等，他们都常和溥仪会面，都很关心他。

一天，正在政协委员张维汉家里做客的中共中央组织部部长安子文想见见溥仪，于是派车把我们接到张家。安子文详细询问了关于文史资料的编选和写作情况，溥仪一一回答。同时，他还就国际国内形势中的重大问题，虚心地向安子文求教。当时溥仪已经确诊患有肾癌，但并未因此失去信心。安子文关心地告诉溥仪，一定要注意身体，过好晚年幸福生活。张维汉热情而诚恳地留我们吃饭，溥仪坚持告辞，也只好用车把我们送回去了。

徐冰、廖沫沙等搞统战工作的领导同志对溥仪的关怀和帮助就更多了，不必细说。

我家的影集上，有一组溥仪在郊游中拍摄的照片，他告诉我，这都是1961年春天在潭柘寺郊游并野餐时拍的。溥仪指着合影中的人物说，这是曾在电影《渔光曲》中扮演主角的电影明星王人美，这是她的丈夫、画家叶浅予，这是中央统战部秘书长金城，他组织了这次活动，使我和王人美、叶浅予成了朋友。

溥仪在全国政协委员学习会上还结识了许多名人，如学贯中西的哲学家梁漱溟、著名戏曲艺术家新凤霞、著名国画家篆刻家陈半丁等。有一回，溥仪如约前往陈半丁家观赏他收藏的古字画，我也一同去了，从谈话中得知，陈老曾受业于晚清大画家吴昌硕。

在毛泽东的家宴上，溥仪与仇鳌相识。当作为清朝末代皇帝的溥仪退位时，仇鳌已在孙中山领导的南京临时政府内担任法制局参事了，他后来一直在国民政府和国民参政会中任职，是国民党内进步人士，新中国成立后当上"民革"中央委员，成了毛泽东的朋友，又成了溥仪的朋友。有一回仇鳌在四川饭店宴请溥仪等人，毛泽东《蝶恋花》一词中提到的李淑一女士也在座，于是，他们就中国古典诗词这个题目各有高论地畅谈起来。

为了修改《我的前半生》一书，在一些讨论会上溥仪又认识了许多学者，如著名历史学家白寿彝、著名文学家老舍等。老舍和溥仪曾在 20 世纪 60 年代初周恩来主持的几次宴会上见面。1961 年 6 月 10 日宴请溥仪、溥杰和嵯峨浩等人时，周恩来特意把老舍和溥仪拉在身边坐下，感慨地说："老舍是旗人，他也蓄过辫子，若在清朝见着皇帝都得下跪，如今却能坐在同一张餐桌前，变化真大呀！"周恩来的话深深地感染了老舍，回到家里还自言自语："一个皇上，一个穷人，在一起相会，真是世道大变！"

1961 年 6 月 10 日宴请溥仪、溥杰、嵯峨浩和老舍等之后合影

后来，他们都应邀参加了孙中山先生诞辰一百周年纪念活动的筹备工作，常在一起执行共同的任务。有一回工作完毕，政协来接溥仪的车还没到，老舍就请溥仪乘坐文联派来接自己的车回家，他也随车把溥仪送到门口，溥仪则留他在家

坐一会儿，他们都是满族人，又都是"老北京"，从离此不远的小羊圈胡同到半个世纪以来清宫的变化，从清朝王府的衰落到新中国的民族政策，他们有说不完的话题，聊起来显得十分亲热。我给两人沏茶，也有幸听到他们的高谈阔论。溥仪十分钦佩老舍的文学才华，老舍也很关心《我的前半生》一书的写作，并曾给予指导和帮助。

当时我家没有雇保姆，我记得老舍先生还问溥仪是怎样安排日常生活的，溥仪说他每天早晨起来扫院子，搞卫生，也是锻炼身体的好机会，有时还想动手洗几件衣服，说到这里溥仪用手指指我："淑贤就怕我洗衣服，说我洗不干净，却把衣服都要搓破了。"老舍笑着夸奖说："你现在真学得不错了，什么事都想努力去做，洗衣服也一定能学会的。"那天老舍还参观了我家的房间和庭院，站在苍松翠柏花草丛中，他说这里空气新鲜，环境真不错啊！

由于溥仪的特殊历史身份，对他来说是素不相识的路人，却往往认出了他或愿意与他交往。对此，凡属好意的，他都很尊重地以礼相待。

有一次，溥仪在汽车上认识了一个人，两人交谈十分投机，并互相留了地址。后来，他上街偶然路过那人的家，就进屋坐了一会儿。回来后和我讲，那位同志很钻研，养花草入了迷，搞了不少科学实验，屋里也干净、漂亮。溥仪还对我说："我这位很普通的朋友有许多长处，是我学也很难学到手的，确实是劳动者最聪明。"

还有一次，有位从事民俗学研究的人，在街上认出了溥仪，便抓住机会向他请教清宫和王府内礼俗方面的疑难问题，溥仪举事例，说史实，随问即答，左右逢源，他热情"奉送"的宝贵第一手资料，后来都被研究者写入《京都旧闻》一书，从而大大提高了这本著作的学术价值。

搬到东观音寺胡同的第二年夏天，有位陌生的老先生忽然来访，他自我介绍说是附近一家研究所的收发员，急于想看《我的前半生》一书，但一时买不到也借不到，无可奈何而冒昧地找到作者来借书了，实在对不起。当时我家的几本书都让专员同事们借去了，溥仪颇觉为难，歉意地表示等别人把书还回，一定给老先生送去。数日以后溥仪不负前言，亲自把书交到老先生手上，把他感动得不得了，逢人便说："'皇上'对我这个当收发员的不速之客如此认真，难以想象，难以想象！"

与溥仪一起接待外宾

　　许多国际友人万里迢迢来到中国，都想看看末代皇帝现在是什么样子。大部分人都当作一件奇迹，想从中增长见闻；也有人疑团莫释，完全不相信当年威风凛凛的皇帝能够变成今天普普通通的公民；还有的则纯粹是为了猎奇。

1961 年 9 月，德籍新华社摄影记者叶华在全国政协采访溥仪并摄制新闻纪录片

1961 年 10 月 3 日，溥仪在欢迎归国观光华侨酒会上

溥仪会见外宾是很多的，1962 年以前就相当多，这在他的日记中有记载，从 1963 年到 1965 年几乎每个星期都有两三次这类活动，有时一天之内就接待两三批外宾。多数在单位或宾馆会见，也有一些外宾一定要到家里访问，一般我是参加的，在别处会见，有时也邀我陪溥仪一起去。访问溥仪的外国客人最感兴趣的问题之一，是溥仪特赦后的生活，特别是他婚后的家庭生活。有一次来了位英国记者，话题也很快就集中在了我们这个家庭上面。

"我很想知道您夫人的父亲是怎样的人？能谈谈他的身世和职业吗？"英国记者问道。

"他是一位银行职员。"溥仪回答。

英国记者立刻显露出十分惊奇的神情："一位当过皇帝的人娶普通职员的女儿做妻子，这在我国是不可思议的，不可思议的！"

"我现在只是一个公民。"溥仪认为这根本不值得惊奇。

"您的夫人也每天上班吗？"

"是的，她在医院工作，是个普通护士。"

"这太有意思了！我认为，现在你才过着真正的生活。"溥仪认为英国记者的这个评价是很有代表性的。

这位英国记者很有感触地谈到英国贵族的生活。他说到温莎公爵当年放弃皇位跟一位美国妇女结婚的故事，这是 20 世纪 30 年代轰动一时的新闻，溥仪也记得。但溥仪认为拿温莎公爵的故事和他特赦后的新婚相比，完全不伦不类，他说："不过，温莎公爵一心要和心爱的人结婚，要建立和睦相爱的而不是摆样子的家庭，其心情我是理解的。我现在也有个温暖、幸福、美满的小家庭，我能够建立起这样的家庭，不是因为放弃了皇位，而是因为当上了公民。"

1963 年 5 月 22 日，溥仪会见日本北海道输出入协同组合、自由民主党北海道议会议员阿部文男时，同样的问题又从另一个角度被提了出来。

阿部：您过去身为皇帝，在生活上总有许多人伺候。今天不一样了，您感到不方便吗？

溥仪：我的感觉完全相反。我自幼养尊处优，过着饭来张口、衣来伸手的骄奢淫逸的生活，这使我不幸地失去了一般人都具备的生活自理能力，就好像温室里长大的鲜花，经不起风风雨雨，加之生活无规律，造成身体虚弱多病，因此说，正是那种许多人伺候的生活害了我。

从苏联回国以后就过集体生活了，逐渐锻炼，身体才开始好起来。我去年结婚后，有人劝我们雇用保姆，但我和爱人都反对。我们已经懂得了：在能够独立生活的情况下，让别人服侍对身体是有害的。现在，我们生活得很好，精神方面也比当傀儡皇帝的时候愉快多了，因为我是一个自由自在的公民，没有什么必须挂心的事。

溥仪还说他过去当皇帝都是受制于人，并不自在，虽是北京生人，却连北京什么模样也不知道。成为"康德皇帝"以后，更是在日本军阀的完全控制下，连会见亲属的自由都没有。在后半生的公民生活里才有了真正的自由，有了真正的幸福。

溥仪这些真实坦白的谈话深深感动了阿部文男，面对眼前这位当过天子的人，他是这样表白心迹的："和您谈话，我有很多的感触。我承认自己的头脑还很旧，我觉得您过去是皇帝，我以平民的资格和您谈话，心中是惶惑不安的。谈话过程中我逐渐发现您完全是以平民的身份对待我，才使我的心情安定下来，因此我是非常感激您的。"

短短几年里，溥仪会见了几百位国际友人，他的工作和生活，以一种新的方式在世界范围内产生了影响。据我所知，他会见外宾的活动都有较好的反映，许多客人曾被他的谈话所感动。一位日本朋友回国后写了一篇文章叫作《人间奇迹》，叙述了访问溥仪的经过和自己的感想。加纳的一位记者说："西方人了解溥仪比了解雷锋容易些。"法国的一位

1964 年 10 月 11 日溥仪夫妇会见日本广播协会中国特别采访团

记者听取溥仪的谈话后对他说："你现在是真正获得了自己的人格。你的工作对国家的贡献是很大的。你的著作对世界人民有特殊的影响。"

这位法国记者谈到的"著作"就是指《我的前半生》，正如一位香港记者所评论的，"事是奇事，书是奇书"。许多国家的朋友都要求把书译成他们国家的文字，智利的一位客人还希望把书译成拉丁文。看过这本书的人从各地不断给他来信，政协文史资料研究委员会一位帮助溥仪处理来信的工作人员在出书后四个

月曾写过一份简报，其中说："溥仪的国内外来信一直很多，自从《我的前半生》出版后来信更多。其中国内来信有询问清朝文物的，有要求作报告的，有要求题词，借、赠《我的前半生》的，也有一般表示景仰、盼取得联系的，甚至还有盼能介绍工作或者'侍奉左右'的。国外来信有英国、丹麦、西德、印尼、墨西哥等，多是要求签名或者赠给照片，也有盼对《国际名人录》所载有关溥仪的记述提出增改意见。"

一位巴基斯坦记者曾向溥仪建议说："从皇帝到公民，你是世界上第一个。你应该到世界各国去旅行，告诉那些皇帝和国王，当皇帝是不好的。"溥仪没有去旅行，但是他的著作，他的文章以及他的谈话，就像长了翅膀似的，越过高山，越过大海，越过一道道国界，走到了天涯海角。

"奇书"问世

当毛泽东在 1964 年春节教育座谈会上表示，要拿点自己的稿费送给我们"改善生活"的时候，溥仪的一笔丰厚的稿费也快要拿到手了，被称为"奇书"的《我的前半生》是 1964 年 3 月出版的。

我和溥仪恋爱那几个月，正赶上他在修改书稿，也就常谈起有关的事情。溥仪对撰写回忆录很有兴致，他希望做个有用的人，而写回忆录又是力所能及的。他那时也常常到出版社去，听取编辑关于修改书稿的意见，我也跟他一起到过出版社多次。

我们结婚后很长时间内溥仪仍在为那本书而忙碌，当时我们住在政协院内，他经常伏案写到深夜，开着电灯使我很难入睡，我说："你早点睡觉吧，干吗那么拼命？"他总是耐心地劝我先睡，让我"照顾"他。

从溥仪嘴里，我渐渐了解到《我的前半生》一书是怎样写出来的。早在1957 年，抚顺战犯管理所的领导建议在押战犯拿起笔来总结自己的历史，溥仪经过几年的改造以后，对自己的前半生已有一定的认识，遂决定要把半个世纪中的所作所为一一记录下来，要写出自己由封建皇帝改造成为新人的过程，并为之确定了《我的前半生》这个题名。

溥仪此举令人瞩目，管理所领导尤为重视，为了让他能够集中时间和精力回忆重大问题，特派溥杰协助笔录，派同监战犯原"满洲国"驻日"大使"、"外交部"大臣阮振铎等协助提供线索，又派管理所的干部前往辽宁省图书馆查找晚清以来的背景资料，并把战犯中"满洲国大臣"一级人物按系统分别写的资料也提供了出来，给予了全力的支持。

自 1957 年下半年到 1958 年年底，溥仪完成了这部将近 50 万字的回忆录，从家世写起，按照经历的历史顺序，一直写到 1957 年参加战犯管理所组织的社会参观。不过，当时还没有把它写成书拿出去出版的想法，只是想把自己一生的经历写出来，留给后人一点儿历史教训。在撰写方式上，当时想得也比较简单，大体是写一段经历，再做一篇自我批评。然而，毕竟写出了一个皇帝的变化，透露了真诚悔罪的心情。

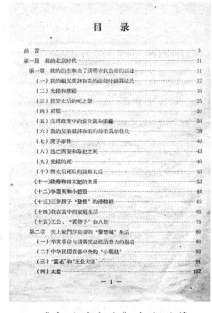

目录

前言 3
第一篇 我的北京时代 11
　第一章 我的出生和当了清朝末代皇帝的经过 11
　　（一）我的祖父奕譞和我的祖母叶赫那拉氏 12
　　（二）光绪和惠徽 16
　　（三）慈安太后的死之谜 20
　　（四）禀赋 30
　　（五）戊戌政变中的袁世凯和荣禄 34
　　（六）我的父亲载沣和我的母亲苏完瓜尔佳氏 38
　　（七）庚子事件 40
　　（八）逃亡西安和珍妃之死 43
　　（九）光绪的死 46
　　（十）西太后死后的隆裕太后 50
　　（十一）隆裕和西太后的关系 53
　　（十二）李莲英和小德张 54
　　（十三）三岁孩子"登极"的滑稽剧 62
　　（十四）我在宫中的家庭生活 65
　　（十五）王公、"黄带子"和八旗 75
　第二章 关上家门作皇帝的"紫禁城"生活 80
　　（一）辛亥革命与清朝反动统治势力的崩溃 80
　　（二）中华民国首都中央的"小朝廷" 83
　　（三）"遗老"和"王公大臣" 91
　　（四）太监 102

— 1 —

《我的前半生》未定稿第一册目录第 1 页

1959 年 12 月 14 日，周恩来接见溥仪及杜聿明等首批特赦人员时，向溥仪询问改造期间的情况，他便汇报说自己曾撰写一部文稿，总理极为重视，立即追问文稿现在何处？希望溥仪能把它修改好。

溥仪非常感激总理的关怀，当时他只知文稿已由同监战犯分头用钢板刻写，并油印了十余部，仍存放在管理所内。于是立即写信给金源所长，把总理接见的

溥仪获赦后来到五妹家，深情地凝望着毛主席像

喜讯传到他生活了整整十年的地方，并表示一定要按总理的指示把书改好，请战犯管理所的领导同志给予帮助。

然而，溥仪有所不知的是，他那本文稿油印后早已越出了抚顺战犯管理所的高墙，分别报送公安部、中央统战部和全国政协等领导机关。不久，中央统战部副部长徐冰指示，用4 号字体按 16 开本分三册，以"未定稿"名义铅印四百部，发给中央负责同志参阅。几乎与此同时，国务院副秘书长齐燕铭同意了公安部和全国

政协文史办公室的建议，指示群众出版社以"内部发行，征求意见"为限印制所谓"灰皮本"即32开本上、下两册，共七千部，限政法系统和史学界，在一定范围内购买阅读。

毛泽东、周恩来、彭真等中央领导人都看到了这部文稿，他们既有热情的鼓励，又有中肯的批评。当总理在1960年1月26日接见溥仪及其亲属时，就把自己的意见当面告诉了溥仪，他赞扬溥仪敢于向旧社会宣战，彻底地暴露，"创造了一个新纪元"，同时又批评说："书里的自我批评太多了，那些事情都过去了。"他要求溥仪"再改，改得完善些"。这实际上已为《我的前半生》一书的修改确定了基调。

这次谈话结束后不久，溥仪就收到了在白皮右上角标有"未定稿"字样的一套三册"我的前半生"自传文稿，他一看内容，原来在抚顺时对油印本加以修改的部分并未收入，遂于1960年2月19日致函金源，与之商议说：

我还有事情和您商量，现在，"我的前半生"三本书，已由统战部发给我看了，但是这三本书里还没有来得及把我在抚顺最后修改的部分加入进去。是否把最后修改补充的部分加进去为适当？或者不需要加入？如果加入好些的话，是不是把修改的部分由所里重新补印上？或是给我寄来，我再抄写上？究竟怎样办合适，请你们暇时来一信，以便解决这个问题。

对于这部自传文稿，溥仪自己也不满意，他希望把已修改的内容纳入，还希望遵照周总理的指示作进一步修改，并续补从1957年到特赦的新内容。

修改的事情落实到群众出版社，为此，全国政协文史办公室副主任姜克夫曾亲自把溥仪领到出版社，与总编辑姚艮等人见面。几天之后，公安部内负责与各战犯管理所联系的领导凌云，出面约请溥仪在全聚德吃烤鸭，群众出版社总编辑姚艮、文艺编辑室主任李文达在座，席间确定由李文达协助溥仪把书改好。

据李文达后来自述，他当时刚从机要部门调出，安排到出版社，心情极不舒畅，正"夹着尾巴做人"，对编辑工作也不懂，是"尸位素餐"的编辑室主任。但他曾在抗日根据地工作，当过新四军《淮海报》的记者，又发表过《双铃马蹄表》等文学作品，有很好的文学修养，姚艮遂把协助溥仪改书稿的任务交给了他。

修改书稿的具体工作是从溥仪在植物园劳动期间开始的。从1960年4月末起，李文达入住植物园附近的香山饭店，开始参与书稿修改工作。此后两个半月的时间里，溥仪上午在植物园劳动，下午在香山饭店的房间里与李文达商谈有关问题并共同动手修改书稿。他们在抚顺那份原稿的基础上，删繁就简，砍掉那些重复的和一些自嘲自骂的段落，又增补了特赦前后的内容，加入一些生动的细节，同时对全书加以润色。

然而，当一部二十多万字的新书稿摆在面前时，无论溥仪还是李文达都不甚满意，经过充分地讨论和细致地研究，两人都认为一些关键性的经历还需核查证人并占有更丰富的原始资料，思想发展变化的脉络也需要进一步澄清，于是，一个新的建议产生了，那就是前往东北溥仪留过足迹的地方，特别是抚顺战犯管理所进行实地考察，访问与溥仪有过接触的知情人，查阅相关的历史档案，从而使这本书建立在更扎实的基础上。这个建议很快就汇报到公安部领导机关并得到了批准。

1960 年八、九月，李文达等两人奉派来到抚顺，在战犯管理所调查采访曾与溥仪同监的战犯多人，如原"满洲国""外交大臣"阮振铎，原"满洲国"恩赐病院院长、军医少将宪均，原"满洲国"第九军管区中将司令官甘珠尔扎布，原"满洲国"第十军管区少将参谋长正珠尔扎布，原"满洲国"国务秘书和滨江省省长王子衡等。同时还与前任和现任所长、看守人员、管理人员、医生、护士、炊事员等接触谈话、了解情况，并看到了足以反映思想转变过程的溥仪在改造期间各阶段的亲笔总结，得到了较多的生动资料。嗣后又到长春、哈尔滨等地走访了李玉琴等知情人。

与此同时，溥仪在北京同样为了修改书稿而付出了巨大的劳动，他经常反复回忆，努力追逐那些早已逝去的时光，以及和这些时间相联系的事件。原来，溥仪有一个好习惯——天天写日记，即便是"满洲国"期间，在日本人的眼皮底下，他也曾记下大量日记。很可惜，那些已被摄取的历史镜头，却又大量地被历史吞没了。"满洲国"垮台前夕，溥仪令族侄和随侍烧毁了十四年的全部日记，因为那些日记里面，有不少"忠顺奴仆"抱怨"主子"的话，溥仪怕日本人发现后饶不过他。同时，溥仪还令人在"缉熙楼"地窖内把有关自己的纪录片和照片大部烧毁，

1960 年 11 月 28 日溥杰特赦回京，大哥端杯祝贺

"这倒不是为了日本人，而是为了对祖国人民湮灭自己的罪证"，由此，"险些把'缉熙楼'付之一炬"。从历史上看，这是一大损失，对个人也不利。数年后他写回忆录时，就感到有困难了。好在溥仪的记性不错，连总理也称赞他博闻强记呢！为了保证记忆准确，溥仪还陆续把在他身边时间较长的族侄毓嵒和毓嶦、三妹夫润麒、五妹夫万嘉熙、四弟溥任、二弟溥杰以及给溥仪当过英文翻译的察存耆，当年给溥仪当过首领太监的张谦和，还有集居于兴隆寺健在的太监们等动员起来帮助提供资料或线索。溥仪在撰写工作中认真细致，一丝不苟，核实了各种各样的历史资料。植物园图书室内的线装书和历史类书籍被他翻遍了，他钻研故纸的精神给图书管理员留下了深刻印象。

左起：载涛、韫颖、韫和、溥仪、溥任

当年设在中央档案馆内的明清档案部，为了支持溥仪写书，还破例打开了从来不曾开放甚至尚未整理的清末以至小朝廷时期和溥仪在天津时期的原封文书档案。其中有二三十年代著名遗老陈宝琛、郑孝胥、张勋、金梁、罗振玉、康有为、胡嗣瑗、刘凤池以及庄士敦等人的奏折、信札，有溥仪与民国政府往来记事，有溥仪青少年时代的亲笔诗文、授读日记，有溥仪与婉容、文绣、二妹、三妹等相互传递的游戏信件，甚至还有溥仪幼时练字楷的"红模子"，溥仪随手画出的游戏漫画等，活现出溥仪青少年时代的生活。

溥仪还查询了报道过有关事件或清室新闻的中外报刊；翻译并阅读了在世界各国出版的用英文、日文或中文写成的有关溥仪生平的著作；还看过由四弟溥任保存的摄政王载沣的日记以及郑孝胥的日记。郑孝胥日记收藏在中国历史博物馆内，现任该馆研究员的著名文物专家史树青当年就曾陪同溥仪阅看了这部日记。溥仪对这批历史资料的原则是：以当事人的身份，实事求是加以鉴别，取其实，弃其虚。这在溥仪留下的《我的前半生》初稿和其他手稿中能找到大量例证。

溥仪在《我的前半生》一书中，曾专门介绍了他的英文老师庄士敦。这位英籍"帝师"在1919年2月受聘入宫的时候，溥仪才14岁，直到1924年年初庄士敦又被溥仪派去管理颐和园等处，嗣后庄士敦又奉英国政府之命留华处理庚子赔款事宜，并在1927年自1930年间出任英国驻威海卫专员，其间多次前往天津访问溥仪，后来还到过溥仪在长春的"宫廷"，一直与溥仪保持着密切联系。回到英国以后，忆述"帝师"生活，写成一本书，即《紫禁城的黄昏》。溥仪发现这位老师并不完全实事求是，常常为了炫耀自己或维护他的"皇帝学生"而夸张或扭曲事实，现在溥仪要把真相写进自己的书。

在《我的前半生》第三章第七节里，溥仪写了小朝廷在"出洋"问题上内部冲突的真相。当时王公大臣为了保住"优待条件"和自身地位，都一致反对出洋，而溥仪感到处境很危险，同时，为了闯一条"复辟大清"的新道路，在庄士敦的引导和二弟溥杰的支持下，经与荷兰公使欧登科联系，秘密研究了逃出紫禁城的计划。结果，由于以醇亲王为首的王公大臣的发现和阻拦而宣告失败。

庄士敦曾绘声绘色地叙述这件事的经过，却把自己说成与此事毫无关系，只给荷兰公使写过一封信，并没有"参与"溥仪出洋这个"极其孟浪"的计划。其实，与荷兰公使欧登科联络的具体办法正是庄士敦告诉溥仪的。溥仪指出，庄士敦"捏造许多事实耸人听闻，以显示自己的'高明'"，庄士敦还极力替他开脱。溥仪的笔记上还引录了庄士敦的原文，并逐句加括号予以批驳或澄清。

溥仪把这件事情的真相写进了《我的前半生》一书，驳斥了庄士敦对事实的扭曲，订正了史实。这正是历史见证人的责任，也是文史工作者的责任。

自从溥仪调入全国政协当上文史资料专员以后，每天上午都在群众出版社后楼的一间小屋里与李文达见面，这正是修改书稿最紧张的时期。

1962年6月，业经修改的《我的前半生》印出大字本来，分上、中、下三册，送有关方面征求意见，四个月以后，又拿出了进一步修订的大字本，再度征求意见。

1962 年 11 月，溥仪在一次书稿讨论会上，亲耳聆听了史学界、法学界许多专家学者的评论，其中有北京大学历史系教授翦伯赞、邵循正，中国人民大学历史系教授何干之，学部研究员侯外庐、刘大年，中央民族学院教授翁独健，《历史研究》主编黎澍，中华书局总编辑李侃等。在此以后，著名文学家老舍还从文字和写法上提出了中肯的意见，并亲自动笔修改润色。

1964 年 3 月，《我的前半生》一书终于问世，很快便在全国和世界引起了轰动，溥仪从来没有忘记，他撰写回忆录的成功是在党的鼓励、人民的支持特别是许多知名和不知名人士给予具体帮助的情况下取得的，当他领到稿费的时候，首先想到要拿出一部分酬谢曾在写书中付出了劳动的人。

然而，《我的前半生》毕竟不同于一般的书，它不但是完全真实的溥仪个人的生平经历，而且，其内容又充满了溥仪头脑里的思想斗争，没有与封建主义、帝国主义思想的斗争，让溥仪暴露出自己总是不可能的，尽管别人可能帮助他搜集资料，整理文字，但这种思想斗争和自我认识是任何人也代替不了的。我有幸看到他全身心地投入写作之中，我也有责任把所看到的公布于世人。

《我的前半生》一问世，便轰动了世界，被译成多种语言

江南行

从 1964 年 3 月 10 日起到 4 月 29 日止，我和溥仪随着全国政协参观团，经过江苏、浙江、安徽、江西、湖南、湖北六省和上海市，行程一万两千多华里，先后参观了二十三个工厂、四个人民公社、一处水力发电站、一所大学、一座天文台，瞻仰了井冈山革命圣地、韶山毛主席旧居，游览了南京的中山陵、玄武湖，无锡的太湖、锡惠公园、梅园、蠡园、鼋头渚，苏州的网师园、留园、西园、虎

丘、狮子林、拙政园，杭州的西湖，安徽的黄山，汉口的东湖等名胜古迹，历时五十天。

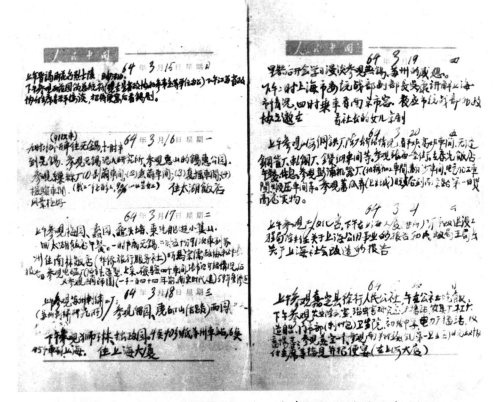

溥仪于1964年3月赴南方六省一市参观访问时写下的日记

这次参观是根据周恩来总理的指示安排的。记得是在1963年11月10日，周总理、陈毅副总理在人民大会堂接见并宴请前四批特赦留京人员及其家属，饭后总理当众宣布，等明年春暖花开时，让在座的特赦人员及其家属，到东南和西北参观游览，看看祖国新面貌。到1964年3月初，全国政协秘书长张执一又把溥仪等特赦人员请到政协礼堂小餐厅吃饭，宣布由当时担任人大常委会副秘书长、全国政协常委、民革中央常委兼宣传部部长的陈此生和全国政协秘书处副处长连以农带队，随同前往的还有中国新闻社的几位记者。全国政协南下参观团就算组成了，连眷属二十余人，因为其中有当过皇帝的溥仪，当过亲王的溥杰，还有杜聿明等原国民党名将，王子衡等"满洲国"大臣，故被戏称为"帝王将相参观团"。

　　3月10日上午9时30分，政协送站的汽车到家接我们，那天我稍有点儿感冒，但还是很兴奋的。我看溥仪更活跃，他手舞足蹈的样子简直像个孩子，因为这是他第一次到南方啊！我们把家交给二妹和妹夫照看，就高兴地乘车到了北京站。

　　在软卧车厢里，我们和宋希濂以及他的新婚妻子易吟先住在同一个房间，欣赏一路风光，大家说说笑笑，在列车上度过了愉快的一夜。当我们透过明媚的晨曦向窗外望去时，河北平原上的残冰败雪，早已被南方的春色取代了。

　　3月11日中午到达南京，当地省、市政协把我们看作贵宾，安排在条件舒适的福昌饭店，并引导我们游览了中山陵、明孝陵、灵谷寺、梅花山、玄武湖以及紫金山天文台等名胜古迹或风景区。

　　在梅花山的一座小亭前，溥仪听说汪精卫死后被埋于此地，便向周围的人们追问起来。问怎么看不到坟墓？为什么要炸掉？炸坟之前开棺看过吗？殉葬品有些什么？汪墓是在1946年1月下旬秘密炸毁的，当时没有公开报道过，溥仪全不知情，此时便没完没了地问下去，由此赢得了一个"每事问"的雅号。

溥仪和同事们来到南京梅花山（右起：溥杰、溥仪、沈醉、董益三等）

　　我因为身体不好，从北京出来时又闹点儿感冒，许多参观活动未能参加。溥仪出门前总是嘱咐我好好在房间里休息，有一天他参观回来在房间里找不到我十分焦急，就和周振强说："淑贤丢了！"老周立刻陪他到街上去找，果然在一家商店里碰上了我，那天我一个人待在饭店里太闷，就出来走走。溥仪见到我，一把拽住我的手，说啥也不松开，好像一松手我就要跑丢似的。

有一回，参观南京化学工业公司，这是归中央化工部直属的一个万人以上的大厂，年产化肥六十万吨。我们在这个公司里看了工人宿舍、职工第四小学和第九村幼儿园。活泼、天真的孩子们表演了小歌舞，一向喜欢孩子的溥仪像着了迷似的，问这个孩子"几岁了"，问那个孩子的姓名，别人已经走出老远，他还恋恋不舍……

我小时候常听父亲谈到南京的"夫子庙"，它曾是纪念孔子的"圣地"，却也是旧社会歌女、娼妓、赌棍三教九流各色人等麇集的场所，我和溥仪怀着好奇的心情去了一趟。在这条街上买了一些特产作为纪念品，又走进一个卖汤圆的铺子，我喜欢吃汤圆，就买了一大包，有糖馅的，有肉馅的。溥仪说："怕无法吃得下呢！"其实，也只能算作一种纪念品吧。我们又沿着碎石子铺的路面，来到秦淮河边，凭栏和小篷船上的当地老乡聊了起来。

"商女不知亡国恨，隔江犹唱《后庭花》。"往回走的路上，溥仪低声吟诵唐代诗人杜牧《泊秦淮》中的名句，像是自言自语，又像是对我说："那样的情形是绝不会再重演了。"

在南京的最后一天，我们怀着沉痛的心情，晋谒了雨花台烈士陵园。溥仪和廖耀湘、宋希濂等人一起，在摆满了花圈的高大宏伟的烈士纪念碑之前默哀并照相留念。

那天下午，我们还游览了西花园，又看了原国民党总统府。溥仪以为蒋

溥仪夫妇在南京雨花台革命烈士纪念碑前留影

介石的办公府邸一定规模庞大，其实不然。
从大门到正房相当幽深，蒋介石的办公室在
最里边，并不大，外间是仅有六七平方米的
会客室。溥仪说："蒋介石的办公室原来这
样小！"我坐在会客室内的单人沙发上，溥
仪依靠着沙发扶手，合照了一张相。

在南方参观的第二站是无锡。无锡南
濒太湖，西倚惠山，是江南著名的风景区之
一。溥仪游兴很浓，我们从梅山到蠡园，再
到鼋头渚，又乘汽艇游太湖小箕山。当导游
介绍太湖石的特点时，溥仪特意记在本子
上："太湖石的精品，要俊、瘦、秀、透。"
每见一石都用这四个字衡量一番，看合不
合标准。他还恍然大悟地说，难怪北宋好
几个皇帝都派人到江南采花石，这太湖石确
实可爱！

溥仪夫妇参观南京原国民党
总统府内蒋介石的办公室

我们还参观了无锡泥人研究所。这里生产的彩色泥塑古装美人好看极了，"惠
山泥人"造型精美，神采生动，真是名不虚传，溥仪见我喜欢就买了几个带回家。

来到古城苏州，立刻被玲珑剔透、美丽无比的园林风光吸引住了。网师园、
拙政园、西园、留园、狮子林以及虎丘等著名园林的山光水色，令溥仪赞不绝口。

在丝绸厂、刺绣厂和刺绣研究所，我们参观了世界闻名的"苏绣"的生产过程。有一帧双面绣的猫，从两面看都丝毫不差，同样生动可爱，溥仪特别喜欢，便伸手去摸，介绍情况的人忙说，这只能看，不能摸，一摸就会起毛不好看了，

溥仪参观无锡泥人研究所

溥仪这才缩回了手。随后访问刺绣研究所的金锡所长，她在 20 世纪 40 年代已是一位苏州知名的刺绣艺人，然而战乱频仍埋没了她的灵秀和技术。新中国成立后，她被请到刺绣研究所当了所长，并被选为市政协委员、省人民代表，她带了许多徒弟，才能得到了充分的发挥。溥

溥仪夫妇参观苏州刺绣厂和刺绣研究所

仪向金所长请教刺绣的原理和工序，金锡同志耐心解释，这时介绍情况的人插话说，金锡同志曾应邀出国表演刺绣，许多外国妇女都抢着看她这双能生产"苏绣"的巧手。溥仪听到这里完全被感动了，也情不自禁地握住金锡的手，率真地抚摸起来，弄得人家怪不好意思，他却并不觉得。

溥仪在上海的几天里，听取了上海市委统战部吴康副部长介绍上海情况，浏览了上海市容，参观了上海第一钢铁厂、塑料制品第三厂、第一印染厂、吴泾化工厂、微型轴承厂和嘉定县徐行人民公社，还参观了张庙新村、番瓜弄等几条街道以及工人文化宫、上海青年宫等文化单位。溥仪对于被称为上海"龙须沟"的番瓜弄已经成为全国闻名的卫生城很有感想。

那些天，我由于身体始终没有恢复好，不能参加许多有趣的集体活动，大家出外参观的时候，我就一个人待在房间里，有时到街上遛弯儿，逛逛商店，买点东西。在溥仪自由活动的时间里，也和他一起走走，这样，上海的四大公司：永安、新新、大新、先施等，我们都逛了。

溥仪每到一个商店就往儿童玩具部和文化用品部挤去。在前一处买些小洋娃娃呀，小手枪呀什么的，在后一处则买些戏装脸盆呀，小花脸子什么的。反正都是小玩意儿，见啥都想买。我说："你没有鞋穿呢，买双皮鞋吧！"他说："还是买小玩意儿吧！"我索性由着他的性子去买。

溥仪由着性子做事，常闹笑话，有一回就在我们住的上海大厦餐厅吃饭，手艺高超的厨师做了一道美味烤鲥鱼端上来，很合溥仪的胃口，他又任着性子目无

旁人地品尝起来，一不留神鱼刺卡在了咽喉间，随行医生费了很大劲儿才把它弄出来，但溥仪却像没事似的从容谈体会："如鲠在喉，一吐为快。"这句话原来是鱼刺卡住咽喉之后才体验出来的！

我从小住在静安寺路，现在叫南京西路，直到十六七岁才离开。有一天，别人都去看上海杂剧，我和溥仪却跑到难以忘怀的儿时旧地去了。从街的这一头走到街的那一头，一边走着，我一边讲述儿时在这里生活的情形。他细心地听着，并以惋惜的口气说："如果你父亲、母亲都还活着该多好哇！两位老人一定会欢迎我们的。"我注意寻访当年的老邻居，也都不知道搬到哪里去了。在这条马路的尽头处，我们雇了一辆三轮摩托车，回到大厦的时候夜色已深了。

参观团离开上海以后就来到我的家乡——杭州了。晚上十点多钟杭州市政协的同志把我们接到杭州饭店。清秀安谧的西湖夜景，让我忆起孩提时代的往事，我八岁离开杭州后，十岁又随父亲回来一趟，今天旧地重游，在儿时依稀的印象中，还留有西湖岸边残破的大墙。溥仪感慨地说："许多变化是想也想不到的。如果没有这变化，我也不能和你一起到你的家乡来。"

第二天一早，还没吃饭，溥仪就和连老等人一起去看西湖畔的岳飞庙，下午我们又分坐几条摇船，荡于西湖之上。这里和北海不同，所乘之舟并不是那种双桨小船，比较大些，还有船工摆桨。跟我们同坐在一条船上的，除了溥杰夫妇和杜聿明夫妇，还有位随行记者。大家说说笑笑，心旷神怡，一面欣赏风景，一面讲起历代诗人和辞赋家歌颂西湖的佳句："若把西湖比西子，淡妆浓抹总相宜。"

在那个愉快的下午，我们遍游了西湖名胜，苏堤和白堤、孤山、三潭印月、花港观鱼、保俶塔等，溥仪每到一处必让我这"杭州夫人"讲述来历，有着很大的兴趣。来到秋瑾墓前时，溥仪对我说："秋瑾是一位了不起的女革命家。她是在我即位前两三年时被清朝政府杀害的。"在那附近，我们还看到了名妓苏小小的坟墓。那天晚饭后，我们邀了宋希濂夫妇到繁华的市区游览。杭州是座清洁的城市，商业繁盛，特产丰饶，什么小核桃、芝麻片、龙井茶等，应有尽有，街面上的小商店一直营业到深夜。

溥仪夫妇和杜聿明夫妇留影于杭州六和塔前

溥仪夫妇来到杭州三潭印月

到杭州的第三天，参观团乘车去新安江水力发电站，我因身体不好没能随行。次日又来到龙井茶的家乡——西湖人民公社梅家坞茶叶生产大队。茶农从自产龙井茶的茶叶蕊中挑最好的给我们沏上，色美味香，名不虚传。

社长卢振豪介绍了梅家坞的发展和变化，又讲起家史，他说父亲因为欠了地主六十元钱干粮的高利贷就被夺去祖宗遗留的

1964 年 3 月 31 日，溥仪夫妇参观龙井茶之乡——梅家坞生产大队茶园

几亩地，忧郁而死。母亲惨遭一个富农的毒打后也病死了。他领着弟弟和妹妹乞讨为生，到处流浪，历尽人间辛酸。溥仪落了泪，等卢社长讲完，立即掏出笔记本来请他签上名字。接着参观采茶劳动，我恰恰和卢社长的妻子在一块儿，还在

溥仪夫妇在杭州灵隐寺笑佛前

茶叶地里照了相。参观社员住宅时也到了卢社长的家，室内大都有收音机、缝纫机，家具摆设整整齐齐。

在杭州期间还游览了灵隐寺、玉泉、玉皇山、黄龙洞、虎跑泉、净慈寺以及烟霞三洞等名胜，在曲径通幽的黄龙洞，溥仪钻来钻去，跟我玩起了捉迷藏。

4 月 2 日起程赴黄山，由于长途汽车颠簸动荡，连老特意把我安排在他的小车里，可以稍微舒服一点儿。当晚抵黄山宾馆。

黄山以雄伟挺秀闻名于世，山中有大小七十二峰，并以奇松、怪石、云海、温泉称"四绝"。

我只能在宾馆附近转一转，不敢走远，而溥仪为了领略黄山胜景，常去爬山，我远看那陡峭的山峰真替他担心，可他安慰了我又去爬。其实也爬不了太高，只到过丹井、三叠泉和鸣弦泉等地，在迎客松前照几张相就下来了，回到宾馆休息一会儿，又换上游泳裤，到温泉游泳池去玩。

在黄山参观的最后一天，乘飞机赶到的安徽省委统战部洪沛部长以及安徽省政协戴戟和李云鹤两位副主席，在黄山宴请参观团全体同志。宴会前又接见溥仪等各位专员和夫人，我俩因为迟到了，感到很不安。

结束在黄山的参观游览活动以后，我们又折返杭州，转赴南昌，开始了对江西省的参观访问。在八一南昌起义指挥部，溥仪仔细地观看了周恩来、叶挺、贺龙、朱德、刘伯承等同志开会商讨举义大事的地方，看了关于八一起义的图片、文件和实物展览，还看到了贺龙当年的指挥部和革命烈士纪念堂。

4月10日从南昌出发，经两天的汽车路程，过吉安，到井冈山访问革命圣地。溥仪多么希望我能和他同行啊！然而我的身体不做主，坐长途汽车怕头晕呕吐，只好待在江西宾馆中。参观团是4月15日返回南昌的，溥仪见到我，露出十分惋惜的神情说："不该失去这样的机会呀，井冈山很值得一看。"

4月的南昌天气很热了，下场透雨才凉快一点儿，天一转晴又热了起来。有时晚上热得难受，我怎么也睡不实，溥仪就拿扇子替我扇，直到我睡熟了才肯去睡，有时觉出我翻身就又拿扇子来扇。在参观中，溥仪时时关心着我，这已是人所共知。吃饭时总是先把他得意的菜往我碗里夹几口，好像怕我吃不上，又好像我吃了这几口菜就能长几斤肉似的。参观时只要我能去，溥仪就一定形影不离地跟我走在一起。别人常常因此和我开玩笑说："李淑贤，你可真有福气呀！有这么一个好爱人照顾你，真让我们羡慕呢！"

在毛泽东的家乡——美丽的韶山冲，溥仪了解了毛主席青少年时代的生活。他看到主席诞生的那张旧式木床，非要用手摸摸。解说员告诉他这些陈列品不准摸，但他还是一再要求，解说员看出他很真诚，便说可以特殊照顾，只允许他一人摸一下。不料，他又决定

在韶山冲毛泽东少年时代游泳过的池塘边留影

不摸了，原来溥仪最怕别人说他特殊，不愿意因为过去当过皇帝，就被看成与其他专员不同的人。

在长沙，一天午餐后，大家都讨论一道颇有滋味的肉菜，溥仪也跟着说"好吃"。后来有人告诉他，那道肉菜正是闻名的湖南狗肉。溥仪听了很后悔，真想吐出来，却无论如何也是办不到了。他从来不吃狗肉，尽管狗肉很好吃，但溥仪的心情也是不愉快的，埋怨我没有告诉他。其实，我也是饭后才知道是吃了狗肉。

在南方参观访问的最后目标是湖北，重点参观了长江大桥和武钢。溥仪在当天的日记中记下了自己的感想："当我看到我国自行设计、自己建设的规模巨大的长江大桥和武钢时，心里有说不出的兴奋，真感到作为中国公民而自豪。"

在武汉钢铁公司，溥仪参观了初轧厂、炼铁厂、焦化厂和炼钢厂

4月28日中午，参观团离开武汉登上归途。在南方五十天的参观访问和游览活动对溥仪来说可谓硕果累累，后来他总结收获说："这次参观，我亲眼看到祖国社会主义建设的伟大成就和充满阳光的新社会以及人民的欢乐。我再一次地感到祖国的兴盛，祖国的可爱和社会主义具有的无可比拟的优越性。"

溥仪夫妇和杜聿明参观湖北黄陂县杠店区滠口人民公社的油菜田

西北行

参观团赶在五一劳动节之前结束南方之行而回到北京的原因之一，是溥仪有许多既定的外事活动，中国新闻社正在拍摄的纪录影片《中国末代皇帝溥仪》也需要实拍会见外宾和节日游园的许多场面。

记得从南方回来的第二天，我和溥仪就应邀出席了中华全国总工会等十二个全国性人民团体联合举行的庆祝五一招待会。宴会进行中，周恩来在大厅里发现了我们，立刻把我们招呼到主桌席这边来，在这里，还有刘少奇主席陪伴着外宾。总理先把我们介绍给布隆迪王国国民议会议长塔德·西里乌尤蒙西阁下。总理指着溥仪说："这是中国末代皇帝溥仪先生。"又指指我介绍说："这是溥仪夫人。"议长阁下很礼貌地答道："见到溥仪阁下和夫人非常荣幸！"我和溥仪也十分高兴地向议长阁下和总理敬了酒。

溥仪和刘少奇主席早就熟悉，趁着这个机会也让我和刘主席见了面。他站在刘主席身旁对我说："这是刘主席！"又转过身来对刘主席说："这是我的爱人！"刘主席和蔼地问我叫什么名字，在什么单位工作，生活有没有困难等，我一一作答，刘主席满意地点着头，这给我留下了至今难忘的深刻印象。

经历了紧张的日程安排，我们又开始准备新的旅行了。

从1964年8月5日到8月28日，全国政协参观团又由吴群敢主任等带队走了西安、延安、洛阳和郑州四个地方。瞻仰了革命圣地延安杨家岭、王家坪和枣园中国共产党中央与毛主席曾经居住的旧址，拜谒了烈士陵园，参观了陕甘宁边区参议会大礼堂，还先后看了四个博物馆、两个人民公社生产大队、九个工厂、一所大学、一个纪念馆和八路军办事处，游览了临潼、大雁塔、白马寺和龙门等名胜古迹，历时二十四天。

我们来到西安，住进人民大厦，餐厅早准备好了具有地方风味的羊肉泡馍。溥仪从来没见过这种烧饼一般的馍馍泡在肥羊肉汤里的吃法，不顾天热难耐，美美地饱餐了一顿。

饭后参观团到陕西省博物馆去，因为天太热，我头晕，就留在大厦里休息。不料，中午拉参观团的大客车回来了，却不见溥仪。吃过午饭又返回去找，好不容易才在"碑林"中间找到他。原来他在少年时代曾听老师陈宝琛讲过西安有个"石质书库"，今天得观真景，非常兴奋，正坐在角落里一字一字地认真仿抄王羲之体《大唐三藏圣教序碑》，早把时辰忘到脑后去了。

参观团于 8 月 9 日开赴延安，溥仪感到失望的是我又不能同行。他回来以后，一股脑地向我介绍延安的情况，发表观感，我成为了从溥仪那里接受延安教育的第一人。

溥仪到延安后本来是被安排在延安招待所有卫生间设备的高级房间中，但是他对其他几位专员住的窑洞感到很新奇，就提

1964 年 8 月 10 日，溥仪、溥杰和嵯峨浩在延安

出要换住窑洞，领队只好答应，选出一间设备稍好的窑洞让他住了。溥仪说，过去听戏，常有"寒窑"一词，今天住进窑洞方知是冬暖夏凉的好地方，本不该把窑与寒这两个字连在一起。为了京戏中可不可以使用"寒窑"一词，溥仪还跟对京戏素有研究的杜建时辩论得脸红脖子粗。

参观延安宝塔时，溥仪看到门楣上还保存着"俯仰红尘"匾额，便问导游：毛主席和中共中央在这里七八年，为什么像这一类带有迷信的匾额还没有换掉？导游说，这是保存古迹。他又告诉溥仪，延安还保留着两座寺庙，至今还有烧香磕头的老头、老太太，政府尊重人们的信仰自由。

溥仪告诉我，延安之行使他进一步了解了中国革命，他敬佩毛泽东作为战略家的伟大气魄。他说，日军空袭凤凰山时炸弹就落在主席住处附近，他由此联想起自己在关东军司令官梅津美治郎调任日军参谋总长向他辞行时的献媚言论。当时溥仪曾对梅津"建议"说："日本要南进，应当同苏联和好，以巩固后方而全力南下，尤其要多多制造飞机以确保制空权。"他感到日寇轰炸延安也包括自己的一份罪恶。

在西安期间，我们还游览了南郊慈恩寺内的大雁塔和临潼骊山，参观了八路军办事处旧址以及醴泉烽火公社烽火大队，特别是骊山之游极为尽兴，秦川渭水，美不胜收。在山脚下唐玄宗与杨贵妃的华清宫旧址，溥仪说："唐玄宗每年冬季携杨贵妃及其姊妹数家来此居住，至岁尽而还，各地的进贡则源源而至，供其享乐。"他还给我讲了一个故事：据说杨贵妃喜欢吃荔枝，当时四川涪州贡的荔枝用驿马飞递，取道西乡入子卡谷，不三日即到长安，跑死许多马。唐朝诗人杜牧

以《过华清宫》为题，用轻快讽刺的笔调吟诵道："长安回望绣成堆，山顶千门次第开。一骑红尘妃子笑，无人知是荔枝来。"这引起溥仪无尽的联想，在当代中国恐怕很难找到有他那样细腻体会和深沉感触的人了。

溥仪手迹：参观八路军办事处旧址的感想

我们又来到相传杨贵妃沐浴过的"芙蓉池"，该池用白色玉石砌成，形似海棠，所以也叫"海棠池"。溥仪说："这是当年杨贵妃洗澡的地方，有人传说她用牛奶洗澡，恐怕不对，牛奶哪赶得上这温泉之水更宜人？"这水是确实祛病的。我和溥仪都不想放弃这个用"杨贵妃用过的水"洗澡的机会，遂分别在男、女浴室洗了澡。跟溥仪一起入"男二人池"的一位同事说，溥仪刚下浴池就没有站稳，差一点儿倒在水里。他不怪自己笨，却埋怨温泉的水太滑，站不稳。那位同事笑着说："温泉水的确很滑，白居易早在一千多年前，在《长恨歌》中不是明明白白说过'春寒赐浴华清池，温泉水滑洗凝脂'吗！华清池温泉水一向就是这样滑的。"溥仪听完，便小心翼翼地爬上来穿衣服。穿上衣服他又诧异地问，怎么洗过温泉就会肥胖起来？难怪杨贵妃肥胖，赵飞燕瘦小，因为杨贵妃天天在温泉里洗澡，赵飞燕没有洗过温泉。原来他错穿了别人的衣服，勉强穿上，还以为自己忽然肥胖起来。换回衣服，溥仪自言自语地说："杨贵妃洗澡留下的余香没有闻到，差点把骨头都摔断。"

温泉浴让溥仪牢牢地记住了《长恨歌》，他随口又读出其中的几句："七月七日长生殿，夜半无人私语时，在天愿作比翼鸟，在地愿为连理枝。"溥仪用手一指说："诗中所谓长生殿大概就是这一片华清宫中的一座宫殿，相传天宝十年七月七日夜半，唐玄宗和杨贵妃曾在这里仰天盟誓，愿生生世世为夫妇。但这在事实上并未做到，至天宝十五年安禄山乱起，玄宗仓皇出走四川，杨贵妃被迫在马嵬驿缢死，说明皇帝的爱情是不会长久的。"我听了溥仪讲的这个故事真想去寻寻长生殿的遗址，然而问了几个人都说不清楚，也只好作罢。

我们又到蒋介石曾经住过的房子参观，看了卧室、休息室和会客厅，前面玻璃窗上还留有当年事变时的弹痕。

8月22日，我们来到"九朝都城"的洛阳，先后参观了滚珠轴承厂、矿山机械制造厂和拖拉机制造厂。溥仪对许多事物都感到新鲜，看见那一排排正待出厂的"东方红"拖拉机，他非要上去开一开并拽我上车，请工厂师傅手把手地教开车，竟真的把拖拉机开出好几米远，有位记者抢拍了这个镜头。当时，溥仪很高兴地说："如果我能多待几天，就可以驾驶它上田野中去了。"拖拉机厂一位在场的领导同志马上说："我们欢迎你落户啊！"溥仪走下拖拉机说："下次有机会一定再来！"

溥仪夫妇参观洛阳拖拉机制造厂时登上"东方红"拖拉机驾驶室

在洛阳，溥仪还游览了龙门石窟、白马寺和洛阳博物馆。当我们来到龙门这个世界著名的风景胜地后，溥仪亲见自北魏以来数百年间陆续建造的佛像均已断头残臂、肢体不全，便连声感叹，并对我说，这使他联想起自己对故宫国宝的糟蹋和损害……

溥仪夫妇来到洛阳龙门石窟

这次参观的最后一站是郑州。我们参观了郑州纺织机械厂、河南省博物馆和二七纪念塔，特别是郑州的城市建设给溥仪的印象尤深。他在参观总结中写道："郑州和洛阳一样，看到它的市政建设，就像是看到了祖国的光明前途。很明显，旧的狭隘破旧市区，已是无足轻重的一小部分了……规模宏大，四通八达，气象一新的新市区已经出现。新旧对比，正是抚今追昔的极好教材。"

8月28日，我们结束了西北和中原之行，回到北京。两次在祖国各地的漫游使溥仪和我都受到了教育，正如溥仪说的那样："参观使我们更加了解祖国、热爱祖国了！"

第五章
病魔

癌症袭来

溥仪下江南，上西北，两次在外地参观访问了三个来月，能吃能睡，跋山涉水都不在话下。当时我真羡慕他，如果有他那样的好身体，就不至于常常"掉队"了。不料，溥仪的健康竟是徒有其表。

我清楚地记得，从西北和中原参观归来，政协领导讲：大家很疲劳，都要在家休息几天。可溥仪不听话，第二天一早就张罗着要上植物园去，他说："这么长时间没回那个家了，我要去一趟，劳动三天再回来。"我本想拦他一下，又找不出理由，也就随他去了。不料第二天他却回来了，我正感到奇怪呢，他开口说："我又溺血了。"

"溺血"作为使溥仪致命的肾癌的先兆，早在 1962 年 5 月中旬就已经出现了。当时才新婚两个星期，哪里想到，罪恶的病魔竟伴着我们刚刚开始的幸福，潜入溥仪的身体。现在想来令人痛心的是，当时并未因溺血而引起重视，丧失了早期诊断并根治的机会。

溥仪发现溺血现象后，曾到人

身患重病的溥仪

民医院诊治，但未能确诊，只是注射维生素 K 止血。溥仪笃信中医，经常找海军医院张荣增老大夫诊察，张大夫按"膀胱热"开了三服中药，果然止了血。在中医施治期间，也曾多次到人民医院就诊，均未能早期发现癌细胞。此后的两年里，溥仪虽然也常患感冒，发烧，不断就医服药，但很快就能好转，从身体外观看，一直是挺健康的，精神也好。然而，"溺血"现象自 1964 年 7 月以来又时有发生，有时连续几天，有时半个月乃至一个月，但没有痛感，体温也正常。

9 月初再度溺血那天，我陪溥仪到人民医院检查，经大夫诊断，结论为"前列腺炎"，仅注射维生素 K 止血，对病情的严重性未予足够认识，根本没做尿培养，也未能断定癌症病变，这样又拖了两个多月，溺血更加严重，终于在 11 月住进了人民医院。

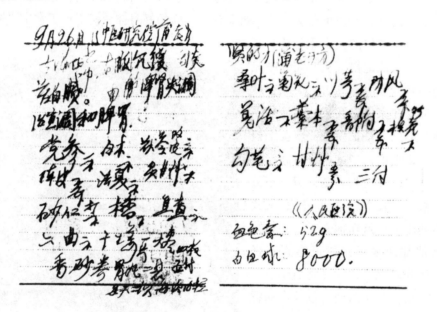

溥仪治病日记

周恩来就是在这个时候由于一个偶然的机缘而得知了溥仪的病情。1964 年 11 月里的一天，下午四五点钟，一辆红旗轿车开到我家门口停住了。从车里走出一位身穿中山服的男同志，进院后很礼貌地向我说明了来意，原来是总理邀请溥仪参加宴会，陪同会见某国贵宾。往次这种活动都是预先通过政协送来请柬，这次是总理临时决定，就直接派车到家来了。我遗憾地告诉来人说："溥仪因溺血住医院了。"

"住在哪个医院？"他问。

"人民医院。"我答。

"几天了？"

"十多天了。"

"现在病情怎样？"

"继续溺血。"

那辆红旗轿车风驰电掣般地开走了。当天晚上总理就打电话告诉申伯纯，要求密切注意溥仪的病情发展，组织专家全面会诊。这才引起全国政协的高度重视，即照总理的指示做了细致的安排。

第二天，以著名泌尿科专家吴阶平为主，还有其他几位外科、肿瘤科专家参加，给溥仪会诊，先后做了膀胱镜检查、前列腺组织穿刺、精液检查和肾脏造影，仍未见异常。但是，吴大夫这时已感到有问题，一面采取措施止血，一面继续观察。二十天以后溺血停止，溥仪出院，并参加了中国人民政治协商会议第四届全国委员会第一次会议。

1965年2月5日，溥仪因溺血又趋严重再一次住进人民医院。在3月6日的膀胱镜检查中，终于发现了长在膀胱内的两个小瘤子，一如黄豆粒大，一如小桑葚大，而且怀疑是恶性的，病历上的诊断为"膀胱乳头瘤，前列腺肥大"。其后又在周恩来的直接关怀下转到协和医院高干病房，由泌尿科专家吴德诚任主治医生负责治疗，肿瘤科专家吴恒兴及几位外科专家也参与其事，采取各种积极措施精心治疗。遗憾的是，已经误诊三年，失去了宝贵的早期诊治的最佳时期。

溥仪治病过程中先后六次住协和医院，三次住人民医院。溥仪的性格又好动、好热闹，特别怕寂寞，我深深地了解他，在他住院的日子里，我几乎每天都到他那里去，坐在床头或床尾，伴他度过那些由于病魔缠身而显得漫长的时光。

可是我的体质也很不好，1965年又查出了子宫肌瘤，而正在病中的溥仪仍为我倾注了全部的心血。我的病尚未确诊时，溥仪特别担心，一连数日吃不下饭，睡不着觉。有几回竟自己掉起泪来，问他为啥哭，他说怕我的病是癌症，说着说着又呜呜地哭起来。我说："我要是得了癌症死了，你就再结婚得了。"他说："你可不能死呀！你死了我也再不结婚呢……"我笑着安慰说："还没确诊呢，你先哭什么呀！"到了看化验结果那天，他陪我到医院，一路上严肃得很，一语不发。到了医院，医生说是良性的，他又高兴得像孩子似的笑个不停，回到家又笑又唱。

记得那是8月下旬，为了根治我的妇科病，溥仪托请担任四届政协常委、政协医药卫生组副组长、中华医学会副会长的友谊医院院长钟惠澜，介绍一位妇科专家，钟院长立刻给当时担任三届人大常委会委员、中华医学会副会长的协和医院门诊部主任林巧稚大夫写了一封信。这样，林大夫为我的病整整治疗了半年，并建议动手术。于是，溥仪又请协和医院院长介绍了一位专治疑难病症的宋教授，为我实施手术。住院期间，他每天都到医院看我，晚上也来。由于他当时也是手术后不久，切除了左肾，又有点儿累着了，而且右肾又发现了问题，出现尿血现象。当时他已经很难步行，来医院的时候就雇出租汽车（为私事他从来不向政协要车）坐着来，直到我在"十一"前伤口愈合出院为止。

探病风波

1965 年 6 月，溥仪在协和医院做了左肾切除手术。住院期间，有位"老姑娘"常来看望。溥仪在 6 月 14 日的日记中记载了她来探病的情况：

下午 2 时，正午睡，无味纠缠的王某直入欲见。姚护士随来，告以正睡午觉。彼也不顾，用手推门。姚护士先入，见我睡，方欲退。我不知谁来，问：谁呀？这样，彼乘入。问询病况如何？告以医嘱静养，不让多见人，因此，以后不必来。彼又谓其母惦念，欲来看，我仍告以如前文。彼坐不走，我乃告：你可休息，我还要歇息呢！彼才走，殊为麻烦扰人。

从日记中可以明显看出溥仪的厌烦情绪。其中"王某"即王大姑娘，是一位满头珠翠耀眼、身着绣花旗袍的满族女性。

溥仪特赦回京不久，被族人唤作"大格格"的婉容的一位亲戚听说了，特别高兴，立即请他到家里吃饭。这位老太太的烹调技术很高，做的菜很有味道。溥仪这个人并不像人们所想象的那样，似乎总是带有一种皇帝应有的威严的神情。其实，他也是嘻嘻哈哈的，挺好开玩笑。吃饭间，他谈笑风生，显得十分活跃。

老太太跟前还有个女儿，这位婉容的表妹，那一年将近五十岁了，因为从小生活在贵族家庭，娇生惯养，总是带着一身阔小姐的作风。虽然新中国成立这么多年了，还是不愿意参加社会工作，说话、走路也忸怩作态，高不成，低不就，始终未婚，成了老姑娘，人称"王大姑娘"。

吃饭那天，溥仪和王大姑娘说了句玩笑话，谁知她竟动了心，以为溥仪对她有意思呢！事后，她托付一位亲戚给溥仪捎话，表示愿意和他交朋友。没想到的是，竟被溥仪一口回绝了。可是，王大姑娘还钟情于溥仪，在很长一段时间里主动追求他。听说溥仪认识了一位护士，正在恋爱，还哭了一场呢！溥仪和我结婚那天，她哭得可伤心了。

然而，她并未因此而打消念头。我因患子宫肌瘤施行摘除手术的时候，她以为是癌症，竟满怀希望地等待"续弦"了。溥仪知道这件事后很气愤地说："她这是白高兴，什么时候我也不能要她！"

溥仪有病住院期间，她总是老早就去等取探病牌。按规定，每个探病日的下午只允许会见两人，她却一下子把两个牌全拿走，害得别人没有办法再来探望，于是出现了溥仪在日记中记载的情形。不久，我顺利做完子宫肌瘤切除手术，王大姑娘的期盼又落空了。

1965 年 12 月间，溥仪又住院了。有一次，王大姑娘来探病，在病房碰到了我，见我和溥仪说说笑笑地挺高兴，马上退到病房外面站着，我遂拉她进屋，请她坐下，端茶、递糖、拿水果，谁知她竟理也不理。溥仪很生气，事后对别人说："她对我爱人太没礼貌了，她吃什么醋呀！"还让亲戚转告她，以后就不要再来了。这件事在溥仪 12 月 20 日的日记中有一段记载：

> 下午，贤来看。大格格之女亦来，坐于客厅，贤问话而其不理。我即通知护士长，告以医生不让见，须静养，才去。

还有一次，溥仪从昏睡状态刚刚醒来，一眼看见王大姑娘坐在床边，立刻发了火，大声让她出去。恰巧嵯峨浩这时进屋，误以为溥仪是向她发火，等弄明白以后，浩子对别人说："这么多年，我还没见过他发这么大的脾气呢！"

有一次，我和溥仪说笑话时谈到了王大姑娘："溥仪！你怎么总是看不上她？她家几代都是清朝大官，又有钱，又是旗人，你们不正是'门当户对'吗？"

"她所中意的人并不是我，而是那个皇帝溥仪，今天的溥仪配不上像她那样高贵的女人。"

溥仪的这句话言简意赅地道出了他们无法结合的症结，我却从他对爱情的忠诚里感受到无限欣慰。

在恋爱和婚姻这个问题上溥仪确实是有原则的，他与我相识之前还曾经人介绍认识一位强女士，并一起在政协礼堂三楼参加了几次周末活动，强女士当年三十多岁，长得很漂亮，常到政协跳舞，舞姿很优美，对溥仪也可谓情有独钟，最初给溥仪的印象也不错，但这件事很快就被一位政协领导知道了，提醒他说，此人生活方面不够严肃，还是慎重为好。溥仪遂毫不犹豫地断绝了与强女士的来往。后来她又多次打电话找溥仪约会见面，都被婉言谢绝了。据说我们结婚那天这位女士还当着溥仪的一位友人很生气地说："我哪一样比不上她？"表示对我很不服气，甚至在这以后还打过几次电话给溥仪，为此溥仪曾嘱告办公室的同事，"她来电话就说我不在"，再也不接她的电话了。

溥仪还讲过一件事，他与强女士相识前，中共中央统战部金城副部长曾邀溥仪吃饭，同席的还有一位上海的女政协委员，溥仪还记得她的脸很红。饭后金城颇寓深意地提议说，你们俩随便去走走吧。大概两人各有想法，反正谁都没有动弹，这件事也就搁下了。政协的一位领导也曾给溥仪介绍对象，见面后溥仪就表示不同意。为此政协文史办公室主任吴群敢还曾劝他说："这位女同志能讲几种外语，对你参加外事活动是很有帮助的。"溥仪反复考虑，还是觉得不合适。组织上固然很关怀，但抉择的自由还在他自己手里。

邻里情

就在我已确诊患了子宫肌瘤准备住院手术的时候，我家院子里的风波也闹了起来。人们说，恩爱夫妻也不能百分之百地一致，我和溥仪因为邻里关系就有过矛盾。

我们是于 1963 年 6 月 1 日迁入东观音寺胡同 22 号新居的，政协领导考虑到溥仪年岁已大，而我的身体又不好，便安排政协机关电工戴师傅也搬进了这个院子，住在紧挨两扇朱漆大门的厢房内，两户人家，望个门，守个院，互相有个照应。

戴师傅颇有资历，全国政协机关成立那天他就在，政协第一届会议期间他参与了会议供电及维修服务，而在开国大典的庄严时

溥仪和妻子在自家院子里乘凉聊天

刻，就是这位普通电工奉命掌管着为全世界所瞩目的天安门城楼电闸。这时他的

三个大子女都已结婚另过，只有老两口领着两个小女儿住在我们院子里。

起初，两家和睦相处，关系很融洽。我家客人一敲大门，总是戴家人先听着，跑来开门。碰上政协礼堂有文娱晚会或是医院发影剧招待票的时候，溥仪总要设法多弄一两张，携戴家姑娘们同往。我们两家合用厨房，有好吃的饭菜总是你端一碟过来，我盛一碗过去，互相品尝。

1963年夏天，北京市区下了一场沟满壕平的大雨，老戴家的房子因年久失修而漏得千疮百孔，溥仪闻讯赶紧过去看望，并再三劝他们暂时搬到我家客厅住。但老戴知道随时会有外宾要来，很不方便，执意不搬。于是，溥仪立刻到政协房产管理部门说明了情况，请他们抓紧维修，以免房倒伤人。这样，戴家住房漏雨的问题很快就解决了。此事在1963年8月10日的溥仪日记中也留下了记录："雨。戴文山家漏雨。"我曾对溥仪说："你真不错了，还懂得关心别人的疾苦呢！"溥仪回答说："过去都是别人关心我，我却不懂得自己也应该关心别人。"后来政协领导还在专员学习会上表扬了他。溥仪很谦虚，说自己刚开始学习，做一点点关心别人的事，距离一个中国公民应有的道德还相差很远，今后不是希望得到表扬，而是希望同伴们多多提醒，以便多做关心别人的事，这才是真正地帮助他。

九	日	星期五	廿	日	甲申	
十	日	星期六	廿一	日	乙酉	雨，戴文山家漏雨
十一	日	星期日	廿二	日	丙戌	
十二	日	星期一	廿三	日	丁亥	下弦 14时22分

1963年8月10日，溥仪日记中留下记录："雨，戴文山家漏雨。"

本来我和戴大嫂相处也很愉快，溥仪1963年9月11日日记上有这样一笔："贤托戴大嫂为煮粥。"让我想起了当时的情形，就在一两天前溥仪病了，高烧达39.6度，一连几天卧床。载涛七叔、溥杰二弟、妹妹、妹夫以及宋希濂、范汉杰、李以劻、罗历戎等亲属同事纷纷前来看望。我既要照顾病人，又要招待客人忙得不亦乐乎，做饭一类的事自然就由戴大嫂揽过去了。

从1965年夏天开始，两家的关系就不那么融洽了，矛盾起因于我家姓李的保姆乱传话，结果产生了隔膜，闹了意见。我不顾溥仪的阻拦，向戴师傅和政协文史办公室主任吴群敢都谈了情况。溥仪为此做了我很多工作，他说："这样一点点小事也和人家计较是不合适的！"

然而事情并没有简单地化解，于是我想到了搬家，估计溥仪不会同意，就把自己的想法直接讲给政协文史办公室副主任冯廷雄了。我的理由不仅是要避开邻里矛盾，还因为这里的房子虽大，却没有暖气设备，冬天须自己烧火炉，客厅、卧室和厨房每室一炉，烧得少就冷，而自己的身体不好，干不了累活儿，所以宁可搬到和平里专员宿舍楼内的单元房间去。溥仪当时也愿意搬到楼房里去，但当他了解到领导的意图后又表示服从安排，他说组织上安排我们住这么多房间和这么大的庭院，是因为接待外宾需要，即使用一个保姆，多生些火，也不属于浪费，要服从大局，不应再无谓地给领导添麻烦。为此，他还找到全国政协文史资料研究委员会副主任委员沈德纯，汇报了思想，溥仪说："邻居关系没处好，我有责任，希望领导也能帮助帮助我的爱人。"

有一件事至今想起来我还觉得对不起溥仪，他当时为了改善两家关系主动做了许多调解工作，感动了戴家。有天戴师傅又把自家炸的麻花端过来一盘，溥仪高高兴兴地收下了，我不想要，也没有好好考虑就给送了回去，扫了溥仪的面子，也扫了戴家的面子。溥仪把这件事记在1965年7月11日的日记上，他虽然很生气，却能够容忍我。

1965年8月25日我入协和医院住院手术，家里只剩下溥仪自己，想找个伴宿的人。五妹夫万嘉熙要来陪伴大哥，溥仪却要趁着这个机会改善邻里关系，遂把戴文山请过来同住了。溥仪那些天的日记上有一连串的记载：8月25日，"本日，戴文山暂居我的小屋子"；8月28日，"晚，和戴文山畅谈"；9月1日，"夜，和老戴交心谈"；9月4日，"晚，和老戴同吃饭"。几番彻夜长谈，两家的疙瘩解开了。

我是9月11日出院的，那天，溥仪特意约了戴大嫂一同到医院来接我，我很受感动，所谓邻里纠纷就此冰释，翻开了睦邻新篇章。溥仪在10月1日日记上写道："晚，到天安门看国庆焰火，戴淑英随行。"次日的日记又记着："晚，老万、五妹夫来，同晚饭，约戴文山同餐。"

行使公民的权利

1966年的早春，寒气尚未退去，刚刚做完肾切除手术的溥仪，身体十分虚弱。并且他已经知道，自己的病乃是绝症。但是，当他听说街道居民委员会正在召开选民会议的消息后马上要去参加。我想，他这么长时间连班也不能上，何必还去参加这种选民会议？就对他说："你现在病得这样严重，又刚刚出院，不宜活动太剧烈。选民会就不用去了，我可以代表你去参加。"溥仪说："那可不行！这个会，我应该亲身参加。"

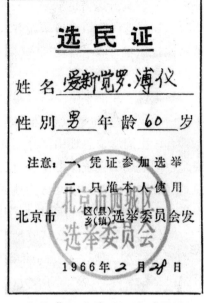

这是溥仪的最后一张选民证

3月6日，我和溥仪一起到街道主任家里参加选民会议。首先，由李忠主任讲话，他谈到人民代表的职责。他说，人民代表就是要代表人民说话和办事，他们将在各级代表大会上反映人民的意见和要求，并讨论和处理有关的国家大事。他强调说选代表的时候一定要慎重考虑，要把在社会主义建设中有贡献的又有远见卓识的精明强干的人物选出来。上次选出的代表不称职的也应撤换。李主任又谈到候选人的产生问题，说我们是采取个人提名和集体提名相结合的办法，由下而上，由上而下，使选民都可以充分地发表意见。这次区人民代表候选人的初步名单是中共西城区委、西城区团委、工会、妇联和政协各单位联合提出的，还要征求全区选民的意见方能确定。

最后，李主任介绍了本选区七位拟提名候选人的情况。七人中四男三女，一位是轧钢厂副厂长、总工程师；一位是仪器厂技术员；一位是南草场小学的老年教师；一位是托儿所保育员；一位是炼钢厂老工人；还有一位是认真负责的业余学校教员；最后一位是勇于和坏人坏事作斗争的街道居民。李主任说这是个初步名单，提出来请选民发表意见。

溥仪听取李主任的介绍后，对几位候选人均表示满意。他在选民会议上发言的情形我至今记忆犹新。他说："几位候选人大多数是基层的普通群众，在各行各业，每人都有生动感人的事迹。体察民情，完全可以反映人民的要求和愿望，是能够得到选民信任的。"溥仪以公民的身份，带着庄严的神情，用很洪亮的声音，表达了自己对候选人的意见。当时在场的人们大概谁也想不到眼前这位发言者竟是一个病入膏肓之人！我看到选民们都静静地听他讲。

3月31日溥仪再度住进协和医院复查身体，而投票活动又恰恰确定在4月3日上午9时进行，医生叮嘱溥仪要减少活动，不能累着，我就对溥仪说："你可以在医院填好选票，我代表你投入票箱也是一样啊！"溥仪不同意，一定让我搀扶他，暂时离开医院的病房，一起走进设在南草场小学校院内的选举大会会场。当我们随着选民队伍走过票箱并投入自己的一票后，在场的选举工作人员都热情地跟他打招呼，似乎替他高兴，替他骄傲，这位前皇帝又一次行使了自己作为公民的权利。

如果说，在前半生中溥仪对"皇帝"这一称号曾那样恋恋不舍，那么，在后半生中溥仪对"公民"这一称号则爱护备至。

有一次周恩来总理招待外宾让溥仪作陪，总理指着他向外宾介绍说："这位便是中国清朝的宣统皇帝！"溥仪大声回答："现在是中华人民共和国公民溥仪！"总理和许多人一起鼓掌，认为他回答得很好！从此，每当领导人向外宾介绍他的身份时，他就用这一句话来大声回答。

溥仪那么严肃又那么认真地投票选举人民代表，自然也是出于对"公民"这一称呼的尊重。他在《我的前半生》一书中，自述1960年11月26日第一次得到选民证的感受时说："我觉得把我有生以来所知道的一切珍宝加起来，也没有它贵重。"

1963年4月溥仪第二次参加公民投票。这时他已经当上文史资料研究委员会的专员，对"公民"这一称号感情深切。

投票前多次召开预选会议，每次得到通知都欣然参加，他还专门走访过候选人王廷栋，通过了解，十分满意。原来这位候选人是丰盛中学的地理教师，在教学工作中成绩卓著，受到学生广泛的好评。因为王老师是一位来自东北的知识分子，曾就读于"满洲国建国大学"，而溥仪还当过这所学校的"名誉校长"，他们的谈话不能不向历史拐了一下，对那个时代，两人的看法也完全合拍了。

投票前一天，即1963年4月13日，我下班刚到家，溥仪就兴奋地告诉我："明天我要参加选举了！"溥仪说，他当上选民，能够行使公民当家做主人的权利，心情激动，特别高兴。那一夜，他几乎没有合眼，一会儿开灯抽支烟，一会儿又开灯看表，弄得我也睡不好。

"你高兴是可以理解的，却干吗不睡觉哇？"我问溥仪。

"淑贤，明天我将作为选民参加今生第二次投票，这是一件大事呀！"

凌晨四时许，溥仪就已经起身了。他穿上那套蓝色制服，又对镜梳头，弄得很亮。我和他开玩笑说："你又要搞对象啊！"他不回答我的话，却说："你也快起来吧，一会儿在政协集合了！"

投票结束后，他高高兴兴地拉着我的手到文化俱乐部内部食堂去。他说："今天我请你吃饭。这可是个好日子，你一定要多吃一点儿。"他叫的菜也比往日多，吃得也多。吃饭中间，不少熟人过来打招呼，还问我们为啥跑这么远来吃饭？溥仪说："今天是大喜的日子，值得庆贺。"

饭后，我们就在游艺室里打台球玩，很尽兴，直到下午五六点钟才回家。如果不是心里高兴，他是舍不得花这许多时间的，因为当时他正忙着校改《我的前半生》书稿，经常搞到深夜。三年后，溥仪又一次走近选举人民代表的票箱，参加了他平生最后一次的投票。

第六章
狂风

狂风突起

　　溥仪特赦以来，生活方面重新建立起甜蜜的小家庭，工作方面也一帆风顺，出版了著作，政治方面则已被特邀为全国政协委员。特别是能够亲身感受到党和国家高层领导人的关怀，思想里总有一股向上的力量。到20世纪60年代中期，这位末代皇帝甚至想加入中国共产党。1966年1月11日，患病中的溥仪在协和医院遇见了廖承志的姐姐廖梦醒，他们谈话后，溥仪带着尚未平息的激动，写下了一篇题为《应永记廖大姐的最恳切的期待》的日记，内容如下：

　　下午，遇廖梦醒。勉励要不断努力、上进、争取，如果能入党，更是惊人的创举。改造中，自己虽有进步，主要是更在于现在和将来的努力。

溥仪列席或出席全国政协会议的证件

　　这件事过后才十天，沈醉带着新婚妻子杜雪洁到医院看望溥仪，他们就在病房中推心置腹地畅叙了对新中国的感激之情，这一番肺腑之言恰是溥仪思想改造成果的真情流露。溥仪在日记中详细记录了当时的情景，他写道：

　　今天是住院第四十三天了。早十时许，沈醉夫妇来看。他谈到我这次得病，沈老曾向周总理做了汇报。我们总理和彭真市长，立刻告诉统战部平杰三部长，指示要集中著名大夫组织抢救。他讲到这里，我的眼泪早已禁不住夺眶而出了。是党几次挽救了我的生命，我的有生之日全是为党的事业、为人民服务之日。沈老又谈到今年春节"团拜"，往年是政协常委和民主党派负责人参加，今年文史专员也全部参加。团拜中演文娱节目的时候，彭真市长还特意告诉申老，专员们的学习太紧张了，对老年人要注意身体。后来，申老把这件事告诉了专员们，他说，不能搞得太紧张，你们的身体坏了，我们可有责任。党就是这样千方百计地启发、改造我们，关怀我们，深恩厚泽，语言难述。

　　沈醉谈到周总理接见他的情景。当时，他十分惭愧地提起在国民党统治时期，他受命于蒋介石，屡次企图谋害周总理。总理笑着说："那是过去的事了，今天，我们已成为朋友。"

　　沈醉又谈到，他曾写过一篇文章，回忆蒋介石命他暗杀李宗仁的经过。蒋介石在逃跑之前，命沈准备两架飞机，在里面架上机枪，等李宗仁先生登机时，将他干掉。可是，李未上飞机，幸免于难。李宗仁的夫人郭德洁在重庆登机欲逃时，蒋问沈："郭曾何语？"沈答："她说逃难。"由此才解除了蒋介石的猜忌，而未对郭下手。这真是"一言兴邦，一言丧邦"。李宗仁先生在《文史资料选辑》上看到该文后，特意邀请沈醉到家，李氏夫妇陪同吃饭，一起话旧。李对沈说，万没想到蒋介石竟对他下这毒手。

　　沈醉感慨地说："过去的政敌，今天却坐在一起谈话、工作，这是史无前例的奇迹，只有在共产党领导下的人民中国，才能变为现实。"他的话让我想起1961年我和鹿钟麟、熊炳坤的会面来。我们三十多年前是敌对者，经过党的教育和培养，今天都成为文史工作者，同在一个岗位上工作了。

　　我对沈说：党真是太伟大了，若是共产党人落到国民党手里，肯定一个也活不了。像我过去当日寇走狗，你当国民党特务，都是不死不足以蔽其辜的罪人。但在新中国，我们得到了拯救。看你们夫妇多么幸福，到了晚年还结了婚，我也有了自己的美满家庭。王耀武病了三四年，工资照付……我们应怎样做才对得起党和人民呢？

我看得出，沈醉心里也和我一样充满了对党的感激。临别时，我对他说："沈醉同志，努力吧。"沈答："彼此努力！"像这样语重心长的相互赠言，我们相识四年来还是头一次呢！

然而，政治气候渐渐发生了变化，"阶级斗争"的火药味越来越浓，起初溥仪很难理解，但他认准了一条：只要是党和政府提倡的，报上积极宣传的，就一定是对的，必须去努力适应。

当时，吴晗写的新编历史剧《海瑞罢官》正在受到步步升级的批判，连历史上的"清官"也被株连，报上是连篇累牍的批判文章。溥仪也在讨论会上发言说："清官比贪官更坏！"为了说出这句话，他可是很认真地想了几天，终于想通了：贪官容易激怒人民，等于统治者自掘坟墓，而清官更能迷惑老百姓，消磨了人民的斗争精神，延长了封建社会的反动统治，从这个意义上可以说"清官比贪官更坏"！

在"红五月"的日子里，批判的矛头又从《海瑞罢官》转向"三家村"，斗争的靶子也不再是吴晗一人，又多出了北京市委文教书记邓拓和北京市委宣传部部长廖沫沙。特赦以后的这几年里，溥仪与廖沫沙的接触很多，这位统战部部长学识渊博又平易近人，本是一位很诚挚的朋友，现在硬要

溥仪日记第 24 本（从 1965 年 8 月 23 日起到 11 月 3 日止）

把他放在批判的位置上，这不能不引起溥仪的犹疑。他搜索枯肠，总算想起廖沫沙对他说过的一句话："你可以研究清史，一定能取得别人做不到的成绩！"溥仪"批判"说，他让我研究清史当专家，却不是为人民服务，这是不对的。溥仪也想找几个带火药味儿的词语，却说不出口，内心还有着廖部长和蔼可亲的形象。

6月初，中国的大地上和天空中，狂风突起，乱云翻腾，所谓"大字报"，从北京大学迅速蔓延至全国，各级领导干部一夜之间都变成了"走资派"，全国

政协机关内第一个遭受批判的就是政协副秘书长申伯纯，说他利用旧社会的残渣余孽，在《文史资料选辑》发表毒草文章，企图推翻社会主义的红色江山。继而，《人民日报》发表了《横扫一切牛鬼蛇神》的社论，溥仪的同事王述曾因为写过一本小册子而以"借古讽今"的罪名被揪出，溥仪三妹夫润麒也因为与廖沫沙有来往且保留着与廖合影的照片而被斗，一场人类史上罕见的浩劫就这样到来了。

一天，我家附近的小公园内人山人海，听说正在批斗廖沫沙，溥仪很惦记廖老，想看看他现在什么样子，身体瘦了没有？于是，我跟他一起挤进人群。看到廖老被押在一辆运货汽车上，脖子上挂着很大的牌子，红卫兵还不时地按他的头，在这样的体罚折磨下，豆大的汗珠顺着廖老的脸上滚落下来，一颗颗摔在车厢板上……溥仪看了几眼不忍再看，就像没魂了似的，这时游斗车已经开动，溥仪不顾一切地挤出人群，等我发现后已经找不到他了，只好自己走回家去。

我到家见他还没回来，非常着急。又过了大约二十分钟，一位姓王的邻居把他送回来，我问他到哪儿去了？他说："心里难过，走错了路，多亏遇到王同志啦！"

送走老王后，溥仪坐在沙发上一声不吭，光是叹气，后来又落了泪。我说："廖老比原来好像还胖了，倒是老干部心宽。"说这话也是为了安慰一下溥仪。好半天，他才又像是自言自语，又像是对我说："这些老干部不都是参加革命多年吗？那么大岁数了，挂大牌子，又弯腰，这怎么理解？即使有错误，也是功劳大，不应受到这样的折磨啊！"他还念叨着："战犯管理所的几位所长怎么样了？植物园俞主任、田老、胡老都有'事'吗？"他真想去一趟呢，无奈重病在身，走不了远路，遂跟我商量，想让我去看看。我说，现在正是"文化大革命"期间，没有介绍信进不去植物园的大门哪！他叹口气，只好作罢。

溥仪心情不好，竟忘记了单位还在开会，那天他匆匆赶到专员办公室的一幕场景，给同事们留下了深刻的印象。溥杰后来回忆说：

当时，最不能适应这种环境的是溥仪。有一次，我们正在阅读新发下来揭发和批判《三家村》的文件，他迟到了，一进专员办公室的门就哭着说："我在路上看到廖部长被人捆绑在卡车上游行。他是个好人，我真想把他从车上扶下来，替他解开绑。但车开得快，我跟不上，只能叫几声……"他哭得说不下去了。我们都被他那真诚的态度所感动，也为他那直率的态度而担忧。掌握会的王耀武很勉强地劝他不要太激动，要相信党和政府。溥仪表示他相信廖沫沙是没有罪的，因为他接触过廖老，相信廖老是好人。

敢说真话的溥仪

6月16日下午5时，全国政协李金德副秘书长来到专员办公室宣布了几项决定：一、原来专员不参加机关"文化大革命"运动，由于形势发展，现在也要参加了；二、因为群众对文史部门意见大，给申伯纯贴了很多大字报，机关党委决定派工作组进驻，把文史部门彻底搞一下；三、要求文史专员要协助工作组工作，可以揭发自己，也可以揭发别人。

在此之前专员们学习文件，讨论一下，发发言，也就行了，连机关群众贴大字报都不让他们看到，真可谓"隔岸观火"。这本来是被故意设置的一层保护膜，但这层膜现在被揭破了。

溥仪、溥杰、杜聿明、宋希濂在商谈工作

第二天，溥仪和其他专员们一起走进了集中贴大字报的第三会议室，看到了批判王述曾《卧薪尝胆的故事》并要求他交代"黑线"的大字报，而批判申伯纯的大字报里恰恰包含着"包庇溥仪"等内容，下午讨论的时候，溥仪发言说，他对大字报牵连自己表示欢迎，其实他的思想负担很重。

这时专员们的业务工作已被停止了，文史资料被全部封存，专员每天上班除了学习讨论，就是参加劳动，而且不论老弱病残。据溥杰说，造反派对他们也有"区别对待"：溥仪、溥杰、杜聿明、宋希濂四人可以干些轻活儿，而像原国民党第十五绥靖区中将司令官康泽，虽然有病也得干重活，因为他是"特务头子"。

中国著名评剧演员新凤霞曾回忆与溥仪一起劳动的情景。有一次她和中国评剧院的老郝被派往政协大院参加移花劳动，恰好与溥仪分在一个小组，任务是给十几盆五颜六色的玫瑰和月季花换土。先要准备好新土筛细，把疙瘩块块都挑出去，并把每一盆花土都倒出来，垫上新土加好底肥，再把花放进好盆，培好土，但培土不能太满，要留有浇水的空间。新凤霞回忆溥仪参加劳动的场面既传神又形象：

沈醉很会干活，杜建时也因年岁大了，干活很细致，筛土倒盆都慢慢来。"皇帝"一定要去帮忙，他不帮不忙，一帮就是倒忙。"皇帝"看见杜建时把土换好了，就把盆都搬到太阳下去晒，他边闻香边放在阳光下。可是刚刚换了盆的花不能晒，应当先放在阴凉地，浇上水，过一两天才能见光吹风。每盆花晒了一两小时眼看着全都不行了，花头叶子都耷拉下来。"皇帝"惊说："这么好看的花，怎么全要死？我说过不能换土啊，这也是小生命啊……我看着害怕，这些花都死了就糟了！"我找来管花的师傅，师傅说："不要紧，把每盆都搬到阴凉地，慢慢就会好。"总算花又慢慢地缓过来了，有几朵掉下的花瓣，"皇帝"心疼地捡起来，他说："太可惜了，放在口袋里闻香。"他对花的喜欢传染了我们，我们也都捡起来装进口袋留着闻香。

劳动休息时，大家拿出自带的干粮来吃，还有人带来了佐餐的"臭豆腐"和辣椒油，并故意逗趣说："今天干的活是闻香的，现在我给大伙来点臭的。"说着，打开了饭盒，一阵臭气放出来了！溥仪特别讨厌这个臭味儿，他说刚刚闻到的是香花味儿，怎么一阵臭气，真叫人……大家七嘴八舌，有的说："上海臭豆腐干，天津王致和臭豆腐，都是美食。"还有的说："你就是臭豆腐，大家不是批那些专家名人是臭豆腐，闻着臭吃起来香吗？"这时，溥仪也拿着馒头凑过来说："我吃一点尝尝。"他夹一小块"臭豆腐"，送到嘴边咬了一口，脸上的神情顿由紧张变得高兴起来："真好吃！"接着又摇头晃脑地说："美味！"他向大家行礼并挑起大拇指："谢谢大家教我知道，我就是臭豆腐。"

新凤霞谈到的这次劳动是确实有过的，文史专员董益三的日记上明确地记载着 1966 年 6 月 19 日专员们的活动内容："上午，搞清洁扫除、移花，下午，学习报纸，移花。"

在"文化大革命"初期，溥仪面临的问题主要还是针对别人的，形势所迫，专员们也不得不拿起笔来写大字报，批判平时很受他们尊敬的老领导申伯纯，批判他的"超阶级的认识论""史料独立论""专家思想"等。据一位专员的日记所载，6 月 17 日以后的一个多月内，专员们多次开会检查文史工作中的问题，集体拟稿写了《申伯纯为大军阀刘文辉树立记功碑》等多张大字报，还连续召开了批判申伯纯大会。其间，虽然溥仪也不得不在以全体专员名义写的一张大字报《批判申伯纯的文史资料工作的指导思想》上签下名字，也不得不按分配的份额，仔细检查《文史资料选辑》第五十五辑的有关文章，但是，在他的思想深处，良心并未泯灭，他的真情实感终于在申伯纯及几位中央统战部领导被游斗以后发泄出来了。

沈醉向溥仪讲述游斗的情况说，这些首长被红卫兵押在一辆大卡车上，让他们每人口中咬住几根稻草或一只破鞋子，不断地加以侮辱和殴打。溥仪闻此便大哭起来，还不停地说，他们都是好人，给国家做了那么多好事，为什么要遭到如此非人的待遇？他对当时时髦的口号——"造反有理"也完全不能理解。他拉着沈醉的手，一边哭一边问："老沈，究竟为了什么要这样干？好端端的国家弄成这个样子，是谁的主意？"沈醉当时既不理解，也很怕惹事，只是劝他不要讲这些，好好养病，但他却不停地大发牢骚，认为这一运动是不应该的。

沈醉说，溥仪平时在学习会上总是"跟着报上和文件上的内容来发言，很少提出自己对某一问题的看法或意见"，大家都认为他不肯联系思想，对他表示过不满，还准备批评他呢！政协领导人也为此进行研究、分析，认为溥仪虽然当过皇帝，但从来没有亲自处理过什么问题，所以自己提不出对问题的看法，并不是不敢暴露思想，更不是当面一套、背后另一套，所以不应该批评他。实在说，他在学习时是相当勤奋的，他摘抄文件和报纸比谁都多，笔记本一大堆。这种认真终于在特定的政治形势下发挥了作用，沈醉对此发表了感想：

那天他却敢说出那么多的看法，不同意搞由下而上的"夺权"，这在当时是会被扣上"反对文化大革命"帽子，甚至能被打成"现行反革命"的。他却毫无顾忌，一个劲地说出自己的心里话，不但不主张批斗他认为是好人的许多首长，还敢于同情他们，直到为他们被斗而哭泣。当时我们这些平日自命敢大胆暴露思想的人，却连一句真话也不敢说，更谈不到为那些不应该受到批斗的人而流泪了。

今天，我回忆那次溥仪和我谈的话，他那次的哭，我认为他的那些举动是真实的、正义的，也是十分大胆的，溥仪确实是敢于提出自己意见的人。我常常感到有责任把他那天说的话写出来，肯定他是从思想上得到改造的，更是应当受到表扬的人。因为在那场暴风骤雨中，许多人还不知道究竟是怎么一回事的时候，他却提出了那些不同的意见。回想起来，当时我和许多过去自命敢大胆提意见的同事们，都是噤若寒蝉，只求得自己平安无事就感到万幸的人，今天都应感到愧对溥大哥。过去我们误会他，还准备批评他，真正应当受到批评的却是我和其他专员们。

从 7 月下旬起，专员们又恢复了在北京府右街附近北京低压电器厂的每月一次的劳动。在这里，溥仪恰与藏传佛教领袖班禅额尔德尼·确吉坚赞分在同一个小组里，面对面干活儿，活佛头戴鸭舌帽，"皇帝"身着蓝色制服，两人都很认真地跟着工人师傅穿螺丝、装元件，不时地也可聊上几句。因为他们也是旧识。原来班禅自1964年被错误地批判以后，所担任的全国人大常委会副委员长、全国政协副主席等职务也被撤销了。周恩来担心班禅会发生意外，便把他全家迁来北京居住，并在1965年11月24日安排溥仪与班禅会面，目的是让活佛能从"皇帝"身上得到启发，看到光明的前途。当时他们曾经长谈并共进午餐，数月后当两人又在一起劳动的时候，不能说没有重逢的喜悦。然而这已经是非常短暂的平静了。

当震撼全国的"红八月"到来时，政协大院内也发生了杜聿明、沈醉被干部家属中的孩子们斥骂为"大坏蛋"的人身侮辱事件，甚至遭到黄泥团的袭击，有一次竟把沈醉身穿的白衬衫变成了满布黄点的"花衬衫"。这虽然只是一帮十几岁的孩子所为，但在当时的背景之下，就连仍然担负文史部门领导职责的沈德纯也无可奈何！沈老善意地提醒各位专员说，目前各学校正流传"爸爸反动儿混蛋"的对联，因此专员子女也有可能受到牵连。这使专员们感到形势严重，人人自危，怕如此发展下去无法做人。

作为中国的最后一个封建君主，溥仪在那些日子里更是提心吊胆，思想上的负担很重。回到家里，他常常拿起扫帚就扫院子、扫胡同，端起脏土箱就倒垃圾，还跟我商量说，用保姆也有剥削之嫌，还是辞了吧，从此我们自己做家务，而溥仪是病人，我不能不照顾他，真是够难的。

8月8日晚间，溥仪收听了中央公布的"文革"运动"十六条"，心情一度转为兴奋，专员们座谈时，他说前一段运动有些乱套，这回有了"规矩"，希望能够扭转局面。然而，事实不等于想象，著名的"八一八接见"之后，法令、制度和纪律一概不复存在了，各式各样的暴烈行动出现在北京城的大街小巷。新街口的理发店、缝纫社门前贴出了"最后通牒"，命令不准再理"港式头"，不准再做"奇装异服"。全市的商店牌匾，凡有"四旧"成分者一律砸烂。从六必居酱园到全聚德烤鸭店，从同仁堂药店到瑞

溥仪夫妇在自家廊下读书

蚨祥绸布店，一律遭劫，甚至连历史悠久、反映中华民族传统文化的荣宝斋也被"彻底砸烂"了。随之而来的是，从东四到西四，到处贴出了这样那样的"命令""勒令"；从东单到西单，到处是"警告"和"通牒"。不许浴池为顾客搓澡，不许饮食店卖高级食品，不许商店在出售的商品上贴商标，更不许售卖香水、胭脂等化妆品。一时间，腥风血雨，弥漫京华。

动乱的惊涛骇浪眼看着冲击过来了。随着拿定息的资本家遭劫，甚至"勒令各民主党派一律立即解散"的通令也贴上了街头。与此同时，在政协机关里也出现了命令全体文史专员参加劳动，降低工资的大字报。鉴于廖耀湘夫人张瀛毓、王耀武夫人吴伯伦被中学生"小将"们围攻、辱骂，以及宋希濂目击某青年妇女被红卫兵剃光头等事，全体文史专员们对大字报中的"指示"无不服从遵命。

8月25日那天，专员们开会讨论降低工资问题。"造反派"规定：政协委员一级降薪百分之五十，专员一级降薪百分之三十。那些富有政治斗争经验的原国民党将军们都懂得，对于这个规定，本来就没有讨价还价的余地，所以他们二话不说。但溥仪却不懂这一点，他十分认真地考虑起来，自1964年11月成为全国政协委员时起月薪为二百元，如按规定取消一半工资，只剩一百元，这对两个病弱之人来讲怕很难维持，于是，他就诚实地要求"保留一百五十元"。可是，他又觉得这太特殊了，就咬咬牙在"本人申请"一栏内填上"保留一百三十元"字样，满以为"造反派"会采纳他的合理要求哪！

就在讨论降低工资的次日，专员们被强令在政协大院内劳动。他们扫院庭、拔草，为伙房劈柴、收拾煤堆，还要消除那些被"小将"们砸得粉碎的石兽头之类的东西。溥仪有病，蒙"造反派"略有照顾，允许他不必按时来参加这种劳动。可溥仪还是经常出现在清扫人员中间。

新凤霞还记得与溥仪一起给政协伙房劈柴的情形，她说，劳动过程是先由木工用电锯把大圆木头锯成一节一节的，等电锯一停，就让参加劳动的人去把圆木墩搬到一个地方，然后坐到小马扎上，抡起大板斧把圆木墩劈成一条条的柴条，点火生炉子就好烧了。溥仪没见过这场面，电锯"咔咔"的响声就把他吓得躲在墙边一动不敢动，抱木墩时别人一次抱两三个连跑带颠，溥仪一次只搬一个还累，常常累得靠在墙边喘气，劈柴时更是被斧子震得难以忍受，劈一下甩甩手，很可怜。木工心肠好，主动提出再把圆木墩锯成四块，这样就好劈多了，溥仪对着那位木工不住地鞠躬。

内乱的继续扩大对专员们越来越不利了，正是8月下旬的最末几天，不知从哪儿来的"小将"先后闯进杜聿明、宋希濂和董益三的家中，他们不出示任何证件，也不说明任何理由，就问罪抄家，甚至在董益三家抄检时竟带走了其妻宋伯兰的退职金和全部积蓄。幸运的是，在那个难熬的"红八月"中，末代皇帝溥仪竟没有遭受抄家之祸。

有人说，溥仪在内乱之初未受大骚扰的原因是溥仪的群众关系好，人们自觉地保护他。自从搬到东观音寺胡同后，他和附近的街坊邻居都相处得很好。附近的老人、小孩以及青年学生和机关职员、工厂工人，见了他都打招呼，他也总是爱和这些人扯上几句，特别是一些老人、孩子对他更有兴趣。然而，显然还有更重要的原因。

红卫兵最初只是出现在青少年的中学生中间，后来却蔓延到了社会上。8月27日，在全国政协机关内也有人宣布成立了所谓的红卫兵。于是，政协成了"兵"的天下。当天下午学习的时候，沈德纯传达了新的安排：专员们从即日起停止集体活动，回家学习。溥仪和他的同事谁也没有说话，每人都默默地收拾起一包"学习材料"，悻悻地离开办公室，走回家去。从此，他无班可上了。

溥仪特赦后每天上班工作，他从心里愿意、高兴，能够用自己的劳动为人民服务，这是他多年来连想也不敢想的事情，在这一点上，我感到他和一般人的想法确实是截然有别的。他为失去上班的机会而感到不可名状的痛苦，翻开1966年8月28日的溥仪日记，我们看到那最上面的一行写的是："未上班第一日"，此后相延，每篇日记的首句都是"未上班第某日"，这难道不正是末代皇帝对"文革"的无言控诉吗？

在此后的几个月中，溥仪主要是养病看病，有时间还上新街口看看大字报，回到家或是读读《毛选》，或是练练毛笔字，听到什么消息总是和我聊一聊。有一次他从新街口回来就对我说："我看见了批判刘少奇同志的大字报。少奇同志严肃认真，勤勤恳恳，我是有印象的，特赦令就是他发布的。"他看到批判徐冰和安子文的大字报后心里很难过，对我说："大字报没写出什么具体事，却有一串大帽子，真是一夜间把老干部都打倒了。"后来，溥仪又听说帮助他修改《我的前半生》一书的群众出版社的一位负责同志也被打成了"特务"，他几乎有些愤怒了，在家里就像喊似地对我说："我就不信！我曾和他长期相处，他怎么能是特务呢！"溥仪感慨地说："这么搞，国家要受损失啊！"他讲这句话时那种无以名状的表情，我至今记忆尤深。

溥仪的病这时日趋严重，本来文史专员看病享受高级干部待遇，有病只要先给特诊室打个电话，等着安排就行，此时已被造反派取消了优待，我只好天天陪他上医院排队挂号，偶尔因故我不能去时，他就自己去，往往闹出点儿麻烦。有一次就让新凤霞碰上了，因为全国政协和中国评剧院的公费医疗关系都在人民医院。新凤霞回忆说：

> 溥仪为人非常善良老实，我看见他缩着脖子低着头坐在长椅子上，可能因为生病太难受吧，我没跟他说话，一会儿护士在叫人把医疗证交过去，护士喊："新凤霞！"我快步走过去，因为"文革"中早不许我演戏了，叫我的艺名容易被人注意，有人在看我，我交了医疗证又回到位子上坐下。这时又叫："爱新觉罗·溥仪！"大家注意他了，就自然不看我了，他一下子站起来，双手垂下，两只眼睛直着，不知怎么回事，一位护士笑得直不起腰来，用手指着说："那里叫你交医疗证！那里，去吧……"他像一根直棍走过去，护士说："真可笑，他还是在皇宫的习惯，看他两手垂在下边，清朝奴才的样子……"他也不敢走快了，还是护士向他要去医疗证。他回来时，坐的位子已被别人占用了，他也不敢问，呆呆地站在那里看。我向他招手，往边上挤挤还坐得下一个人，就对他说："来……你坐在这里吧。"他看见我叫他本应高兴啊，但他不是这样，反而说："这里不是我的位子……"我拉了他胳膊一下，好烫啊！他好像不太愿意坐下，我说："你别死心眼儿，你的位子被别人占了，你就坐在这里吧。"他身上冒着热气，准是发高烧，几个年轻人有意寻开心，对他说："哥儿们别冒傻气了！这是医院，你还在想我坐了你的位子，是吗？你过来坐呀！"他站起来让溥仪坐，溥仪转身真去坐在了当中，一边一个年轻人有意挤他，他一动不动，脸上一阵青一阵红，可能很难受！我向对面年轻人说："他人很钝，又发高烧，原谅他吧！让他进去先看病吧！也怪可怜的。"
>
> 我看完病，问大夫溥仪怎么样？才知道他已经住院了。

在社会上、人际间，溥仪的笑话真多，但对大是大非他还看得清楚，即使躺在病床上，也牵挂着国家的命运。他常向来探望的专员同事打听：政协和统战部哪些领导人又被批斗了？是否天天游街示众？我每次去医院，一定要给他买几张造反派印制的小报，上面登的文章，不是给一些老干部扣上反党反社会主义罪名，就是吹捧"副统帅"林彪和"革命旗手"江青的，溥仪要看这些小报，借以分析形势。

有一次沈醉来探病，溥仪悄悄问他：小报上说某某是什么"军统特务""中统特务"，你在军统中那么多年，是不是认识他？见过他？沈醉总是回答说，过去听也没有听说过，若知道某某是军统，早就揭发了。溥仪又附耳细问：小报上说林彪怎样怎样，为什么过去学《毛泽东选集》时没有看到过？小报上还说江青的贡献那么大，为什么过去从来没有提到过？沈醉后来回忆说，他听到溥仪这样问吓了一跳，赶忙劝他不要管这些事，更不能随便对人说，因为那是要犯大错误的，也可能惹来杀身之祸，溥仪才不再问下去了。

"红八月"有惊无险

这场浩劫的狂流终于把溥仪卷了进去，现在看来是不足为怪的，因为溥仪特赦后与周恩来的接触很多，对总理的感情也很深，"四人帮"既然把推倒总理作为自己的既定目标之一，又怎肯放过溥仪呢？

有一个时期，我家常常接到不报真名实姓打来的奇怪电话，对此，溥仪很警惕，也担心，这说明已有人注意到我们。接着，一件件五花八门的事情就接踵而来。

我陪丈夫去看病，像普通人一样排队挂号且不说，挂号处的工作人员还要询问家庭成分，这一下把溥仪难住了，想说自己就是"宣统"，又怕把人家吓着，但撒谎也不好，不知该怎样回答。他为此感到苦闷，就去找同事董益三商量，决定一起到机关向领导汇报请示。1966 年 9 月 3 日上午，他们在机关找到了沈德纯和张刃先，可那时的当权派也是泥菩萨过河——自身难保，对溥仪提出的这类问题无法表示可否，只好对他们说："现在机关已经停止办公，家里有什么事可直接和派出所或街道联系。"

9 月初，我到粮店买粮时被告知，不准我家再买白面和大米了，只许买苞米面，我就每天用粮票到街上买馒头吃，溥仪劝我不妨买点苞米面，说苞米面富有营养，他也挺喜欢吃。我真去买回几斤，做发糕吃，溥仪还说很香呢！

因为"红卫兵小将"把大字报送到政协去，不许我们"继续享受"，当溥仪于 9 月 10 日到政协财会科领薪时，只拿回原薪的百分之五十，即一百元。溥仪曾要求"保留一百三十元"也未获准许，按当时的物价，按照一般情况，每人五十元生活费也蛮好了，可是，我家情况特殊：两人都一身病，几乎每天到医院去，虽有公费医疗，但许多贵重补药和补品如白人参和西洋参等都是自费，雇车的开销也无法报销，即使每月二百元也无剩余，现在只发一半了，我很觉为难。但溥仪却不介意，劝我说："你别着急，省点儿花就算了，如果实在有困难，政协也不会不管。"

对溥仪最沉重的刺激和打击还不是这些，而是来自长春的"算账派"。一位自称某"文化革命战斗队"的原长春伪宫中的"童仆"以批判《我的前半生》为名与溥仪算起旧账来了，他的第一封信是在 9 月 15 日收到的。那天下午，我正在厨房做饭，只听溥仪在客厅中喊叫起来，我急忙过去看，见他手里拿着刚收到的来信发呆，接过一看才知是从长春寄来的，通篇是威胁、恫吓和毫不讲理的批判。溥仪害怕极了，就像没了魂，木呆呆地站在电话旁，两只拿信的手哆嗦着，长时间不动一下，我说话他也听不见。

当他清醒一些的时候，就给政协挂电话，不通；又给群众出版社挂电话，也找不到人。他想把突然出现的事情告诉组织，以便取得指导，但是没有办到。那天晚上，他粒米未进，滴水未喝，睡觉后也不安稳，梦中又哭出声来，我劝也劝不住。

第二天，溥仪遵照信中的命令，把《我的前半生》的数千元稿费全部上交政协机关奉还国家。但是，这一切都不能满足长春造反者的要求，寄自长春的信一连收到七封，而溥仪复了九封，以累计数十页的篇幅自我检查，却总不能"过关"，这成了溥仪的一块心病。

溥仪大家族中的一户户也先后遭了殃。四弟溥任的家首先被抄，一箱箱金银首饰、文物字画通通被拿走了。接着七叔载涛的家也闯进了一队红卫兵，结果，载涛二夫人金孝兰用菜刀割破动脉血管自杀，出了人命。由家族内一个"誓与封建家庭决裂"的中学生为导引的红卫兵小分队，继又冲入二弟溥杰家，他们呼喊着"日本帝国主义的走狗站出来！"等口号，把厨房里贴有日

溥仪、载涛、溥杰与家族亲人们

本商标的酱油瓶子、醋瓶子砸个稀巴烂，吓得嵯峨浩缩成一团，不敢动弹。继而，二妹韫和家、四妹韫娴家都被抄了。溥仪的族兄溥忻最惨，这位全国知名书画家，年轻时就在溥仪的"小朝廷"里清查"大内书画"，溥仪到天津和东北，他没有随行，但每逢溥仪的生日必往贺寿。溥仪特赦后又与之时有往来。"文革"初期，他领着女儿出走，就此永无踪影。

天无绝人之路，在浩劫席卷而至的日子里，溥仪和我都切身感受到了一股保护我们的强大力量。我们知道：这力量来源于那位人民爱戴、举世景仰的伟大人物。

福绥境派出所负有对我家的具体保护之责，他们根据上级指示，尽心竭力地执行任务。当派出所史所长了解到粮店停止了对我家的细粮供应后，立即出面与粮店负责人洽商，很快就恢复了细粮供应，又不必担心吃饭问题了。工资问题也很快得到解决。溥仪只领了一次低标准工资，待再次领薪时，就接到"仍照原数"的通知，恢复了月薪两百元的标准，我们的生活重新有了保障。

特别让溥仪感到欣慰的是他所得到的政治上的关照。在那个非常时期，溥仪照例收到了国庆招待会、国庆观礼和国庆晚会的邀请，这当然和前几年参加同类活动的意义不同，等于给他穿上了一件政治保险的外衣。当时，人们惯于从这些礼仪性活动的参加与否、名次前后，来判断中央对某人所采取的态度。因此，这种情况在当时不仅表明某人的政治地位，也决定着群众将要对他采取的态度或行动，实在是生命攸关啊！

溥仪照例收到国庆招待会、国庆观礼和国庆晚会的邀请

有一次，派出所史所长跟溥仪谈话时泄露了"天机"，当他讲完那通"运动大方向完全正确""缺点、错误微不足道"的"时腔"后，很神秘地对溥仪说："你的名字人人都知道，但对于你，家未抄，人未斗。你知道，公安机关为此做了多少工作啊！"史所长的话，不久就被验证了。

红卫兵第一次来，正赶上我和溥仪出门，他们进院看了看，宣告是来"破四旧"的，让邻居老戴转告，要求我们把房顶上的一对儿石狮子拆掉，但不曾破锁入室。第二天，还是那伙光顾爱新觉罗各家的红卫兵又来了，先质问溥仪为什么还没有拆掉房顶的石狮子？我说溥仪有病，没办法上房。红卫兵用命令的口吻说："限两天内拆掉！"随后进入客厅转了一圈，又对溥仪说："你怎么还这样享受？吃着白米饭，睡着沙发软床，生活还这样讲究？都不要用了，全撤掉！"我们正感到为难的时候，街道办事处的几位同志跟在红卫兵后边进了院。

他们跟红卫兵头头解释说："溥仪先生经常会见外宾，这都是国家给安排的。"

"现在不是没有外宾吗？都拉走！"红卫兵毫不客气地说。

接着又要翻箱倒柜，被派出所老李当场制止："上级有指示，不许抄溥仪先生的家，可以让他们自己开箱给看看。"红卫兵遂没有动手，我打开客厅的书柜、卧室里的大衣柜和几只木箱给他们检查，只是一些《毛泽东选集》等书籍以及衣物和生活用品。在这之前我们已把溥仪的日记、笔记本和他写的条幅等大部分烧毁，留存的部分资料也妥善收藏了起来。红卫兵找不到他们需要的东西，其中一个头头颇觉奇怪地问："溥任家的保险柜里有那么多好东西，你家怎么穷得什么东西都没有？"说完就失望地撤走了。

为了少惹麻烦，溥仪决心不再使用客厅中那些在当时看来颇为刺眼的家具了，虽然不少人劝他说："你家常有贵宾来往，需要这些东西。"但他还是找政协说明了原委，第二天，来辆汽车把沙发、软床连地毯通通拉走，只留下一张木桌、两把椅子，又调换了两张单人旧木床，记得当天晚上溥仪睡觉中竟掉到了地上，原来床架早已松动，搭边的床板突然滑落，把溥仪从梦中摔醒。这是我最担心的事情，次日便上街买回一张新板床。惊魂未定的溥仪又打电话给政协房管部门，请他们来人拆掉了被称作"四旧"的石狮子。

福绥境派出所的公安人员也通过这件事积累了经验，进一步研究了保护溥仪的措施，让他再遇上"不速之客"时立即电话通知派出所。

10 月 14 日晚饭后，果然又有一批外地来京串联的红卫兵闯进了我家宁静的院庭。他们就住在附近南草场小学校内，听理发员说这里有位末代皇帝，岂可放弃这个造反的机会？于是，就来"拜访"了。溥仪马上拨通了派出所的电话，史所长和唐所长迅即驾临。这时溥仪刚把红卫兵让进客厅，两位所长问明红卫兵谁是头头后，把他招到门外："谁叫你们来的，有介绍信吗？"

"听说小皇上住在这儿，想来看看他。"

"根据上级指示，到这里来要有中央特批手续，这是涉及统战政策的大问题，你们还是回去吧！"

那个头头回到屋内领着红卫兵就走了。这以后也有几拨外地红卫兵来敲我家大门，却不是为了"造反"，只是要看看"不同凡人"的皇帝。他们总是把溥仪上下端详一番以后就说："皇帝原来就是这模样啊！"开了眼界随即离去，也有几个顽皮的小伙子从溥仪家出来就编几句顺口溜："久闻大名，特别惊人；今日一见，普普通通；和我一样，戴副眼镜。"

在那些乱哄哄的日子里，溥仪没有受到更大的骚扰。只有一件令我们想起来就很惋惜的事情，那就是毛主席和溥仪的合影以及毛主席和溥仪、章士钊、程潜、仇鳌、王季范"五老"合摄的照片，无可挽回地失落了，因为怕被突然闯来的红卫兵顺手牵羊，我们主动把这两张照片上交给政协机关群众组织保存，却从此下落不明。据沈醉讲，在特赦人员中，毛主席只接见过溥仪一人，并在一起照了相。溥仪总是把这两张照片摆在卧室床头的办公桌上，沈醉曾劝他收藏起来，等局势稳定后再摆出，不料上交机关也未能保存下来。

"旧账"新算

尽管来自上层的无言保护，挡住了红卫兵的正面冲击，却挡不住令人恐怖的长春来信，溥仪继续一页一页细读《我的前半生》，冥思苦想找毛病，严厉地自我批判。那位长春的造反者原是一位孤儿，曾在"满洲国"宫廷中当童仆，遭受了不少苦难，溥仪为此而深深地感到内疚。虽然，今天这一封封来信充满了令人难以容忍的尖酸刻薄的词语，但溥仪是从内心里谅解的。他从来没有对写信者挑剔过什么，而总是想自己怎样才能检查得更深刻，让人家满意。

内乱之中，各级党政干部不能问事了，可溥仪并没有因此而失去对组织的信赖。长春的来信，自己的复信，他都拿到政协机关去，请领导过目，同组织商量。10月24日，溥仪又到机关找沈德纯副主委和张刃先主任谈《我的前半生》一书的检查问题。那天，张主任还表扬了他，说他"对社会主义好，无他心，依靠组织好"，而沈老对他的表扬则寓有批评："相信党，相信社会主义，依靠领导，这很对。但不能变依靠为依赖，遇事自己也要动脑。"沈老的批评是有益的，在那个特殊的历史阶段，许多事情领导也是束手无策的。

由于《我的前半生》一书是在群众出版社的帮助下写成的，所以溥仪也常和他们联系，希望共同搞好该书的"检查"工作，以消除"不良影响"。为此，溥仪于12月2日又打电话给出版社，但接话人却以"知情负责同志外出"为借口推脱了。溥仪在电话中十分恳切地说，他不是依靠个人，而是依靠组织。因为长春来信对他反复的检查仍不满意，要他再详细地、全面地检查，"自己限于水平，再也检查不出什么来，所以要和出版社商量一下"。接话人虽然答应"向领导反映一下"，却从没有下文了。

苦恼无休止地纠缠着溥仪，到底怎么办呢？我说，还是再去问问董益三吧，他的水平高，能看出问题。溥仪一下子被提醒了，我俩一块儿来到董家。老董推心置腹地提出了自己的看法，他说："大溥哇！只有自己独立地去迎接困难，解决问题了。毛主席说过，事情怕认真，你认真去对待，这个困难也没什么了不得。

更不要怕恐吓，闹到底也就是那点儿事嘛！”又说：“要耐心地并准备长期地和对方通信，在来往的通信中得到教育和提高。”这话让溥仪感到眼前一亮，心里也觉得豁然开朗了。打这以后，长春来信或溥仪复信都要找老董商量，溥仪还请老董翻看《我的前半生》一书，帮助他认识、提高，老董的真诚和热心使溥仪万分感激。记得是12月12日那天晚上，溥仪伸出两手拉住老董的两只手，热泪盈眶地说：“我好比溺在水中的人，是你伸手把我拉起来了。”

短短的一个多月中，溥仪对自己那本书连篇累牍地作了长篇检讨，连从长春寄来的信中也不能不说他“有所认识”了，但新的问题仍是层出不穷，要他“挖出思想根源”，要他交代“是谁支持写的”……溥仪一着急，血压升高起来，把我慌得不知如何是好，手足无措。

强烈的精神刺激严重地损害了溥仪的健康，致使他的尿毒症复发，病势转重，并于1966年12月23日第五次住进协和医院。就在溥仪住院期间，又有威胁恫吓的信件寄来，我担心溥仪负担不起，遂瞒了他，并代他回了一封信。我说，溥仪病重，正住院治疗，待愈后再继续检查书中的问题。谁知这封信更惹恼了那位长春的“造反派”，他于1967年1月31日给溥仪和我写来一信，信中说：

爱新觉罗·溥仪、李淑贤先生：
　　你的来信我收到了，真令人怀疑是什么严重疾病连字都不能写了。你们若是要耍花招可不行！先告诉你，我要印传单散发北京市，呼吁革命工农兵来反对你。我希望你答复，如果你不能让我满意，我也不能叫你满意下去，我也可能到北京去……答复不答复完全由你！

像这样的一个人，恐怕溥仪一直检查到脉搏停止，也很难使之满意。

也正是那个时候，溥仪没有预料到的一件事情突然发生了：一位故人和她的嫂子在“文化大革命”的风头上来到北京。作为“满洲国宫廷”中的“福贵人”，她跟着溥仪背上了“皇娘”的“黑锅”，这是事实。她的哥哥也因为是“皇亲”当上伪警长，从而使她的嫂子成为“反属”。她们家及其亲属在“文化大革命”中被称为“黑五类”，并受

“文革”年代李玉琴全家插队到敦化县大桥公社兴发大队

到冲击当然是不可避免的。她们想让溥仪写份材料，证明那位伪宫故人和她的哥哥本来都是清白的穷苦人以洗清自己，这也完全可以理解。然而溥仪那样的人物哪里经得起极左思潮一次又一次的冲击啊！

记得那是 1967 年 1 月下旬，伪宫故人和她的嫂子来到协和医院住院部，溥仪在那儿住院。那位故人推门进入病房时，我正坐在丈夫床头。他也刚刚坐起来，想活动一下浮肿得像面包似的身体，一眼看见故人，脸色顿时变得苍白，并自己掀开被子很勉强地走下地，伸出手来要和她相握。溥仪已经看出来了，眼前这张熟悉的面孔和记忆中的形象不一样了：和同德殿里那个任性的女孩子不一样；和在抚顺探监的那位温存的少妇不一样；和于 1961 年曾在北京见过面的故人也不一样。溥仪的这种感觉是他后来告诉我的，他还说："也不知道为什么，我一见到她就有点心慌。"当时我注意到溥仪伸出的那只手是颤抖的。

伪宫故人并没有去握那只伸出来的颤抖的手。她面对溥仪说出了早就酝酿好的几句话。作为"东北人民"中的一员，特别是在历史上与溥仪有过夫妇关系的人，因事要找溥仪谈话当然是允许的，倘能以和风细雨的态度对待一个重病缠身的人，那是谁也不该挑剔的。

"我的前半生罪恶深重……"溥仪觉得自己过去确是做了一些对不起她的事，他真诚地表示惭愧，在病床上向她检讨、认罪。

"我是受骗进宫的。进宫后，你又给我规定了二十一条禁令，百般限制，可我直到现在还背着'皇娘'的黑锅……"我当时想：溥仪现在已经病成了这个样子，倘若红卫兵要来批斗溥仪，那也是没有办法，你却不该火上浇油啊！当时我对她的做法确实感到生气，她走后溥仪还哭了很长时间。几十年后我和她一起在深圳参加《火龙》首映式相关活动的时候，我还问过她，也算跟溥仪夫妻一场，何必在他病重的时候那么绝情呢！

到 2 月上旬快过春节的时候，吴德诚大夫给溥仪化验后，说废蛋白有下降的趋势，让把他接回家过春节。我想，家里太冷，担心他会感冒，加重病情，遂跟人民医院联系转院，那里没有高干病房，但大病房里也有暖气，条件也比家里好，我同意了。不料，那位伪宫故人又追到人民医院，而且在晚上带了几个不明真相的红卫兵去找溥仪的麻烦，并大声质问："溥仪！你说清楚：我是怎样被骗进宫的？我哥哥又是怎样当上伪警长的？我们本是穷人家的孩子，却成了什么'皇亲国戚'……"这次来势更猛，也不容溥仪检讨，差点就要武斗了。那天晚上正好我不在，有个北大学生也因病在这里住院，主动出面打抱不平，问她为什么要斗溥仪？"还要打着'三司'旗号，实际上破坏了'三司'的名义"，这一问给溥仪解了围。第二天溥仪跟我说，昨晚伪宫故人带红卫兵来斗我，要把我拉到东北去，说我欠东北人民多少血债，多亏小王说话救了我。

然而溥仪对伪宫故人还是采取了谅解的态度，曾一再劝我说："她要求写个材料解脱解脱也是正当的，我应该实事求是地给她作个证明。"当时，溥仪的病很重，难以执笔，就以口述的方式请二弟溥杰帮助写出了关于伪宫故人及其兄的证实材料。她离京前向政协索要返程路费；沈德纯给我打电话，让我给她二百元，当时我手头没钱。后来由政协付给她二百元了事，其中一百元是从溥仪的工资中扣除的。

更让溥仪高兴的是，正当有人批判《我的前半生》一书并准备批判关于溥仪的电影纪录片时，周恩来直接发表了谈话，对书和电影均予以充分的肯定。当时报刊发表的一篇文章谈到出身问题时引用了总理的几句话：

溥仪从苏联回来十六年了，他写了一本书，心情是很沉痛的。我们把末代皇帝改造了，这是世界上的奇迹。

五妹夫老万到协和医院探望正在住院的溥仪时，最先转达了这个喜讯，当时我也正在医院，我见丈夫已无法抑制泉涌般的泪水，他激动地说："我听到了总理的声音，是总理的声音……"正是周恩来在那样的非常时期里，保护了一大批革命老同志的同时，也没有忘记保护中国的末代皇帝——新中国的公民溥仪！

第七章
病逝

绝症缠身

在内乱的日子里，周总理千方百计地保护了溥仪，使他幸免于浊流的吞噬，然而，却无法阻止病魔对他的袭击。

早在 1965 年 6 月，溥仪就因"左肾乳头状瘤（移行上皮细胞癌）"的诊断，而手术切除了左肾，术后病情一度稳定，同年 12 月，由著名泌尿科专家吴阶平主持，对溥仪进行膀胱镜和肾脏造影等全面检查，发现他唯一的右肾内又有了可疑的阴影。继而又因盲肠剧痛而在 12 月 20 日做了阑尾切除手术。手术后，溥仪还处于昏迷状态，口里不断吐出黑紫色的沫子。由于尿毒症并发，已有几天无尿了，病情更为恶化。头晕、恶心、腹痛、一阵阵咳嗽，特别是大、小便不能通畅，使溥仪纠缠在深深的痛苦之中。后来吴德诚大夫决定导尿，情况好转。中医研究院蒲辅周老先生开的几服中药也逐渐发挥作用，溥仪终于能够通畅地排尿了。

晚年的溥仪

当由于盲肠炎引起的病变平复以后，协和医院又确定服药和烤电兼用，治疗右肾阴影，从此我定期护送溥仪到日坛医院接受钴$_{60}$放射治疗。考虑到放射过量可能会引发白细胞下降，便采取间歇方式，其间还尊重溥仪的愿望，也请著名中医蒲辅周、王赫焉诊治处方，实行中西医结合治疗，效果很不错，到 1966 年 4 月复查时，尿检已无癌细胞，说明病情被控制住了，然而这时的诊断也已十分明确：右肾癌！右肾，这是溥仪唯一的肾脏啊！

溥仪略通医术，每次化验都要求亲自看化验单，所以他完全了解自己的真实病情，他怕我经受不了这个打击，便要求知情的医护人员不要把这个坏消息告诉我。作为家属，我当然知道溥仪的"右肾癌"的结论，也同样忍住悲痛请医护人员不要把这个不幸告诉溥仪。一次，我无意中翻弄溥仪床头的日记本，才发现他早已知情，我顿觉精神防线崩溃了，忍不住伤心地哭了起来。溥仪着急地说："都怪我，都怪我！没有把日记本放好。"他还安慰我："你放心吧！我的病会好的，要相信祖国的医学嘛！"

这以后溥仪坚持中医治疗，长治慢养，病情稳定达半年之久，却不幸在"红色恐怖"中被破坏了。先在1966年9月中旬，即接到长春造反者来信以后，就出现了血压不稳的症状，继而于10月26日验尿时再度发现癌细胞。不久，溥仪又发生严重的贫血症状，无情的凄风苦雨又来席卷丈夫那所剩无几的健康了。

然而，在那种举国一片混乱的历史时刻，溥仪又怎能得到平静的休养呢？12月23日那天，溥仪因尿毒症突发再度住进协和医院，我非常担心，完全没有了主意，遂于次日到董益三家，并忍耐不住而向他的妻子宋伯兰哭诉自己的不幸遭遇。

注射、输液，头几天过去了，自觉症状却有增无减，病情日趋严重。溥仪要请蒲老诊治并试服中药，但医院里根本就无人理睬这位病入膏肓的知名人士。更令人气愤的是，"文革"中协和医院的两派斗争竟把溥仪这个重病患者也给牵进去了。"造反派"指控"保皇派"把"货真价实的封建帝王"安排在高干病房，是"坚持资产阶级反动路线"，扬言要驱除溥仪。

终于，"逐客令"下达了。一天晚上，吴德诚大夫通知我，医院群众不同意溥仪继续住在高干病房，必须搬走。我一听，心就像被油煎了似的，急得乱蹦。当时溥仪病情正重，怎么可以再从精神上刺激他，让他增加负担呢？于是，我对吴大夫说："请您千万先别把这消息告诉溥仪，让我再去想想办法。"说完就一气儿跑到全国政协，已经是晚上七八点钟光景了，早过了下班时间，一个领导也没碰上。偶然碰见一位政协委员，可他当时的处境也很不好，我想托他给沈德纯打个电话，他说沈老家的电话已拆除了，我哭着离开。又跑到护国寺，向溥杰讲了医院的情况，也讲了溥仪要请蒲老看病的想法。溥杰立刻找沈德纯汇报，而沈老又汇报到总理办公室。总理闻讯后亲自给协和医院打电话，明确指示：应允许溥仪继续住在高干病房，要给予悉心周到的治疗和护理。总理还亲自告诉蒲老，说溥仪请他诊病，并委托他去时代致问候。这样，我们提出的两个问题全解决了。嗣后，经蒲老诊治，尿毒迅速下降，溥仪的病情又一次稳定了。

回想我和溥仪共同生活的五年半时间里，溥仪先后九次住院，最后半年连生活也完全不能自理了，在那些浩劫中的日子里，我白天搀扶他步行就医，晚上给他擦身洗脚，大小便都要服侍。溥仪偏爱中医，要吃中药，我怕医院药房熬药不到火候，总是拿回家里自己动手，并每日两次往医院送药。有时为了配齐一剂中药，往往不顾劳累跑遍全城。溥仪去世前流着泪对我说："没有你给予我爱情的温暖，我是活不到今天的。"这些都是我应该做的，做了才觉得心里坦然。但也有一件事让我想起来就一阵阵悔恨。

我还清楚地记得，1967年1月的一天，景山诊所倪大夫跟我说，溥仪唯一的右肾又有问题了，但不能再切了，只有烤电治疗，但尿排不出去，则会发生慢性尿毒症，为了保住生命，可换人工肾。倪大夫的这句话就像在一片漆黑之中燃起一支蜡烛，我觉得眼前一亮。是呀，我身上不是还有两个健康的肾吗？应该献出我的右肾给他！我决心一下就跑去找溥仪商量。没想到他立刻和我翻了脸，问是谁出的主意？我见他急出一身汗，就告诉他说，倪大夫为你着想，建议换个人工肾。溥仪说："他怎么出这种主意？这是让我要你的命啊！你要不在了，我活着还有什么意思！"他那种着急的样子简直就像马上要进行换肾手术似的。我说："现在是和你商量，这只是一个建议呀！"溥仪说啥也不答应："以后我不准你再提这个事！"溥仪还在当天的日记中记道：

贤自称可将她的一个肾给我，我坚决反对这个建议。虽然只剩一肾又病，我服中药治疗，也可控制并见好，岂能割之换肾？

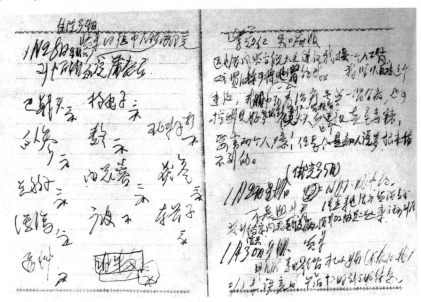

1967年1月28日，溥仪在日记中记载了他不同意"换肾"的情况

很遗憾，当时我没有说服溥仪。这虽然能够表明溥仪对我的一片深情，却也造成了我的终生悔恨：如果当时能够实现倪大夫的积极建议，也许可以挽救溥仪的生命，那该是多么幸福呀！

出了这件事以后没有几天，已被红卫兵更名为"反帝"医院的协和医院接到一项"政治任务"：治疗因"反修"而在苏联和伊拉克被打伤的中国留学生，为此，连住在高干病房的老干部也要腾房，溥仪当然不能幸免，遂于2月初移往人民医院普通病房。到2月20日被迫出院，结果尿毒症又复发，3月1日再入人民医院，也只能得到一般性的观察和治疗。3月15日再转回协和医院以后，这所中国最高医院的医疗质量，特别是医护人员对患者的责任感都大打折扣了。这"反帝"医院和那"协和"医院着实是两代"医风"，泾渭分明啊！

到4月下旬，溥仪的病有了起色，废蛋白已从90降到60，使他终于又伴着明媚的春光出院了。

最后一个夏天

沉疴在身的溥仪住在医院的病房里，却不能摆脱"文革"的大环境，最近八九个月的经历已在他的心灵深处留下了不可磨灭的痕迹。

1967年3月间，溥仪的一位名叫肇莉的本家侄女，随着红卫兵到北京来"串联"，顺便看望她的伯父。当时溥仪正在人民医院住院，可是，肇莉赶到医院时恰逢溥仪离院外出，她只好留个条子走了。溥仪见了条子，对那位未曾谋面的侄女既担心又关心，担心是怕她在内乱中和搞打砸抢的人混在一起，关心是希望她能不受干扰，健康成长。为此溥仪在3月23日用他和我两人的名义，给远方侄女肇莉写了一封信，全信有一千多字，字里行间充满了思念，勉励她努力学习，将来要全心全意为人民服务，为共产主义理想不断地改造和锻炼自己，不要惦念伯父的病。溥仪还表示一定好好治疗和保养，以期早愈，等等。当时溥仪已病入膏肓，身体很虚弱，尽管与此同时所记的日记或笔记，字迹都相当潦草，颤抖的痕迹显然可见，然而这封信却写得很工整。在这样的时候，溥仪还能以力求整齐的字体，写下充满关怀之情的长信。

1967年4月1日，当时最富有权威性的《红旗》杂志和《人民日报》同时发表了长篇文章《爱国主义还是卖国主义》。作者戚本禹是当时大红大紫的人物，他的文章又以晚清宫廷历史为背景，在当时的政治气候下，这一动向就不能不引起溥仪的注意和深思了。

嗣后，因《清宫秘史》而登门来访者不绝于途，仅4月至6月三个月中，就先后有十几批人来敲过协和医院溥仪所住病房的房门，来叩过东观音寺胡同溥仪家的大门。其中，有大、中学生，有归国的留学生和教师，也有工人、干部，他们由《清宫秘史》问到宫廷生活，似乎在寻找"响应"戚本禹的"炮弹"，又好像对那些宫闱趣闻感到颇有兴趣。总之，来访者都挺文明，对这位"卖国妖婆"西太后的孙辈后人并未施以"造反"举动。甚至还有专门为了观瞻前皇帝的"御容"而来的，还有为了保存御笔而来求字的。

记得1967年4月20日有两位国际关系学校的教师访问溥仪，他们自带了宣纸、毛笔和墨盒，借着《清宫秘史》的时髦题目请他题字，被溥仪断然拒绝。本来写几个毛笔字对溥仪来说是可以展纸研墨、一挥而就的，"文革"前无论是来访的国际友人，还是周围的亲友同事，连我的同事来访时碰上他，向他索字，他都不让人家失望，然而这时不同了，他并非觉得自己的书法贵重，而是怕给索字的人带来政治上的麻烦。

溥仪的谨慎并非没有道理，确实有人正在算计他，把中国新闻社拍摄的大型纪录片《中国末代皇帝溥仪》作为《清宫秘史》的续集而大肆批判，传单、小字报和大字报从5月起就在前门、王府井等闹市区的街头上流传开来，甚至贴到了最醒目的天安门广场大字报栏内。溥仪获悉这类批判的内容，已是7月8日了，一位颇有正义感的工人任永达打听到我家的地址，冒着风险来报信。

我还记得在那个夜色深沉的晚上，白天来过的工人任永达带着刚刚抄录的大字报又来了。溥仪一口气读完它，点燃一支香烟，把身子软软地靠在椅背上，深深地陷入冥思苦想之中。我也替丈夫着急，便把那张署名"红旗兵团"的大字报拿过来看，其中说新闻纪录片《中国末代皇帝溥仪》比电影《清宫秘史》更反动、更卖国。大字报表面是对着国家侨务委员会主任廖承志和副主任方方，实质上却是射向周恩来的毒箭，这正是溥仪最担心的。至于大字报中对自己的谩骂词句，他早就不以为然了。经过长期改造，他已经懂得关心别人，关心党、国家和民族，他是一位正直的、有良心的合格公民。他在日记中这样倾诉了自己的感想：

参观是总理的号召，总理直接告诉我们政协各专员的。自己罪恶很大，百死不足以蔽其辜，只是在毛主席和中国共产党的伟大改造下才变鬼为人，这是史无前例的事。根据毛主席建议，特赦改恶从善的战犯，我因而在 1959 年 12 月 4 日获释，从此看到了光明前途，这一切都是党和毛主席给的。

我心中总是想：在各方面都不要辜负毛主席和党中央的重生再造之德，只许好不许坏，同时也有了思想包袱，一度认为自己改造不错了，这是错误的想法。

拍电影的问题上，过去自己不认为是毒草，认为拍摄自己成为新人以后的生活，是借以表现伟大的毛泽东思想，表现党和毛主席改造世界、改造人类、改造罪犯的光辉成就，拍电影是为了宣传党的政策。

这里看到的批判，我认为其中所说"多照特赦以后的参观、生活场面，而少照劳动、学习、改造等方面"是美化了自己，这个批判我同意。但这只是主持拍照人的观点方面的错误。

非常明显，溥仪虽然没有勇气正面否定大字报，但他站在维护党的政策的立场上发表了自己的意见。他希望把党的政策和自己的缺点错误区分开，他的思想出发点是可取的，他有难言的苦衷，读者自能理解。如果说前几个月里，溥仪还主要是为了自己而苦恼，那么现在，他考虑的是党和政策。

虽然，批判电影的大字报并不危及人身，但溥仪的忧虑还是日复一日，因为这出"文革闹剧"正愈演愈烈。成都武斗、重庆翻船、贵阳流血、武汉告急……不幸的消息充塞着溥仪的耳膜。政协机关内的"夺权斗争"也仍在继续："卫东""东方红""红卫兵造反队"三个群众组织，自恃拥有百分之六十的群众，就联合夺了权，并取得中央统战部内"东方红"派的支持。拥有百分之四十群众的"造反团"则认为"卫东"等三组织"包庇"曾一凡、沈德纯，于是集中火力"揭露"曾、沈。同时，两派都出大字报，揪"叛徒"，以争夺"革命"的桂冠。有争夺就有灾难，平杰三、张执一、史永等领导同志遭到诬陷和攻击。不久，又传出中共中央统战部部长徐冰自杀去世的消息（此为谣传。徐冰在 1972 年因病去世——出版者注），溥仪不胜悲痛。也有一伙伙的"抓叛徒战斗队"不时地打扰重病缠身的溥仪，向他追问"满洲国"的"大赦"名单，企图从他这里获得"伟大的发现"……

溥仪生命中的最后几个月就是在这样的日子里度过的。

最令溥仪欣慰的是，在他的周围，同事、邻里、一切认识他的人，谁都通情达理，时刻爱护着他。1966 年夏季里的一天，曾发生了这样一件有趣的事情：溥仪独自散步，转到西直门一带迷失了方向，突然又乌云四聚，大雨瓢泼。溥仪腹饥口渴，摸摸口袋又未带分文。在无可奈何的情况下信步走进一家民宅。开始他颇有顾虑：正在"文革"期间，人家知道了自己是谁，能不能招惹麻烦呢？事实与想象并不一样，当民宅主人——一对中年夫妇和一位年迈的长者，了解到眼前这位"不速之客"就是改造成为新人的溥仪以后，非常高兴地做饭招待他，饭后又一直送他回到家中。后来溥仪向董益三提起这件事时，还悔恨自己忘记了问明那位好心人的姓名。

在生命最后的春天里，溥仪站在庭院内花朵绽放的树下

溥仪在我身边去世

在溥仪最后的历程中，他活得很顽强。当时溥仪食欲不振，身体虚弱，一走路就喘，但他还是挣扎着天天看病，有时到协和医院复查，有时到人民医院输液，有时到中医研究院找蒲老开药方。因为政协机关处于停顿和无人管的状态，派不出车来，而出租车又叫不到，只能高价雇人力三轮车，有时我搀扶他，一步一步走着去。

在那些日子里，我每天给他熬一服中药，给他打针，照顾他吃药，当上了名副其实的家庭护士。当时溥仪严重贫血，我买了二十多只小鸡养在庭院中，常常给溥仪杀鸡炖着吃，当时流行"鸡血疗法"，我也给溥仪注射过鸡血。然而谁也不能妙手回春，他的病情继续发展，进入 9 月连睡觉都困难了，他闷得慌，气儿不够用，有时要垫两三个枕头，常常折腾大半宿，渐渐出现了心力衰竭的症状。

我永远忘不了 1967 年 9 月 30 日那个晚上，窗外月光如水，被秋风卷落的树叶轻轻飘向院庭，竟不发出一些声响。躺在卧室床上的溥仪已经清醒地感觉到自己的最后时刻快要来到了，他拉过我的手，让我坐在床边，两只眼睛死死地盯住我，泪珠在眼眶内滚动。我用手绢轻轻为他拭泪，好半天谁也不说一句话。清凉宁静的卧室、清凉宁静的院庭、清凉宁静的月夜！时断时续的几声爆竹不但打不破这宁静，反而更显出节日前夕的安谧。自1967年6月初以来，我听到的是吵闹，看到的是混乱，接触到的则无非是大喊大叫，而今天，为什么竟这样的不同啊！溥仪久藏心头的几句话终于无法不说了：

　　我快要离开这人世了，这么长时间我不愿意和你讲这件事，是因为不愿意伤你的心。我的病是不能治愈的绝症啊！我曾对你讲，现在科学发展了，能治好我的病，以前这样说说不过是为了安慰你。我早已明白：这身上的病是根本不会好了。

　　我这一世，当过皇帝也当过公民，特别是晚年得了你的"继"，不然我会很苦，归宿还好，现在总算是走到了尽头！

　　有所悬念的是：第一条对不起党。改造我这样一个人是不容易的，把一个地道的封建统治者变成了一个地道的公民，这是哪个国家也很难做到的，中国共产党办到了，但是，我没给党做什么工作；第二条对不起你。我们结婚五年多，又把你一个人扔下了，我年岁大，又没有钱，从各方面来说都很对不起你。你的身体很不好，也没给你留下什么东西，现在又是"文化大革命"中，没有我了，你怎么办？谁能管你？我最不放心的就是你呀！

　　溥仪不说还好，可这几句话是早晚要说的呀，我强忍住深藏于内心的巨大痛苦，强忍住在眼眶内转动的泪珠，安慰他说："你不用发愁，慢慢养病吧！等你病好些，咱们一同去逛颐和园、逛北海……"我真想这能够成为现实啊！当时，我虽然明白却不敢相信这一番月夜卧室的谈话就是溥仪辞世的遗言！可怕的时刻越来越逼近了。

　　10月4日上午，我陪着溥仪到协和医院复查，他已经很虚弱了，双腿浮肿得厉害，又感到胸闷气短，但还能走几步路，似乎一时之间还不会有大问题。那天下午，家里来了不少客人，溥仪跟人家聊天还挺有精神的。他喜欢热闹，虽然病势沉重，仍希望能留客人吃饭，他也陪着客人一起吃。当时我家那位保姆烹饪手艺很不错，会烧菜，能让溥仪开胃。那天烧了几盘很有味道的菜，溥仪已有许多天没有食欲了，这天吃了两小碗饭，还吃了不少菜，喝了几口酒，我也挺高兴的。直到晚上9点多钟客人们告辞，溥仪还亲自送客到门外。不料客人走后还不到一个小时，溥仪的尿毒症又犯了，折腾了整整一夜，只有我一人在侧，帮他想办法，采取排尿措施，用热水、冷水给他一遍一遍地擦，都急死我了，却怎么也排不出尿来，直到天亮。

我从 10 月 5 日早晨五点就开始向政协打电话要车，却没有人管。我又一次次给出租汽车公司打电话，始终挂不通，只好自己上街东找西找，好不容易从护国寺叫来一辆出租汽车，把溥仪送到人民医院急诊室还不到上午七点钟。不料，急诊室里无急诊，从上午七点到晚上七点，整整十二个小时竟没有任何医生采取任何抢救措施！急诊室里风挺大，又挺冷，根据病情急需住院，但当时床位又很紧张，医院内部分人员在极左路线影响下反对收留一个"封建皇帝"住院。情况刻不容缓，我急得像热锅上的蚂蚁，跑来跑去，不知所措。到政协连一个领导也见不着，后来我请溥杰转告沈德纯副主委，他又给医院打电话，然而应该接收溥仪的泌尿科仍以没有空床为由，让他暂时住进内科病房。就在这里，溥仪度过了他生命的最后几天。

把溥仪送进病房以后，我觉得稍微松了一口气儿，然而溥仪并不轻松，他不但喘得厉害，尿路又不通了，急需导尿，却没有哪位医护人员敢给他导尿。我跑了一个白天，直到晚上 9 点多才回家吃一点儿东西，就又返回病房来陪床。内科病房本来就不治溥仪的尿毒症，当时主管溥仪那张病床的大夫王某很不耐心，溥仪排不出尿，肚子憋得就像怀胎九月的孕妇一样，而且痛得厉害，我急忙找来大夫，他却说："病人多得是，不是就你一个人，知不知道！"我只好再去找泌尿科主治医生孟大夫，因为按溥仪的病情，应该由他负责治疗。我跟孟大夫不知说了多少好话，差一点儿没给他跪下，我说溥仪快要憋死了，您就做点好事儿看看他去吧！他终于发了慈悲来到溥仪的病床前，看了看被尿憋得滚圆的大肚子，但只站了几分钟就走了，再也找不到他了。

10 月 6 日我按照溥仪的心愿，去广安门中医研究院请来蒲辅周老先生，给他诊了脉，开了处方。蒲老虽然说了不少安慰的话，但是他的心情很沉重，深知这位"天子"的阳寿不多了。直到这时溥仪仍然握管，用颤抖的手，在一

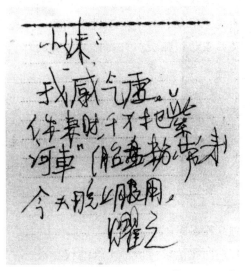

1967 年 10 月 6 日，即溥仪逝世前 11 天，写给妻子的一张便条

个二寸半长、二寸宽的小笔记本上写下模糊难辨的字迹。这天下午我要回家取物，溥仪递过小本本来，其中一页上写道："小妹：我感气虚，你来时千万把'紫河车'（胎盘粉）带来，今天晚上服用。耀之"这几个字成为留给我的永远的念物。每当我想起溥仪的时候，就看看他留在世上的这最后几个字。平时他也常常亲切地称呼我为"小妹"，这使我感到多么温暖啊！

溥仪是我的爱人，像天下有情人一样，我们之间充满着真挚而深沉的爱情；溥仪还是我的兄长，自从有了他，我才获得了自幼就不幸而丧失了的天伦之乐。天地有眼，不应夺去我的亲人！

我整天整夜守在病势垂危的丈夫身旁，听着他"给我导尿呀""给我导尿呀"的惨叫，急得我团团乱转，心好像被刀割似的。

这时，医院里又传开了一段新的顺口溜："那边住了一个老野鸡，这边住了一个老皇帝……""老野鸡"原来是指与溥仪同病房的一位活佛，当年正在人民医院实习的医生张崇信回忆说：

溥仪脸上有些浮肿。他还频频与同病房的唯一的另一位病人——成天坐着不哼不哈也不动弹的从西藏来的活佛搭话。但这位活佛在当时的政治气氛下，总是答得牛头不对马嘴。

溥仪在住院期间，没有亲朋好友来探望，只有李淑贤经常来照料他。溥仪的视力很差，戴着厚眼镜看东西还很吃力，经常可见李淑贤读一些可能是书信一类的东西给他听。他的记忆力更糟糕，多次发生上厕所忘了带手纸、不拿饭碗就去盛菜之类的事。

后来，溥仪的病情恶化，小便也发生困难。有一次，溥仪躺在床上痛苦地呻吟，李淑贤在一旁抽泣，活佛则照旧坐在床上无动于衷。在这种气氛中，我给溥仪导了尿。排空尿液后，溥仪轻松一些了，频频向我点头致意，李淑贤也连声道谢。我心中很不是滋味，知道溥仪在世的日子不会长了，而护士出身的李淑贤也不会不清楚这一点。

我不得不求这位大夫、那位护士给溥仪导尿，多数会碰上冷面孔或冷言冷语。有一回我请求值班护士给溥仪导尿，一个人忙不开，因为我也是医务工作者，就帮助她来做，费了许多劲儿，总算排出一盆尿来，溥仪舒服一些，这才安静地睡了一会儿。

10月8日，当宋希濂和杨伯涛到医院看望溥仪的时候，他只能依靠输氧和注射葡萄糖维持生命了。

在溥仪的最后时刻，尽管环境险恶，但同事们还是一个个地前来看他，为他病势的沉重而悲伤，也为他在"文革"中遭受迫害而愤愤不平。沈醉曾在他的回忆录中谈到，当时医院中很多人认识他，甚至用鄙视的眼光看待这位"《红岩》小说中描写的杀人不眨眼的严醉"，可是，他不顾这些，还是"偷偷摸摸"地去溥仪的病房，"看一眼，讲几句话就赶快走"。他回忆说，溥仪当时致命的问题就是排不出尿来，已造成尿中毒，随时得用导管导尿，但一些护士怕因太照顾而被扣上"同情封建皇帝"的帽子，经常不给他导尿。

1967年10月12日，溥仪留下绝笔。这位一生好记的人所写的日记至是日而终，他本来要把蒲辅周老先生给开的最后的处方一笔笔抄在日记上，却只写出七八个模糊难辨的字便无力握管了。那天也是我去中医研究院请蒲辅周老先生开的方子，我记得抓药时缺一味白人参，先到东城药店没找到，又到西城药店终于买到了。回到家中就熬了一剂，再送到医院，一口一口地给溥仪喂了下去。溥仪信奉中医，直到生命的最后一刻还在服用蒲老给开的药。三服中药尚未吃完，他就去了。

溥仪病危期间被调换到一间小病房内，这屋子太窄，连个木椅也摆不开，我便找来两只小木凳放在病房门口，晚上就凑合着坐在这儿打瞌睡，十几天下来就熬得我筋疲力尽，体重也降了十多斤，那时我也顾不得自己了。

在溥仪病危的日子里，我亲眼看着他承受煎熬，十分痛心地想起了往事。因为溥仪的公费医疗关系在人民医院，他于1962年5月刚发现尿血时便是经该院泌尿科主任孟大夫检查并治疗的，孟大夫没有进行彻底检查，仅按"前列腺炎"打止血针，误诊达三年之久。到1965年经周恩来批示特邀泌尿科专家吴阶平以及外科和肿瘤科名医会诊，孟大夫也参加了会诊，然而这时病势已经严重地发展了。后来，政协领导在一次宴请参加会诊人员的场合，当面指名批评了孟大夫。虽然我不知道他是否由此而不满，但溥仪病危入院，泌尿科不予接收却是事实，溥仪在生命最后的时日里没有得到较好的医疗服务，这也是事实。

10月16日夜间十时，溥仪还以微弱而清晰的声音挣扎着向在场的李以劻和范汉杰说："我还不应该死呀，我还要给国家做事呀！"

病危中的溥仪喘不过气来，十分痛苦，神志也还清醒，值班大夫这时一连给他打了三针，其中一针是安茶碱，我也抓住这个空隙到厕所去了一趟。刚回到病房，就听溥仪说："给我打了一针安茶碱，真把我憋死了！"说完这句话就不行了，翻白眼儿，我仔细观察溥仪的眼睛，不好！瞳孔已经放大，街坊王彩云马上给他做人工呼吸，我又招呼护士过来量血压，血压迅速下降。

凌晨时刻，周围是那样恐怖。丈夫睁着眼睛看我，他还有口气，嗓子里可能有痰，发出细微的"呼噜呼噜"响声。我想，他也许在等人，就马上给溥杰打了电话，溥杰很快来到病房，溥仪看看二弟，终于咽下了最后一口气，这时北京和整个中国的时钟都指在 1967 年 10 月 17 日二时三十分的位置上，除了我和溥杰，还有三妹之子宗光和王彩云在场。我俯在丈夫的身上痛哭不止，王彩云在旁一遍遍地劝我要注意身体，还得料理后事呢！

因为对这种事毫无经验，事先又没有人提醒我，实在也因为不愿去想溥仪会死的问题，竟没有准备后事，更没有带来可换的衣服。溥仪在病房里总穿一件灰色毛衣，下身穿内裤、长袜，外套住院患者穿的病员服。当时只把病员服给他脱掉了，护士走过来，把一块白尸布无情地盖在他身上，随后用推车把他推向太平间，我们几个人失声痛哭地护送溥仪离开病房。

追悼会在十三年后举行

我们几个人心情失落地走在回家的路上。我心乱如麻，想到天亮以后就要处理溥仪的后事，要去火葬场办手续，要花钱，可是当时我手头总共只有几十块钱，想来想去只有向溥杰开口。于是我说："二弟，明天要办理火化手续，还想给溥仪买双鞋，买双袜子什么的，还得买骨灰盒。因为这个时期花钱太多，手头紧，能不能请你先垫一笔费用，暂用一时，等报销以后就还上。"溥杰答应了，回到家里吃饭的时候他还劝我："大嫂也别太伤心，大哥死了，我们对你也不会错的。"不料第二天就变卦了，只给送来一双新袜子，他说没有钱，让我自己想办法。我好难过，就像被人剜去了一块心头肉！我硬撑着，向别的朋友借来一百元办后事。

当天上午，王彩云和另一位街坊张杰英陪我到医院太平间给溥仪穿衣服，亲人去了，我却总觉得他还活着，端详他的遗容，只见脸还肿胀着，但面貌依旧，好像在我身旁睡着了。那件灰毛衣已经脱不下来了，在街坊的帮助下，我给他穿上新拆洗的黑棉袄，这件棉袄他只穿了一冬天，有八九成新，又给他穿上了棉裤，脱掉旧袜，换上了溥杰送来的新袜和我新买的布鞋。这时同来的那位街坊提醒我说："您给溥大爷准备了枕头、褥子和盖头布吗？"我又急忙去商店买回这几件东西，把褥子给他铺好，又把枕头给他垫好，还特意把他平时喜欢戴的一顶深蓝色呢帽给他戴在头上。

溥仪好像还放心不下，一只眼睛睁着，嘴也张开着。我向他说："溥仪呀！你放心吧！别惦记我……"一边叨念，一边用手抚慰着，让他闭上了眼睛，闭上了嘴。溥仪平时爱梳头，一高兴就把头发弄得很亮，我遂又给他梳一梳，让他高高兴兴地去吧！

爱新觉罗家族的亲人陆续来到医院。劝我离开这太平间的人们，也不知说了多少遍话了，我只好依着大家，站起来最后看一眼，双手拉着那块可怕的白布蒙过他的头顶，我又不可抑制地失声痛哭了……

第二天周恩来派人来了，向我转达了总理的慰问之意，并根据总理指示详细询问了溥仪的病情以及逝世前后病态发展的具体情况。对溥仪后事的处理，总理也作出了明确而具体的指示。总理讲，溥仪的遗体可以火化也可以埋葬，根据家属意见，可以随意选择在革命公墓、万安公墓及其他墓地安葬或寄存骨灰。然而，在当时的历史环境里家属和亲属都不可能考虑土葬，遂由溥杰办好手续，就用灵车把遗体拉到火葬场去了，仅有我和溥杰、李以劻等少数几人随行，也没有举行遗体告别仪式，当时我想买大点的骨灰盒也没有，只有五元钱一只的小盒子。

10月21日，爱新觉罗家族主要成员聚会讨论了溥仪骨灰的寄存问题。年迈的七叔首先提出，应把溥仪的骨灰寄存在八宝山人民骨灰堂。溥杰表示赞成，他说："我们应该体会总理的指示，他老人家在'文化大革命'中也有难处，我们不能再给总理添麻烦，可以放在群众公墓。"我对此也无异议，我说："溥仪生前爱热闹，放在群众公墓，长期和人民、和老百姓在一起很好。"这样，经家族一致商定了。第二天，我、溥杰，还有一位街坊的女儿，一起到八宝山人民骨灰堂办理了寄存手续，存期15年。

溥仪去世给我带来的悲痛是不可言喻的，半年多时间里，我连收音机也没打开过，感到孤苦伶仃，不知今后应该怎样生活？我吃饭不香，睡觉不实，身体更坏了，瘦得可怜。因为怀念溥仪，总想到八宝山公墓去看他的骨灰，摸一摸，擦一擦，坐一会儿。几乎天天都要去，我索性买了一张汽车月票，来来去去，仿佛到那里就能见到他似的。我甚至带着午餐食品到骨灰堂去，上午八九点钟把骨灰抱出来，到下午三四点钟再放回去，中午就守着丈夫的骨灰盒吃点东西。回到冷冷清清的家中，总是哭，晚上睡觉以后还常常梦见溥仪，他真真切切地劝我："你不要哭，要保养好身体好上班呀，要好好生活下去。"我也真真切切地对他说："你是我唯一的亲人，你走了，丢下我一个人活着还有什么意思，不如让我跟你去吧！"在梦里又哭了，好像眼睛都要哭瞎了，醒来便会看到枕头已经洇湿了一片。

对我来说，不仅有精神上的巨大创伤，还有更实际的问题，正像溥仪遗言中不幸而言中的那样，在"文化大革命"期间，谁能管我？生活的出路又在哪里？

我是一个弱者，五种慢性病集于一身，因此，不得不常常休病假，占编制不顶岗位。医院感到有压力，就动员我从1964年7月14日起暂不上班，"停薪留职"，以待恢复健康。

为了获得生活保障，我在1968年年初申请上班，没想到医院以"必须有健康检查证明"为由拒绝了我的申请。我要活下去，于是鼓起勇气给总理写了一封信，没想到总理没收到，而被退还医院，为此还招来不满。

在十分艰难的情况下，我过了好几年备受煎熬的日子：我没有分文收入，坐吃溥仪留下的几千元稿费。为了节省房租、水电等开支，我自动交出了东观音寺一套有客厅、有卧室，还有其他生活设备的宽敞住宅，而宁愿搬进杜聿明院内一间由原卫生间改造的又黑又潮的小房内居住。

更让我受不了的是自费看病，我是三五天中总要进医院的人，作为国家职工都有公费医疗，我却打针、吃药一概自掏腰包。为此，我又一遍一遍地去找原单位——朝阳区关厢医院，医院说去找卫生局吧，他们同意才能复职。我又找到卫生局，局里领导说，"这点小事"要回到医院解决。他们就像踢皮球似的，把我"这点小事"踢来踢去，几年之间任我跑破了多少双鞋子，也没有能够恢复一个护士的工作。

我实在走投无路了，再一次鼓起勇气，于1971年6月下旬寄出了给周总理的第二封信，我汇报了自己的生活情况，并说明了实际存在的困难。

7月初，距我给总理发信还不到十天，总理就委派国务院机关事务管理局副局长侯春怀来访问我了。第一次来，赶上我外出，未遇；第二天又来，他根据总理指示向我仔细地询问了有关情况和要求。我当时提出两点要求：一是复职，安排力所能及的工作，以解决生活出路问题；二是现居房屋条件太差，希望调一调。侯局长临离开时对我说："我把您的要求带回去向总理汇报，处理结果和政协直接联系。"

不久，政协来人通知我，考虑到我的身体情况，即使轻工作也是难以胜任的，因此，可以暂不上班，由政协按月发给生活费，每次60元；同时，立即调换适当住宅，安排两间阳光充足的正房。说到这里，政协同志又加上一句话："周总理亲自部署，对你的生活照顾，连每个细节都考虑得很周到哇！"我当即流下了热泪。

第二天一早，我就跑到八宝山人民骨灰堂，抚摸着爱人的骨灰盒。告慰溥仪的在天之灵说："安息吧！你离世前耿耿于怀、悬念不已的事情，已由敬爱的周总理亲自过问解决了，你可以放心地长眠了……"我的眼泪噗噗地落在骨灰盒上。

我更忘不了那个悲痛的 1976 年 1 月，山哭海泣、举世同悲，从我听到广播讣告的那一刻起，整整三天，我一点儿不能吃，一点儿不想喝，只是一遍又一遍地捧起用镜框镶着总理肖像以及总理接见我和溥仪的相镜，看啊，擦啊，我是蘸着泪水在擦呀！我哭着到八宝山去，把这一不幸的消息告诉了溥仪，我仿佛看到他也在悲痛地抽泣着……

当然，我的生活问题也还没有完全解决，治病还是自己掏腰包，对我来说这是一件大事。连吃饭也无所谓，有钱可以吃得好些，没钱就把主副食的水平降一降，饿不着就算了，可是我有多种慢性病，有病不治可不行。记得 1975 年我的慢性肾炎严重了，采取中西医结合治疗的方针，每天打两针，还要熬一剂中药。为了治病，我向一位好友的奶妈借了不少钱，这位好心的奶妈后来要到香港去定居，又急得我团团转，总算有几位朋友伸出援手，使我得以在奶妈行前还清了欠账。

1979 年，一直不同意我复职的原工作单位——关厢医院动员我退职，按当时的相关政策规定，虽然得不到退休职工的待遇，却也可以发给原薪的百分之四十。按我五十多元的工资，每月可拿二十几元，总比"停薪留职"的分文不入为好。更重要的是可以恢复公费医疗，则我的医药费解决了。当时我债台高筑，仅房租、水电积欠就有二百多元，斟酌再三，也只有接受退职一途了。好在还有总理安排的生活补助费按月发放，生活过得去了。

在最艰难的日子里，是敬爱的周总理给我指示了一条生活下去的道路，打倒"四人帮"以后，人民政府又使溥仪的遗属得到了政治上的新生。我不断地接到各种各样的请帖，参加国家最高一级的联欢会、茶话会、赏月会、各种形式的文娱晚会和宴会等。

1980 年 2 月 12 日上午九时，为了表示对已故历届政协委员和知名人士的亲属的关怀，全国政协举行春节茶话会。记得那天我到达会场时茶话会尚未开始，工作人员把我引到政协第二会客室，在那里我受到党和国家领导人的单独接见。当工作人员介绍说"这是溥仪先生夫人"时，在场的乌兰夫、康克清、刘宁一、童小鹏立刻从座位上站起来和我一一握手。茶话会开始后，我和同桌的马连良夫人、程砚秋夫人、老舍夫人以及外宾和翻译畅所欲言，十分愉快。围绕我们这桌简直形成了一个小小的中心，电视台和报社记者的镜头也一个劲地对准我们。政协全国委员会副主席康克清同志的即席讲话更让我浮想联翩，康克清说："每逢佳节倍思亲，特别是在我国进入了新的历史时期，跨入了大有作为的 80 年代的第一个春节，我们更加怀念已故的亲人。"这怎么能不让我想起溥仪，想起我这一生中最有意义的一段生活……

　　我再一次来到八宝山人民骨灰堂看望亲人，擦拭那个熟悉的木匣子，又不能不触动我的一份沉重的心事。1967 年我来办理骨灰寄存手续的时候就知道，规定的寄存期限为十五年，到现在就要期满了。我真发愁，寄存期限将到，以后怎么办呢？拿回家里去吧，我独身单居，心里害怕，早些年溥仪还在世的时候，谭玉龄的骨灰在家中存放一个阶段，就吓得我晚上直做梦，后来溥仪让毓岩拿走了。

　　骨灰堂的管理人员也认识我，他了解我的心思，很真诚地劝我说："人死如灯灭，寄托哀思也不一定要保存骨灰，到了期限就深葬吧！"我还不能接受他的意见，我觉得这样做对不起溥仪，他疼我一回，爱我一回，我怎么可以丢下他不管呢！

　　正着急的时候，全国政协领导通知我，不久就要给溥仪开追悼会，这位在后半生中有功于国家和人民的全国政协委员的骨灰，将被重新安放在革命公墓中，我简直不敢相信这个事实，一块心病立刻化解了。

　　1980 年 5 月 29 日下午 3 时 30 分，在政协礼堂举行了溥仪、王耀武和廖耀湘三位政协委员的追悼会。已经辞世近十三年的溥仪啊，倘若神灵有知，你总可以安眠于九泉之下了。

　　党和国家对溥仪特赦后的工作给予了公正的评价并十分隆重地祭奠了他。新华社报道了这次追悼会的情况：

1980 年 5 月 29 日，党和政府为溥仪、王耀武和廖耀湘举行追悼会

中共中央政治局委员邓颖超、乌兰夫、彭冲，人大常委会副委员长朱蕴山，政协全国委员会副主席季方、王首道、杨静仁、胡子昂、刘澜涛、李维汉、胡愈之、王昆仑送了花圈。送花圈的还有政协全国委员会、中央统战部、政协文史资料研究委员会等单位。

政协全国委员会副主席季方、刘澜涛、胡愈之，以及黄维、侯镜如、贾亦斌、溥杰、赵子立、文强、沈醉、杜建时、郑庭笈，以及有关方面负责人，政协常委、委员，政协文史资料研究委员会委员、专员和生前好友等三百人参加了追悼会。

追悼会由王首道主持，中央统战部副部长、政协全国委员会副秘书长刘宁一致悼词。

全国政协副主席王首道向李淑贤致以亲切慰问

当领导和同志们排着长长的队伍，在哀乐声中缓步从我眼前走过，跟我握手，并向我表示最亲切的慰问之意时，我仿佛又看见我的丈夫，他就站在离我不远的地方，面带微笑，用十分满意的眼光看着我，看着参加追悼会的每位来宾……

追悼会结束以后，溥杰捧着长兄的遗像，我端着丈夫的骨灰盒，根据中央指示，在八宝山革命公墓第一室，重新安放了溥仪的骨灰。就在这几间普普通通的青砖瓦房之中，安放着已故的党和国家领导人的骨灰盒，安放着对中国革命做出了卓越贡献的著名人物的骨灰盒，中国的末代皇帝也以自己特赦后对祖国的特殊贡献赢得了人民的尊重。

第八章
忆旧

搬出东观音寺

开完追悼会还不到两个星期，即 1980 年 6 月 12 日我家从草原胡同搬到团结湖政协宿舍，这是两室单元房，面积虽不大，但有厨房、暖气、煤气和室内厕所等设施，生活还方便，溥仪在世的时候我就曾提出把家搬到和平里楼房宿舍，当时没有办到，现在第一次从平房迁入楼房。溥仪去世以来，我家已经搬迁多次了。

溥仪去世后我在东观音寺又住了一年多，虽然没有人撵我，但还是住不下去了，因为当时没有收入，住不起那么多的房子，也烧不起那么多的炉子，仅房租、水电一项就欠下数百元，于是我主动要求搬到小房子里去，政协机关房产部门遂在 1969 年把我调到东城箭厂胡同杜聿明、宋希濂、郑庭笈和唐生明住的院子里，我那间房子原来是唐生明家的卫生间，拆掉马桶等设施后改为住房，房间很小还没有厨房，到了夏天闷热得像蒸笼，还返味儿，臭烘烘的，又暗又潮湿，住得很难受。

当时唐生明和出身电影明星的妻子徐来不住在这里，家里只有长子、儿媳和一位小女儿。儿媳是回国读书的印度尼西亚华侨，毕业后嫁到唐家。小女儿叫唐仁萍，大学毕业后在一所中学教外语，对我非常好。唐家还有一位奶妈，和我相处得也很好，这位奶妈做饭烧菜的手艺比宾馆厨师还高超，唐家请客都由奶妈掌勺，我也跟她学过几招，奶妈很善良，心眼好。

1971 年我给周总理写信，总理派机关事务管理局侯春怀副局长来看我，他进院后还以为我住在向阳的大北房，就直奔那里，后来走进我那又小又破的小房吃惊地问："是谁让搬到这里来住的？""是政协房产处给调的，这房子实在不好住，我还希望给调一调。"侯局长记下了我的困难。不久政协房产处干部通知我看房，拟在宣武门烤鸭店附近的一座宿舍楼内，分给我一间十四五平方米的单元房，有厨房和室内厕所，但没有阳台，我没有同意。隔了一段时间又让我搬到东四八条20号政协宿舍，这里也是平房，有三重大院，街坊很多，共住了十一户，多数是国务院各部门的干部，我住在东院北房内，五间北房三家住，我住一间半。

搬到八条不久，唐仁萍和奶妈也搬到八条来了，我在东口，她们在西口，又成了街坊，每天晚上都到她家看电视，常常待在她家，有时给患病的街坊打针注射。1975年我的慢性肾炎犯了，很严重，多亏萍萍和奶妈照顾，她们帮了我的大忙。当时我的公费医疗尚未恢复，又向奶妈借了不少钱。落实政策以后，唐仁萍赴香港定居，先在某公司当职员，后与一位香港大律师李先生结婚，婚后仁萍借助懂外语的有利条件投身商界，来往于许多国家之间，获得了很大的成功。大律师平易近人，对妻子也很疼爱，也常回北京，因为国内还有一个女儿叫亭亭由奶妈带着，他们每次到北京来或住建国饭店，或住北京饭店，总要把我接去会面。后来奶妈也要带着亭亭前往香港定居了，她知道我困难，要勾销我的欠款，但我不同意，东挪西借终于在她行前把欠款还清了。

这以后仁萍仍常来北京，每次都给我带各种食品，请我到最高级的饭店吃饭，那时我的经济条件差，送不起贵重礼品，直到现在还感到欠她的人情。仁萍称我为"干妈"，多次邀我到香港去住，但我不好意思打搅。她在那里买了很漂亮的花园洋房，一层为客厅，二层为亭亭、奶妈和佣人的房间，三层为她和丈夫的起居室。萍萍生活得很幸福，我见她总是戴着一条带有观世音身像的项链，就问她为什么戴这个，她说："是李律师让带的，因为爱发火，要用这个压压我的脾气。"他们又生下了一个儿子，把李律师欢喜得不得了。

我在八条与街坊相处得都很好，每次患病卧床，街坊的孩子们便主动过来照顾，这个去买煤那个去买粮，都不用我操心。记得有回肾炎发作，街坊刘玉霞每天天不亮就过来帮助干活儿，搞卫生倒尿盆，生炉添煤倒灰都忙完了才去上班，有时还要陪我到友谊医院去看病，帮我排队挂号，实在让人感动。

我确实遇上了不少好人，但也有个别人欺负我，最让我不能忍受的便是东侧隔壁家的女主人，她跟全院的街坊打遍了，谁都不理她，终于又来找我的茬儿。有个在农村插队的街坊孩子回城期间暂住在我家，我就在床边摆了几个凳子，有时不免碰出声响，这位东邻半夜坐起来骂街，我气极了，问她骂谁？

"别理她，这人无知！"借宿的孩子也气极了。

从这以后她更找我的茬儿了，夏天把我在小院里种的丝瓜、葵花和老玉米的茎管故意用刀割开，不久全死掉了，还故意把西红柿里的籽甩在我家门口，让我摔跤。冬天则往我家门口泼水，弄得像个小冰场。有一回我给邻居打针，天黑往回走险些跌了跤，把针管都摔碎了。我把负责治安的杨主任找来看，她又出来闹，跑到主任面前乱喊乱叫，杨主任劝我说："这条街上没有不知道她的，委屈你，别理她，躲开算了。"

我何尝不想躲开她的无理纠缠，然而这位"高邻"却不放过我，得寸进尺地造谣生事，说我家每天晚上都有男人来住，当时门道管理得很严，晚上八点钟就关门落锁，街坊都明白是她在造谣。一计不成又施一计，说我晚上不睡觉，鬼鬼祟祟搞活动，从我的屋里总是发出类似地下电台的嘀嘀嗒嗒的声音，又说我拿钱买通了街道治保主任，所以领导才"偏"向我一边。她知道我患有神经官能症，深更半夜故意让她的小女儿拿皮球往隔壁墙上扔，使我无法入睡。

我实在受不了这种精神折磨，遂要求政协房管部门给我调房，宁可住到条件差些的地方去，政协房管处就让我和住在北小街草原胡同23号的一位电工换了房子。这是一间厢房，又黑又暗，但可免除骚扰，我便同意了。这里的邻居都同情我、爱护我、帮助我，参加街道学习时认识一位舒太太，我称她为"舒大姐"，是我永远也忘不了的大好人。她也是杭州人，丈夫在新中国成立前在上海开钱庄，是知识分子经商，既有钱又有学问，舒大姐也是大学毕业生，能讲流利的外语，儿子在出版社当编辑主任，生活条件很优越。

当时我没有工作，除了每月六十元的生活补助外没有任何收入，还要治病，有时连买菜的钱也没有，常常只买半斤面条，拌入盐和酱油就是一顿饭，床单破了就一块一块打补丁，这样的日子过了好几年。舒大姐最了解我，也最同情我，见我家饭菜简单，便把自己每月奶票的一半送给我，当时，牛奶等食品是按条件发票证供应的，照顾老人和婴幼儿，我的条件还不够。每逢舒大姐家改善生活，哪怕买只鸡也要送过一半来让我炖汤喝，到了夏天见我没有替换穿的衬衫，就买一块的确良做成衬衫送给我，当时我还舍不得穿，出门办事才穿一次。

搬到团结湖以后舒大姐也常来看我，记得她还劝我买一台电视机，以消磨寂寞时光，她说："缺钱我给你垫付，以后有了就还我，没有就算了，没有关系。"但我认为看不看电视无

溥仪去世后李淑贤曾移居北小街草原胡同一住八年（1972—1980），邻居仇鳌儿媳家人在其门前

所谓，不愿再给舒大姐添麻烦，不久一个坏消息传来，舒大姐去世了！是脑出血，急送协和医院抢救竟来不及，我难过极了，当时就晕了过去，遗体告别的时候我去了，嗓子都哭哑了。我常想，如果舒大姐能活到现在该有多好呀！我一定要好好地报答她。

开始写回忆录

1979 年夏天，经同事的爱人——中国社会科学院民族研究所研究人员黄振华介绍，吉林省一家学术刊物《社会科学战线》编辑王庆祥来找我。他出示了《社会科学战线》编辑部的介绍信以后，看到我保存的丈夫溥仪的日记、文章、发言稿和照片等处于原始状态的遗稿遗物以后，就像发现了新大陆一样惊奇不已，当即表示愿与我长期合作，共同整理溥仪这部分极为宝贵的文字和图片资料。他还具体提出三条意见：一、让我把家中现存的全部溥仪遗稿集中起来以备整理；二、希望我细细地回忆与溥仪共同生活的经历，以备撰写我的回忆录；三、整理遗稿和撰写回忆录的工作由我和《社会科学战线》编辑部合作进行，并将在此基础上合作撰写《溥仪的后半生》。我对此完全赞成，并表示愿意先做准备工作，即一方面集中溥仪遗稿，另一方面开始回忆与溥仪共同生活的片段。

王庆祥鼓励我一定要写好回忆录，他说，这将是我对历史和民族应该作出的力所能及的贡献。他还帮助我挖掘回忆线索，拟定回忆提纲。我们商定的原则是：想出一件事就写出一件事，忆及一句话就记上一句话。他对我说："您的回忆是具有重要研究价值的当事人的第一手资料，因此，每一个字都必须以历史事实为准绳，对历史负责。"我认为这话很对。王庆祥离京以后我便开始整理溥仪的遗稿。我们的合作由此开始。

王庆祥返回东北以后不断地来信，催促我把既定之议付诸实行。为了帮助我有系统地回忆，1979 年 10 月 23 日他给我寄来了回忆提纲，希望我围绕如下范围

1979 年的李淑贤，陷入沉重的回忆

回忆：一、特赦后到结婚，结婚场面及感想；二、植物园劳动；三、南方参观、过程和细节；四、写文史材料和回忆录；五、接见或会见外宾情况（每次一忆）；六、和旧军政人员的接触（如与溥杰、李宗仁等）；七、平日生活（家庭、闲谈、衣食住行等）；八、去世前后；九、与国家领导同志的会见情况，参加政协活动情况，为读者留下溥仪先生一生最后时期的影像。

事后，王先生还时常有信来，希望我能够在1980年5月以前完成资料准备和回忆记录工作，届时他将来京商量回忆录的整理事宜。从这时起，到1980年三、四月间我做完了资料准备工作，遂于1980年3月15日写信给王庆祥道："关于写作的情况，我的回忆记录基本上差不多了，由于我身体也不大好，想请您那里是否能来人帮助商量一下，看看如何进行下一步工作？"

王庆祥收到我的信后很快回信，他说已与领导同志商量，决定先看一看我的回忆记录，看过后共同商量成书的具体方案，4月中旬再来京跟我协商。我同意他的意见，于4月16日把整理好的一部分记录寄到长春，并附信道："现在我初步整理了一下回忆记录，回忆记录得很零乱，暂时先寄一小部分。关于溥仪参观的一些感想、记录，等你们来京再商量，您看如何？"

5月27日王庆祥来京，跟我谈定了合作整理书稿的有关事宜，他说，长期住在北京在写作、生活方面都有很多困难，要求把资料带到长春整理，考虑到他们确有困难，我同意了他的提议，并把溥仪的日记、文稿、会议记录和照片等全部移交给他，带回长春去了。第二天王庆祥与《社会科学战线》编辑部主任及吉林省社会科学院的几位先生一起到我家，那位主任还当面告诉我，由王庆祥代表编辑部与我具体办理溥仪生平资料交接工作。当时正赶上全国政协为溥仪举行追悼会，王庆祥等人也参加了追悼会。

资料交接工作从5月30日开始到6月8日结束，我和王庆祥对交接有关溥仪生平的资料一一开列了清单，并由他出具了含公章的单位证明。其间我还进行了补充性的回忆，由王庆祥执笔记录。

6月中旬王庆祥带着溥仪的资料回到长春，据他讲立即向吉林省社会科学院院长佟冬等领导汇报了全部有关情况，得到该院的高度重视，从这时起他根据编辑部领导的安排，开始整理溥仪遗稿和我的回忆记录，并撰写《溥仪的后半生》，我们的合作顺利进行。

当我从王庆祥的信中得知这些情况的时候，我是非常高兴的，我对合作的进展很满意，曾于1980年7月11日给王庆祥写信谈到了我的这种心情："看到信中谈到关于工作的进展程度和领导的关心，我很高兴，我希望能早日脱稿。"

第九章
尾声

《溥仪的后半生》出版了

《溥仪的后半生》这本书，风风雨雨历经十年波折，终于在 1988 年 11 月由天津人民出版社正式出版。当可敬的编辑同志把崭新的样书送到我手上时，我很激动，因为终于可以告慰我亲爱的丈夫，使之安心于九泉了。

重读这本书，记忆又把我带回了难忘的岁月。

那是二十三年前"文革"初期，"破四旧"的狂潮也席卷了溥仪和我当时居住的地方——东观音寺小巷内那处长满树木的宁静的院落。一天，有队"红卫兵小将"来敲门，把一张吓人的《通令》硬塞给我们，顶端还有钢笔标记的"致爱新觉罗·溥仪"字样。溥仪看完《通令》真有点儿晕头转

《溥仪的后半生》早期版本书影

向，不知进入了何年何月。我还记得《通令》的大致内容：一是"勒令"溥仪立即交出收藏的他与党和国家领导人合拍的照片，因为他是"历史罪人"，不配站在领袖们身边；二是"勒令"交出正在使用的小汽车等"奢侈品"。落款为北京某中学红卫兵。

溥仪看见《通令》，立即从镜框中取下他在 1962 年年初受到毛泽东接见时两人并肩站立的合影。溥仪还把自己与其他国家领导人的合影也取下，一起上缴全国政协。他本想依靠组织保住珍贵的纪念品，不料后来发还时，毛泽东与溥仪那张最有意义的合影却下落不明了。至于"奢侈品"，溥仪也曾冥思苦想，作为

全国政协委员和文史资料专员，他当时还没有资格享受专用小汽车，想来想去总算找到一样"奢侈品"，那就是摆在客厅里的公费电话。溥仪马上通知机关，让派人来拆除这部特别为他安装的电话。然而，当时的机关负责人没有接受溥仪的要求，对他说："这事儿您就甭管了！请相信我们能处理好。"这部电话不仅出于照顾，确有特殊需要。

但这件事并没有就此过去，溥仪又决定烧书，我家曾向政协机关借了几只书架，有的摆在客厅，有的放在卧室，全都摆满了书，大部分是溥仪特赦后陆续购置的，也有一些是机关发的、别人送的。溥仪说，"文化革命"嘛，这些书都不用了，说着，动手一本本撕开来，又跟我两人一筐筐抬到后小院内，找个僻静的角落点火焚烧。书籍烧得差不多了，溥仪又让我跟他把一大筐书法作品也拎出来烧掉。那几年常有国内外的朋友向他索字，他是个很好说话的人，差不多有求必应，而且总是认真给人家写，如有哪个字稍不满意就废弃不用，随手丢在一个竹藤制的箩筐里。平时没事儿的时候他自己也喜欢练字，常常一连写出好多大大小小的条幅来，等墨迹一干便通通丢进箩筐去了，天长日久，挺大的一只箩筐竟装满了一卷卷溥仪亲笔书写的书法作品，结果都在那个令人痛惜的日子里化为灰烬了。

事情尚未结束，更让人揪心的是，溥仪又要烧他的笔记本、日记本、诗文册一类东西了。也许当时在他看来，用火一烧这就算"革命"了吧？或者是因为他太担心了，他无法预料会有什么事情即将发生，一烧似可安然，太可惜了！他仍是一页一页地自己撕下来，让我一页一页地添进火堆！先烧掉了诗文稿本，其中有一个小册我很熟悉，那是1964年春夏之际我们在江南参观游览的时候，溥仪触景生情随手写下的诗文，写得兴奋还念一两首给我听。回想那时我的亲人真快活，真幸福，与火堆前的丈夫比，心境又何等不同啊！

当溥仪继续延烧那些日记和笔记的时候，我再也看不下去了！日记里记的不正是我们共同度过的美好时光么？我怎么能忘记那些愉快的周末，怎么能忘记那些花好月圆的良宵，又怎么能忘记发生在客厅、卧室和这座长满树木的院落内那些温馨的往事呢？我忽然想出一个对付丈夫的办法，我说："老溥啊，我听着好像有人叩门，我在这儿烧，你去看看吧！"溥仪特认真，加上当时有几分紧张，便马上悄悄走向大门，后来他告诉我，先在里边听听没动静，又开门不见人，遂出去到街口观望一阵，我所需要的正是这一段时间，它使我从火堆前抢救出十几本日记和笔记，当时我这样做并非已经认识到这些溥仪亲笔资料的价值，只想留作念物，留下美好的记忆。那天溥仪望门回来还埋怨我"活见鬼"，可我心里真高兴呀！现在看来，我是做了一件大好事。

越过"十年浩劫"中令人难忍的日日夜夜,我终于把那批溥仪亲笔日记、笔记、会议记录、学习体会、思想总结、发言草稿、书信、照片以及接待外宾的谈话记录等亲笔资料保存到"四人帮"覆灭、人民胜利的那一天。1979年秋,吉林省社会科学青年科研人员王庆祥来京找我,要求与我合作共同整理溥仪手稿资料,我同意了,谁知这以后也经历了一场又一场的风雨世事。丈夫留下的这批资料是中国末代皇帝的最后遗产,也是中国两千年封建制度的专制代表最后被历史埋葬的实证,它们的历史价值和无与伦比的珍贵性是不言而喻的,在有关书籍大量出版、电影电视大演特演的今天,这已是举世共知的事情了。

《溥仪的后半生》是王庆祥根据我提供的上述资料编著的,他能够注重从历史角度,靠资料和研究说话,字字有据。正像评论家所说"重塑了一个真实的溥仪",使溥仪又原来模样地活过来了。该书出版不久,即被上海市读书指导委员会作为好书列入《1989年度上海市振兴中华读书活动推荐书目》,有的报纸选载,有的报纸发表书评,我把这看作是鼓励的鞭策。如果这本书能够在精神文明建设中发挥一点好的作用,那我就满意了,丈夫溥仪也当含笑九泉。

我还要特别向天津人民出版社的同志们道一声"谢谢",他们出这本书不同寻常,1980年以来该社几任社长、几任责任编辑前赴后继地为编发这本书而付出了艰辛的劳动和可贵的代价,他们对党负责,对人民负责,对我的已故丈夫溥仪也负了责。

生活在皇族中间

我和溥仪结婚以后,在皇族中间来往最多的是五妹韫馨和五妹夫万嘉熙。我们住在全国政协院内时,老万就三天两头来,溥仪也愿意跟他一起谈天说地。来了就要留饭,却不需特殊准备,赶上什么吃什么,因为溥仪的身体不大好,我就常给他买鸡,买海参放在一起煮,溥仪不太爱吃,正好老万的饭量大,全都能吃下

李淑贤与家族亲人观看纪录片《中国末代皇帝——溥仪》

去。老万的腿还长，走路很快。

"文革"中间老万也受到冲击，并被下放到郊区农村，这以后才来往得少了。大约在1972年我听到了不幸的消息，老万在农村，晚间上厕所因为没有电灯摔了一跤，送到医院很快就死去了。他本来身体很棒，人高马大，真令人不可思议。五妹夫妇的感情特别好，平日下班老万都去接她，这下给五妹的打击可不小，很快就出现了衰老之状，我也只能多去看望她，给予安慰。

三妹韫颖从小就爱在大哥溥仪面前撒娇，溥仪特赦后他们的来往也比较多，三妹夫润麒是直爽人，不势利眼，溥仪活着的时候，他也不巴结，溥仪去世后他对我也不歧视。他聪明手巧，常帮助我干些活儿，比如我听力不好，他就给我安个门铃。"文革"中，三妹一家住在秦老胡同的平房内，当时润麒也被下放到农村了，三妹帮女儿曼若照看孩子，生活挺苦的，但还挺关心我，常问有什么困难，我知道她也无能为力，不愿向她说明真相，怕替我担忧。溥仪每次住院，三妹和三妹夫都要抽时间到医院看望，是很不错的。

"文革"以后，三妹一家搬到塔园都美斋饭庄附近的一座单元楼内。那时三妹的腰椎病已经很重了，身体不能直立，因平时三妹不大会做菜，我尽量地抽时间去看望她，做些鸡、鸭、鱼等熟食送过去。后来政府在水碓子分配给他们一套三居室的单元楼房，距离我住的团结湖只有一两站路，我更常去了，有时买些水果、罐头，有时做几样菜。后来我搬到西直门大街，三妹的病也一天天地重了。

1992年七八月间我买了两盒"肯德基家乡鸡"去看望三妹，见她吃得很香，感到很欣慰。当时三妹总觉得腹痛，我劝她不可忽视，要立刻全面检查。不久在北大医院照了膀胱镜，并请了一位医术高明的大夫。但这次没查出问题，回家后出现尿血现象，尿呈黑紫色，我心里已经明白，病在肾部或膀胱，这已是癌症晚期的症状了。因为怕她心理负担太重不便明说，只建议她住院彻底检查，不久即确认为晚期膀胱癌。由于她年事已高，瘦得皮包骨，手术后在监护病房住了很长一段时间。后来我去看她，带着虾、鱼以及笋丝炒肉丝等几样她平时喜欢的菜，还带着苹果和香蕉，我看她的情况还不错，颇有食欲，精神似乎也比以前好了，但我知道这只是暂时的。果然等我第三次去看她时，病情已恶化，尿都是红色的，意识也不清醒了，仅靠输氧和输液延续生命。

记得那是1992年12月12日早上七点钟，我接到润麒的电话说三妹病危，头天晚上经抢救已脱离危险。当时我正因跌了一跤而卧床，想去看看她却力不从心，过了几天又接到润麒的电话，说三妹已于12月16日上午八时四十分在朝阳医院逝世。我很难过，手持话机却连一句话也说不出来了。

12月24日我去参加三妹的遗体告别仪式，遇到了五妹韫馨，她老多了，身体还可以，由次子二宝和儿媳陪着，还是很有福气的。她问我："大嫂怎么这么瘦呀！"她还像过去那么关心我。我也看到了溥杰，他仍是客客气气地叫我大嫂。还看到四妹和六妹的孩子们，溥任的孩子和毓嵒的两个男孩都来了，也碰到一些家族中其他的人，因为平时见面很少，有些连名字也叫不上来了。

我凝视着三妹的遗容，再也控制不住内心的悲痛，放声痛哭，引得不少人过来劝我。曼若最孝顺妈妈，对最后没能给妈妈换穿满族旗袍颇有怨言，她扶尸恸哭，谁也劝不住。三妹活到七十九岁，如果不是患了癌症，还能活些年。这位有名的三格格一生经历了各种历史风云，大起大落，现在都结束了，平心而论她还是有福的人，遗体告别仪式非常隆重。治丧小组在书面悼词中写道："金蕊秀同志（曾用名爱新觉罗·韫颖）1913年2月生于北京，是清室后裔，早年在家读书。北京解放后，从东北来到北京，多次受到周恩来和中央、市有关部门领导的热情关怀和亲切会见……从1956年起，历任政协东四区、东城区一至八届委员会委员、常委。在此期间她努力学习，积极参加政协的各项活动，三十多年来，在促进祖国统一、开展海外联谊活动、联系满族人士、维护民族团结、撰写文史资料等方面做出了贡献。她为人正直、诚恳、热情，深受各界人士的好评。"

三妹与润麒生有二子一女，长子是教师，女婿经商，生活条件很好。润麒现已年过八旬，身体还不错，经常有人看见他戴着头盔，驾驶着一辆柠檬黄色摩托车奔驰在北京街头，他年轻时在日本陆军士官学校学过骑兵，所以今天还有这个本事。他还会按摩、针灸、拔火罐，有一个三十多岁的女徒弟，并开办了中医诊所，希望借此给徒弟打下基础。

回想溥仪去世的时候，从医院太平间运到八宝山火葬场就算完了，当时只有我和溥杰、李以劻、邱文升以及三妹之子宗光等几个人，而且当时不能火化，几天之后才能取骨灰盒，真可怜。三妹比她大哥有造化，还有这么多亲朋好友来送行，应该知足了。

六妹韫娱和六妹夫王爱兰都是北京画院的专业画家，溥仪健在的时候，他们有时领着孩子们到我家来串门，六妹不幸在20世纪80年代初故去，六妹夫对我也还关心。北京画院建院二十五周年美术作品展览1982年6月在中国美术馆举办期间，他给我寄来参观券，并在信中写道："淑贤大嫂您好！兹送给您展览票一张，届时您可以散散步，活动活动，老在家闷着也不好，美术馆离王府井也很近。此展览有我和您六妹合作的'盆兰'一幅，当场还有'北京画院展览作品选'，也有我们的作品，届时可以看看。"

　　我和溥仪恋爱的时候，有一次他说，我领你到一个地方去串个门吧！我问是谁呀！他说是二弟，于是领我走进护国寺街上的一处四合院内，在这里我第一次见到了溥杰。他亲自给我和溥仪每人端上一杯茶，嵯峨浩穿一身西服也来待客，并没有告诉我她是日本人。后来我问溥仪才知道内情，我说她的汉语好像说得不太好，溥仪回答说她是几个月前来到北京的。大约是在我和溥仪结婚后一个多月，嫮生回来了，北京市委统战部和北京市民政局在北海仿膳请客，我就是在这次宴会上第一次看到了嫮生，记得那次吃完饭，还顺便游览了北海。嫮生爱跟她的伯父开玩笑，前仰后合哈哈大笑，比如喊一声"大伯惧内——怕大伯娘"，说着还要做出一个怪模样。

　　每年春节，溥杰和嵯峨浩是一定要来我家拜年的，说些客套话，有时也开几句玩笑："大哥又丢了什么东西没有哇？"打一阵哈哈也就走了，哥俩之间也不说几句心里话。记者们为了新闻工作的需要，有时把哥俩叫到一起拍些照片。平时哥俩很少串门，浩子偶尔会给溥仪烧盘菜送过来，她的"沙拉"做得不错。溥仪还有戒心，不大敢吃。溥杰每年都要做一回生日，我们不太愿意到场，事后受埋怨的总是我，说什么"大哥拿不了主"等。后来溥杰再过生日时，便让帮助做饭的厨师带几盘半成品菜到我家来烹制，请溥仪吃。

　　谈到溥杰，我不能不想起丈夫病重时嘱咐我的一席话，平常从不跟我这样讲，快要离开人世了，他才拉过我的手，让我坐在床头说："小妹呀，有些话要跟你说说了。他说对我很不放心，因为他没有给我留下财产，而我当时又因病停薪留职，没有经济收入，处在'文革'期间，政协机关没人管事，今后怎么生活呢！他神情凄楚地说下去，我死后可能没有人会管你，家族里的人也不会管，拿溥杰来说，他小时候就在宫里陪读，后来跟我到天津，又跟我到伪满，我送他到日本留学，他带着浩子来到长春，一日三餐都是我让御膳房的人挑着大笼屉给他送去，有时在午夜还给他们送夜宵。虽然我们兄弟感情经历了这么多的历史过程，他对大哥也很尊敬，但今后会对你怎样也不好说。"

　　溥杰的情况一直比溥仪好，因为新中国成立后，载沣卖掉了王府，溥杰兄妹都有份，据知溥杰得到一万元现金和若干公债券，护国寺街52号宅院也是分在溥杰名下的房产。只是溥仪没拿到一分钱，这是因为溥仪有一个"承继同治，兼祧光绪"的名分，他已经过继出去了，也就没有继承醇王府财产的资格了。溥杰等人又分了房子，又分了现钱，加之溥杰还有日本岳父母家的不断资助，这都是我们当时不能比的。

　　溥仪去世后最初那几年我是非常困难的，但我并没有找过溥杰，也没有向他求什么。不料，他在背后说，溥仪有病期间我没有照顾好。记得溥仪病重时，有一次我的同事、关厢医院马大夫来看望溥仪，溥仪向他要烟抽，我不让马大夫给烟，因为当时溥仪的鼻孔里还插着氧气管呢。恰好溥杰夫妇在场，后来他们对别人说大哥病成这般模样，还不给烟抽等，原来是这件事成了"虐待"的证据。著名中医蒲辅周老先生是比较了解情况的，他曾当着许多人伸出大拇指来称赞我，说我这么年轻，又没有夫妻生活，却能这样照顾溥仪真是难得。连溥仪自己也说，要是没有我照顾他，可把他苦死了。

其实溥杰对我家的情况并不怎么了解，因为他平时到我家的机会很少，有时是按照记者的要求来跟他大哥一起照相，兄弟之间的谈心交流也不多。溥仪去世后，溥杰和嵯峨浩来过我家一两次，以后就不再来了。

1972年我搬到东四八条去住，这以后溥杰和嵯峨浩要回日本探亲，临行家族的人都到机场送行，我也去了。他们夫妇在日本住了几个月，回来的时候我正因慢性肾炎而卧床，润麒来通知说溥杰和嵯峨明天回到北京，家族的人要给他们接风洗尘，我也勉强带病去了，刚进院就碰上溥杰、嵯峨浩及其弟嵯峨公元刚从北房出来走到台阶处，我便主动打招呼说："二弟、二弟妹你们都好吧！"嵯峨浩不应，溥杰看到这种情况也没吱声，我碰了钉子，感到非常难过。一会儿溥杰过来接电话，这才跟我应酬几句，润麒在一旁说大嫂是我让来的。当时真想从这个四合院走出去，从此永远不登他们家的门槛，我并不是来求他们什么，为什么对我这样无理。勉强坐了一会儿，当人们入席吃饭的时候，我坚决地起身走了。

这以后我们的来往少了，但在社会活动中还常常碰面。我和嵯峨浩都应邀出席了"四人帮"垮台后的第一个春节联欢会，嵯峨浩刚踏上人民大会堂的台阶，我便主动上前打招呼："二弟妹，你也来了？"因为她的腿有病，登台阶不方便，我本想上前搀她一把，她却把眼睛往旁边一扭，又没有理我。进入大会堂内新华社记者要给我和嵯峨浩拍一张合照，她也不肯和我坐在一起，被记者左拉右拽地好不容易凑在一桌，刚照完相，她就跑到别的桌子去了，好像跟我在一起会降低身份似的。后来她的病越来越重，要靠血液透析来维持生命，我也同情她，想去看看她，但实在担心再碰钉子，只好作罢。

溥仪特赦后，直系亲属中唯一的长辈就是七叔载涛，每到星期日休息时溥仪必定要去看看七叔，无论多忙也要抽出时间去，他说："待五分钟也要去，还不知道叔父这几天的身体怎么样呢！"有一次，载涛要请溥仪在东来顺吃涮羊肉，溥仪希望安排在我休息的时候，以便把我也带上，载涛却往往不注意这一点，溥仪虽然也生气，但尊重他叔父，也不说什么。

　　载涛的二太太是贤妻良母型，社会活动一概谢绝，一心在家里伺候丈夫，做饭做菜的手艺高超，总是亲自到前门给载涛买他最喜欢吃的酱牛肉，"文革"中红卫兵跑到他家里去闹，把东西都给封上了，二太太便在厨房用刀割断了自己的动脉，想以死制止红卫兵的胡闹，结果死后还被扣上"现行反革命"的帽子，连骨灰也没有留下。经了这一变故，载涛在一段时间里神经错乱了，天天坐在马桶上哭，把二太太的照片挂出来，念叨着她哭泣不止。

　　三太太王乃文多少年来跟着载涛在社会交际圈里出头露面，从来不下厨房，也不会做饭，现在甘愿伺候他们的二太太死了，财产也被查封不能动用了，王乃文遂向载涛提出离婚，并已同七叔分居，住到娘家妹妹那里去了，她索要数万元作为离婚条件，闹得不亦乐乎。当时溥仪正病重，他本想亲自去看望七叔，却力不从心，就让我买些水果和点心去看望七叔，七叔很难过地对我说："我一向没错待三太太，总是用几个人伺候她，让她过着享乐的生活，现在我没有钱了，她也要弃我而去了。"其实并没有这么严重，经人调解后，三太太又回到了七叔的身边。二太太健在时，两位太太轮流陪伴七叔，每人陪宿一星期，倒也相安无事，现在三太太可以长相厮守了，两人的感情又逐渐恢复了过来。

　　"文革"初年载涛的身体还不错，那时溥仪有病，住在人民医院三楼病房，七叔来看望，一阶一阶登上三楼气也不喘，我说七叔的身体真好，他说我还骑车上颐和园呢！溥仪一听就急了，七叔可不要再骑车了，摔一跤就了不得。七叔满不在乎地说："没关系，我骑车有准。"载涛去世于1970年，总算比溥仪有福气，还在八宝山开了追悼会。

　　载涛健在时，全家都住在羊尾胡同的老宅院里，载涛去世后，政协在和平里给他家分配了一套三居室单元楼房。王乃文和二太太的儿子先后搬了进去，后来他们的关系处得不好，越来越紧张。王乃文没参加社会工作，常到我家来走动，我总是留她吃饭，还劝她参加民革活动，因为当时我参加了民革社会联系组的学习活动，虽然民革多次动员我加入组织，但我都没有填表，希望自己做个无党无派的人士。我还向民革中央社联负责人徐景贤介绍了王乃文的情况，嗣后她加入了民革。

　　王乃文是唱大鼓书出身的，载涛偏偏爱听大鼓书，便在她20来岁的时候娶了过来，称之为三太太。二太太的孩子们也这样称呼，连溥仪也这样称呼，后来觉得不大好，就干脆什么也不叫了，直到二太太去世后，孩子们才改口称之为妈妈。载涛过世时，给她留下一些家产，其中现金就有两三万元，另外政协每月给她一百元生活补助费，医药费还可以报销，所以她的生活应该说是相当不错的。

载涛的五儿媳鄂静园跟我的来往较多，她热情、关心人，不势利眼。我住在东四八条的时候，她住在秦老胡同，相距不远，常到我家来走动。借几本文史资料或历史方面的书拿回家去看，隔几天来不了就会让她的女儿来看我。我有病住院，她和孩子就会一次次地到医院看望。这人的缺点是跟丈夫染上了吸烟和喝酒的嗜好，酒后话又多，唠唠叨叨地没完没了。1987年10月我去看她时，她因哮喘而卧床，其后还不到一个月就传来了她的死讯。她死在隆福医院，我参加了遗体告别仪式，哭得很厉害，关心我的人又走了一个，回想我们见面的时候她总是按满族传统称我为大姐（即大嫂之意），总是说我活得"不容易"，她是能够理解我的人。她的长子在香港，也没有回来奔丧。鄂静园的女儿有时还来看看我，帮助做些事情。

我跟溥仪恋爱的时候就见过他的族侄毓嵒，那时他在公安部所属的天堂河农场劳动，每月回一次北京，必定要看看大叔。溥仪有时便把他领到我家来，介绍说这是他的侄子，也是族侄中最亲近的人，从伪满初年就一直跟着他。溥仪还告诉我，在抚顺战犯管理所里毓嵒对他的检举最多，皮箱夹层内的四百多件宝物就是他最先揭发的，但他们迄今还是关系最密切的人。我和溥仪婚后有段时间不起火，毓嵒每次来，溥仪都留他在政协食堂吃饭。那时毓嵒和溥修的女儿毓灵筠住在一个院子里，常常搭伴到我家来看他们的大叔。我们曾同游北海，毓灵筠这个人很会说话，也很能干。

溥仪死后我找出一些较好的衣服，如载涛送给溥仪的羊皮大衣以及溥仪出席外事活动穿过的衬衣等都送给毓嵒了。前些年他的生活还相当困难，有一次他们夫妇在地安门碰到我，向我诉说苦境，后来他们夫妇到团结湖去看我，我有时也到东官房看看他们，我尽力给他们一些经济资助。现在毓嵒的条件好多了，当上了恭王府的顾问，他的书法作品也值钱了，与老伴张云访生活在一起，身体还不错，前些年每年春节都来给我拜年，或让孩子来走动走动，这几年不大来了。

恭亲王溥伟的儿子毓嶦也是和溥仪较近的族侄，在伪满时溥仪亲自给他举行过袭爵仪式，后来也跟溥仪从伯力到抚顺住了不少年的监狱，溥仪活着的时候，他每年都到我家来几次，但后来不一样了。有位在美国定居的华侨来北京游玩，在日本人开设的都美斋饭庄大宴宾客，认三妹韫颖为干娘，我也应邀入席，毓嶦夫妇却好像不认得我了。这种事情在皇族中间不稀罕，我也不生气。

再说说毓崇，他是道光皇帝长子奕纬的后人，其父就是晚清资政院总裁溥伦，他从小在清宫给溥仪当汉文伴读，还要代溥仪受过，陪他打球或骑自行车玩，后来也跟到了天津和长春，晚年在北海公园内工作，生活很困难，1965 年 10 月间病重，他儿子恒铭到政协找溥仪借钱，溥仪回来告诉了我。我说，我们经济虽不富裕，但总比他们要好，应该借给他们应应急。第二天一早，我和溥仪一起到北海公园给毓崇送去三十元。溥仪觉得靠个人的力量太小，就向溥杰、万嘉熙等人提议，希望大家帮助凑些钱资助毓崇治病。还没等把这件事张罗起来，恒铭就来报丧，说他父亲已经去世了。我们留他在家里吃饭，安慰他。他提出要把妹妹放到我家里，对于我们两个有病的人来说这可真是个难题，他妹妹那时还小，要吃、要喝、要穿、要洗，我们谁能伺候呢！实在没有能力答应这件事情。临走又给他三十元钱，让他料理好父亲的丧事。溥仪去世后，有一年给浩子做寿，在溥杰家碰到了恒铭，他对我很冷淡，也没说几句话，可能是因为没让他妹妹到我家来而恼我了。

恒年是道光皇帝第五子惇亲王奕誴的后人，也是著名的清末"大阿哥"溥儁的亲侄孙。20 世纪 60 年代前期从学校毕业后，分配在内蒙古工作，他不愿去，受不了那里的苦，便私自回到北京，既无工作，也无户口，便住在溥杰家里，帮忙做些杂务，比如到了冬天运煤、生火炉等。溥杰夫妇外出参加社交活动也愿意带上恒年，他一路上拎包提伞，搀扶嵯峨浩，很会讨人喜欢。当时嫮生在中国住了几个月，似乎有意在中国找个对象，跟恒年很好，但辈分不容，无从考虑。到"文革"中间，他才不大敢去溥杰家了。他的妻子美瑛毕业于上海医大，颇有见识，是在恒年高中毕业后给人家代课的时候，不嫌恒年家境贫寒，也不顾家人的阻难，硬是嫁了过来，那时他们家只有六七平方米的一间小屋，两个孩子都是在娘家养大的，男孩叫启蒙，女孩叫启华。恒年称我为叔祖母，溥仪去世后他偶尔也来看看我。但他长期没有工作，每年在北京住几个月，又到上海的岳父母家住几个月。

后来恒年在美国定居开餐馆的姑妈因无子女，让他去帮忙，他便在 1978 年办好手续全家赴美了。他走的时候，我送他到北京车站，由北京到上海，再由上海飞往美国。当时他的父亲正生病住院，我去探望过几次，不久就去世了。他母亲赵永琴也是满族人，非常善良，富有同情心，对我也很关心。恒年的姐姐在外贸公司工作，他还有个妹妹叫罗小文，在台湾饭店工作。老太太的身体不好，常让女儿和女婿来看望我。恒年的弟弟恒林也常到我家来，帮我办些事，20 世纪 80 年代后期也带着全家赴美定居了，开了一家冷冻饺子馆，逐渐发展起来，用十七万美元买了一所房子，与妻子和两个儿子生活在一起。恒年帮了姑妈几年以后也开了一家"美国金星企业股份有限公司",自任副董事长兼总经理,发了财,用五十万美元买了一栋花园别墅,又以 7 万美元装修房屋,常年雇佣花匠管理。

迟到的宣判

1995 年 1 月 26 日上午九时,我与我委托的北京市经纬律师事务所律师张赤军和北京市朝阳律师事务所律师王亚东(现为君合律师事务所律师)一起出庭,在北京市中级人民法院听取关于《我的前半生》一书著作权纠纷案的一审判决。为这场延续十年的版权官司,我不知经历了多少曲折,也不知流过多少眼泪,更不知跑破了多少双鞋子,总算盼到了宣判的这一天!

回想逝去的岁月,从 1984 年因国内外影视界争相拍摄以溥仪生平为题材的电影和电视而引发《我的前半生》版权之争,到 1989 年在法院立案,其间经历了一个五年;从立案到判决,其间又经历了一个五年。十年下来,我从"花甲"步入"古稀",谁能数得清我这张饱经风霜的脸上又增添了几多皱纹。十年下来,要跟溥仪争"一半版权"的李文达先生也已在 1993 年 11 月 5 日作古。十年下来,根据《我的前半生》改编的贝托卢奇执导的电影《末代皇帝》、李翰祥执导的电影《火龙》和中国电视剧制作中心拍摄的电视剧《末代皇帝》,都早已搬上银幕和荧屏,其中有的作品还一举获得多项奥斯卡大奖……

十年啊!我挣扎着挺了过来,李文达之妻王滢、李文达之子李金酉、李金河、李海也继承了诉讼,使这场被称作"中国第一号著作权案"的官司得以相持至今。十年啊!

委召开《我的前半生》修改情况汇报会。李文达汇报了修改计划和该书应反映的主题思想。最后会议对该书的主题、叙述的形式、对溥仪思想性格的反映、强调内容的真实性等方面提出了重要的意见。此后溥仪与李文达开始在新的主题思想指导下重新撰写,经二人密切配合,1962 年初完成了初稿,后二人在广泛征求领导和清史专家意见的基础上又几次修改。1964 年,该书正式出版,书名仍为《我的前半生》,署名:溥仪。

本院认为:《我的前半生》一书从修改到出版的整个过程都是在有关部门的组织下进行的,李文达是由组织指派帮助溥仪修改出书,故李文达与溥仪不存在合作创作的事实。《我的前半生》一书既是由溥仪署名,又是溥仪以第一人称叙述亲身经历为内容的自传体文学作品;该书的形式及内容均与溥仪个人身份联系在一起,它反映了溥仪思想改造的过程和成果,体现了溥仪的个人意志;该书的舆论评价和社会责任也由其个人承担;因此,根据该书写作的具体背景和有关情况,溥仪应是《我的前半生》一书的唯一作者。溥仪去世后,该作品的使用权和获得报酬权,其合法继承人有权继承。综上,上诉人王滢等人的上诉请求不能成立,本院不予支持。原审判决处理结果正确,应予维持。根据《中华人民共和国民事诉讼法》第一百五十三条第一款第(一)项,判决如下:

— 4 —

北京市高级人民法院民事判决书:《我的前半生》著作权纠纷案第 4 页

经历了无数的不眠之夜，我终于盼来了这太迟太迟的判决！

北京市中级人民法院在"（1989）中民字第1092号民事判决书"中，是这样表述《我的前半生》一书产生过程的：

经本院审理查明，爱新觉罗·溥仪在抚顺战犯管理所关押期间曾口述，其弟爱新觉罗·溥杰执笔写了题为"我的前半生"的悔罪书。1959年，被少量印刷成册（因装订灰色封皮，称作"灰皮本"）在小范围传阅。1960年年初，有关部门在征得爱新觉罗·溥仪的同意后，群众出版社派当时正在该社工作的公安干部李文达与溥仪一起对"灰皮本"（悔罪书）进行修改，以达到出版物的要求。同年五六月间，溥仪与李文达二人完成了修改任务。同年七八月间，有关部门派李文达亲自到战犯管理所以及溥仪过去生活过的地方进行调查，澄清了"灰皮本"（悔罪书）中很多讹误的史实，在此基础上决定由李文达在确立的新主题思想下重新构思，重新组织材料和结构，这个决定溥仪接受，并得到有关领

北京市高级人民法院民事判决书：《我的前半生》著作权纠纷案第5页

导的赞同，群众出版社给予了多方面的支持。1961年年初，李文达与溥仪开始重新撰写"我的前半生"的准备工作。李文达、溥仪商定该作品仍用"我的前半生"为书名，用第一人称传记形式撰写。1962年年初完成了《我的前半生》一书的初稿。在此基础上，李文达与溥仪广泛地征求了有关部门的领导和各方面专家的意见，又进行了九次修改，校改。1964年3月，署名爱新觉罗·溥仪并由溥仪写书名的《我的前半生》一书正式出版发行。

法院依据事实认为，《我的前半生》一书是溥仪的自传体作品，在该书的写作出版过程中，李文达根据组织的指派，曾帮助溥仪修改出书，李文达在该书的成书过程中付出了辛勤的劳动，但李文达与溥仪之间不存在共同创作该书的合作关系。因此应认定溥仪为《我的前半生》一书的作者，并享有该书的著作权。

在庄严的气氛中，法官依据《中华人民共和国民法通则》第 94 条之规定宣布了判决："《我的前半生》一书的著作权归爱新觉罗·溥仪个人享有。"

正像一些新闻媒体在报道中所说的那样，由于特殊的背景和案件本身的错综复杂，此案一拖十载。法院判决之前，版权主管部门和法院投入大量精力，走了段迂回曲折的路程。但最终还是给了说法。

第二天我出席了因这次判决而举行的记者招待会，中央电视台、北京电视台以及许多广播电台和许多报刊的记者到了会，我向关心本案的新闻界朋友们实事求是地说："这场官司差一点儿没把我拖垮了。十年的历程，换了四拨律师，判决下来时我很激动，我要感谢政府，感谢社会，感谢法院的公正判决，感谢一切关心我而有正义感的人。"还有的记者问我对判决中"关于李淑贤要求李文达停止侵权赔礼道歉一节，因李文达并非直接侵害了该书的著作权，故本院不支持李淑贤的这一请求。关于该书出版后的稿酬分配问题，因双方未提出异议，本院不予处理"这一段文字有何看法？我对此不以为然，因为李文达已不在人世，就不必追究了，再说我打官司为争"说法"，不为钱。

十年来的风风雨雨也许就要过去了，回想多少人劝我不要打这个官司，可我没有放弃，一定要给丈夫争一口气，现在我真有说不出的高兴，感觉从心理上卸掉了一个大包袱。而且，正如许多评论家所说，这场版权官司并非仅仅是"皇帝的官司"，它的普遍意义在于强化了在我国一向淡漠的版权意识，这对于近年公布的著作权法的完善，对于保护著作权人的合法权益，对于促进文化的发展以及维护经历社会主义改造的溥仪的真实形象，都有积极的作用。一句话，我为《我的前半生》打版权官司，目的就是要一个符合真理、符合事实的"说法"，现在终于有了一个"说法"。

记者招待会过后，关于"中国第一号著作权案"裁决的报道就争先恐后地登上《北京日报》《北京晚报》《北京法制报》《中国贸易报》《南方周末》以及我的家乡杭州的许多报纸的显著版面上。继而又有国内外的新闻记者纷纷登门采访，使我简直得不到休息，感冒反复发作，咳嗽得很厉害，严重时夜间也不能躺在床上，只好坐在沙发上打盹儿。我在病中还接待了美国《太阳报》记者的采访。

然而经历告诉我，决不要把什么事情都想得很顺利，世界上的事情总是顺利的少，曲折的多，何况溥仪曾经是中国第一人，《我的前半生》版权官司又被称作"中国第一号著作权案"！果不出所料，到 1995 年 3 月初就传来了李文达家属上诉的消息，现在澳大利亚的李文达之妻王滢和三子李海以及现在深圳的长子李金酉、现在美国哈佛大学医学研究院的次子李金河收到判决后表示不服，已于3月2日向北京高级人民法院递交了上诉状，他们虽不否认判决书中所认定的事实，但反对判决的结论，一些报道李文达家属上诉的报刊都透露了他们最担心的问题，他们认为如果二审继续维持原判，我将有权向意大利导演贝托卢奇提出侵权诉讼。他们怎样认为自然是他们的事情，我只有以神圣的客观真理和法律准绳奉陪，如果还需要一个新的五年的话，我虽老迈又瘦弱也一定能够奉陪到底！

后 记

　　《我的丈夫溥仪》是在《溥仪与我》（李淑贤口述、王庆祥整理，《长春文史资料》首刊）的基础上修订的，字数已经翻倍，所涉事件与情节也已扩展到1995年定稿之前。回想1984年出版的那本《溥仪与我》，主要记述了溥仪与李淑贤在一起那段岁月的日常生活，不过是一本小册子，但一经问世即在国内外引起轰动，短短几个月里，无数报刊争相连载，发行量达一千万份以上。不久，以此为题材的电影《火龙》也登上了许多国家的银幕。岁月荏苒，十几年又过去了，这期间李淑贤作为溥仪的遗孀，又经历了太多的世事，择其荦荦大者有两项：一是关于《我的前半生》版权官司，实则为丈夫溥仪争一份"留在世上"的权力；二是为溥仪建墓，实则为丈夫溥仪寻一处死后的长眠之所。这两件事看起来简单，做起来却处处碰壁，实在不简单。

　　1995年1月26日，历经长达十年的审理，北京市中级人民法院终于对中国第一号著作权案——《我的前半生》版权归属问题，做出了艰难的判决，认定"溥仪是《我的前半生》一书的唯一作者，并享有该书的著作权"，虽然此时被告李文达已去世，但其妻、其子继承诉讼，并提起上诉，不服判决。此后又经过一年半的审理，1996年7月17日由北京市高级人民法院做出终审判决。（1995）高知终字第18号民事判决书中最重要的两段文字如下：

　　经本院审理查明：溥仪在东北抚顺战犯管理所时，由其口述，其弟溥杰执笔，写了一份题为《我的前半生》的自传体悔罪材料。1960年，群众出版社将此材料少量印刷成册，供参阅。有关领导阅后即要求有关部门派人帮助整理该材料并予出版。有关部门及群众出版社在征得了溥仪的同意后，指定当时在群众出版社工作的李文达与溥仪一起对该材料进行整理、修改。在有关领导的安排下，李文达于1960年7、8月到抚顺战犯管理所及溥仪生活过的地方实地调查，澄清了一些讹误的历史事实。1961年8月15日，群众出版社的几位编委召开《我的前半生》修改情况汇报会。李文达汇报了修改计划和该书应反映的主题思想。最后会议对该书的主题、叙述的形式、对溥仪思想性格的反映、强调内容的真实性等方面提出了重要的意见。此后溥仪与李文达开始在新的主题思想指导下重新撰写，经二人密切配合，1962年年初完成了初稿，后二人在广泛征求领导和清史专家意见的基础上又几次修改。1964年，该书正式出版，书名仍为《我的前半生》，署名：

溥仪。

本院认为：《我的前半生》一书从修改到出版的整个过程都是在有关部门的组织下进行的，李文达是由组织指派帮助溥仪修改出书，故李文达与溥仪不存在合作创作的事实。《我的前半生》一书既是由溥仪署名，又是溥仪以第一人称叙述亲身经历为内容的自传体文学作品；该书的形式及内容均与溥仪的个人身份联系在一起，它反映了溥仪思想改造的过程和成果，体现了溥仪的个人意志；该书的舆论评价和社会责任也由其个人承担；因此，根据该书写作的具体背景和有关情况，溥仪应是《我的前半生》一书的唯一作者。溥仪去世后，该作品的使用权和获得报酬权，其合法继承人有权继承。综上，上诉人王滢等人的上诉请求不能成立，本院不予支持。原审判决处理结果正确，应予维持。

马拉松式的审理和判决，从中国知识产权观念还非常淡薄的年代，一直持续到著作权法颁布数年之后，从原告和被告当庭辩论，持续到被告谢世而去，最终得以"维持原判"终审，李淑贤女士胜诉了，她松了一口气，一件大事总算做完。

对李淑贤女士来说，还有另一件大事——为溥仪修墓。墓地虽已选定，并在光绪皇帝的崇陵附近入土，但墓地应有的地面上工程还没有修建。1996年清明节扫墓时，李淑贤曾对记者说过，溥仪是作为公民去世的，当然不会要求把他的坟墓修建得像历代帝王那样金碧辉煌，但他毕竟也不是一般公民，而是中国的末代皇帝，他的坟墓应该建得大一些、好一些。现在这件事还没有做完，李淑贤也是年逾古稀的老人了，不能不为此而心忧，希望能在自己健在之年了却心愿。

李淑贤女士修订出版回忆录的一个缘由，就是要把自己的心愿告诉关心她的万千读者。现在，《我的丈夫溥仪》就要付梓了，作为与李淑贤女士合作共事多年的我来说，也不能不感到欣慰。

王庆祥

1996 年 9 月 15 日写于长春

附　录

我丈夫溥仪是日寇屠杀中国人民的
历史见证人

——李淑贤对新华社记者发表谈话

（1982 年 8 月 10 日）

按： 本文是李淑贤女士接受新华社吉林分社记者陈广俊采访时发表的谈话。

据报载日本文部省在审订教科书时，将日军"侵略"篡改成"进入"，我们对此十分愤慨。中国末代皇帝爱新觉罗·溥仪，作为历史的见证人在他于 1967 年 10 月病逝之前，曾在许多场合以自己的切身经历，揭露侵华日军犯下的滔天罪行，介绍众所周知的前日本战犯在改造期间低头认罪向真理投降的情景。有关的遗稿、遗物，至今仍由溥仪的妻子李淑贤同志保存着。

"九一八"事变发生后不久，溥仪到了被日本帝国主义侵占的东北，出任由关东军一手操纵的伪"满洲国"的"执政"，后来又登基为"皇帝"。1961 年 9 月，为纪念"九一八"事变 30 周年，溥仪以极其沉痛的心情，回顾了当年日本军国主义分子侵略中国，给中国人民、日本人民和亚洲人民带来的深重灾难。他在《从我的经历揭露日本军国主义的罪行》的文章中说："日本军国主义者对中国人民的生命，简直是视同草芥。从 1932 年到 1944 年，据不完全统计就以'反满抗日'的罪名杀害了爱国人民六万七千人。至于集体屠杀、秘密屠杀中的受害者，更是不胜其数了。"1964 年他在全国政协一次座谈会上的发言中说，我做傀儡皇帝的十四年中，认贼作父祸国殃民，按最保守的估计，给祖国造成的灾难是损失生命一千多万人，损失财产当超过相当于五百亿美元的价值。至于伪满洲国之成为日本帝国主义侵略祖国的基地和发动太平洋战争所造成的罪恶，更无法统计。

谈到日军的侵华暴行，溥仪总是感慨万千，常常痛哭流涕。1956 年，溥仪在抚顺战犯管理所期间，曾访问平顶山惨案的幸存者——方素荣，在那次惨案中，三千人遭到日军屠杀。后来他谈话、著文一再提到这件给予他"极大震动"的事。他记叙此事的过程说，平顶山位于抚顺近郊，原是有一千多户矿工居住的小镇。1933 年抗日游击队袭击了抚顺日寇警备队，烧毁了日寇的仓库。当日寇得知平顶山村民与游击队有联系后，第二天就进行了血腥的报复。把全村老少通通赶到村外的山坡上，在对准人们的机枪上蒙上黑布，日寇欺骗说要给大家照相，等人们到齐日寇就揭去机枪上的黑布，疯狂地扫射起来，然后又逐个戳刺刀，用大炮轰崩山土压盖尸体。日寇杀人后又烧掉了平顶山的全部房屋，封锁了四面交通。他们唯恐不能斩尽杀绝，还在周围的村庄中宣布：不准收留平顶山人，违者全家杀光。唯一的幸存者方素荣当时年仅五岁，在扫射中爷爷用身子压住了她，尽管全身八处受伤，仍是在深夜苏醒过来，她挣扎着从爷爷、母亲和乡亲们的尸体旁爬起，被一位老矿工带到矿上，放在大工棚里，白天藏进麻袋并扎上袋口，晚间偷偷打开袋口塞给她几块干粮。后来又把她转送到舅舅家，藏在高粱地里养伤，这才幸免一死。溥仪还谈到当日本战犯听方素荣讲述这段血泪交织的历史时，个个泪流满面，低头向她表示诚恳地谢罪。方素荣说，我心头的冤仇是永世不忘的，但最重要的不是个人的冤仇，你们既然放下了武器认了罪，我可以不提个人的冤仇。

溥仪在记叙日军进行惨无人道的细菌战时，谈及访问哈尔滨市平房金星农业生产合作社姜淑清老大娘给他留下的深刻印象。老大娘回忆说，当年日本培养细菌的 731 部队就在这个村子附近，由于那里制造的黄色跳蚤诱发的鼠疫的蔓延，夺去了全村一百四十二条生命。有的新婚夫妇结婚第二天就死了，有的全家死光。

在伪满的报纸上，日寇常常炫耀他们"剿匪"的"战绩"。溥仪说，所谓的"消灭"了多少"土匪"，其实多数是无辜百姓受害。累死或被杀的劳工，到了报上都成了被"剿灭"的"寇匪"。溥仪在一篇文章中揭露道："日本军国主义者还在东北实行了劳动力统制政策……每年强征劳工总数估计平均在二百五十万人。被抓去当劳工的，少吃没穿却要起早摸黑地干重活，累死的人不计其数。不但如此，被抓去为日本关东军修建军事设施的劳工，在完工以后还往往遭到集体屠杀。这样的事实，甚至被日本主子豢养在'深宫'之内的我也有所耳闻。有一次，伪宫内府警卫处长佟济煦悄悄告诉我说：他亲戚的警卫官金贤有一个熟人，被日本军队抓去修筑军事要塞，完工以后，日本军队为了保守这个工事的秘密，把所有工人全都杀了，只有他亲戚的那个熟人在九死一生中逃了出来。"

正如溥仪所说，日寇以"反满抗日"罪名屠杀我国同胞更是屡见不鲜。据英国《曼彻斯特导报》载，1932 年 7 月 29 日凌晨，日寇将拘押在哈尔滨的"囚人"八十四名提出监狱送郊外枪决，在两处同时执行。刑场预先挖好了长壕，枪决时五人一列，其中一名儿童当场高呼："'满洲国'覆灭，日本人死亡!"其场面惨不忍睹。

经过改造的溥仪深深认识到这样一个道理：侵华日军不仅糟蹋了中国人民，也使日本人民深受其害。溥仪在抚顺战犯管理所的时候曾看过一部反映日军在塞班岛作战失败的影片，其中一些情节曾那样令其激动不已。他写道："在日本兵的刺刀下，妇女们排成长列，被迫投进了波涛汹涌的大海。有位母亲在没顶之前，把自己初生的婴儿高高举起，为这刚来到人世的小生命多争一分钟的生存。这个镜头一直留在我脑中，令我无法忘掉。"1961 年 10 月，溥仪同日本电波访问团谈话的时候曾这样谈到自己的感想，他说："经过学习我知道了无数中国婴儿是怎样死在日本的刺刀尖上的。从塞班岛的故事里我又知道了日本的婴儿在日本兵的刺刀下也没有好命运。自从我在充满了人道主义的改造教育中认识了过去，也认识了自己，懂得了什么叫人生和怎样做人，我就常常因为想起了过去而痛苦。自己在过去勾结日本帝国主义，背叛祖国，把领土供给敌人作为发动侵略战争的军事基地，把人民驱作苦工和炮灰，使千百万人家破人亡。我为祖国的死难同胞而感到痛苦，我也为牺牲在同一个敌人手中的日本人民而感到痛苦。那样的灾难是绝对不能再让它出现了。无论是中国的、日本的，或亚洲任何国家的婴儿，我们都绝对不能让刺刀再碰到他们身上了。"

作为历史的见证人，溥仪先于 1946 年 8 月出席远东国际军事法庭，后于 1956 年 7 月出席沈阳特别军事法庭，为审判侵略我国东北的日本战犯出庭作证。在东京他前后出庭八天，每天出庭长达六小时，创造了作证时间最长的纪录。他以切身经历的大量事实揭露了日寇驻东北的特务机关长土肥原贤二、关东军司令部参谋板垣征四郎和伪满国务院总务厅长官古海忠之和武部六藏的侵华罪恶。古海忠之在法庭上听了控诉和证言后，深深地低下头说："我完全承认证人所说的一切证言，因为都是事实，我犯下了对不起中国人民的罪行。"这些刽子手不但承认了杀害中国人民和掠夺中国财富的罪行，甚至交代了让新兵以活人为靶子练劈刺，强迫父亲奸污亲生女儿等惨无人道的行为。他们诚恳地痛哭流涕地要求中国政府惩罚自己。溥仪还曾向日本朋友谈到过这样一件生动感人的事例，他说：有位日本战犯在释放后的归途中，当列车通过山海关的时候，突然大声痛哭起来，在场的记者向他询问缘由，他伤心地回答说：当年我就在山海关这个地方杀死许多中国人，他们不能活了，不能和家人团聚了。可是，我这个杀人凶手却又得到了和家人团聚的机会，我怎么能对得起在这里死难的那些中国兄弟和他们的家属呢！溥仪是在 1963 年 5 月 22 日会见日本北海道输出入协同组合、自由民主党北海道议会议员阿部文男先生时谈到这一事例的，他在同一次谈话中还表示，愿中日两国人民共同吸取日本侵华这一血的教训，为恢复中日邦交而共同努力。溥仪还应邀在客人的笔记本上题词："决定历史前进的是人民，人民的力量才是不可抗拒的力量。"

惨痛的历史教训，使溥仪热烈地向往着、衷心地期待着中日两国友好相处。1960 年 10 月，在欢迎著名美国记者斯诺的宴会上，溥仪与日本和平人士西园寺公一先生相遇，他对西园寺说："……我希望中日两国友好相处，但日本反动内阁总是阻挠这种友好，这是必须加以反对的。"西园寺公一回答说："日本反动派毕竟是少数，而真正有力量的是广大的日本人民。在反帝反殖斗争中，我们两国人民是同一条道路上并肩战斗的战友。"

今天日本文部省的做法也并非偶然，它说明虽然许多老军国主义分子已在事实的教育下幡然悔悟，但军国主义的思想和势力也还不可能一下子灭绝净尽。溥仪在 20 世纪 60 年代初曾发表一篇揭发日本军国主义的回忆文章，就在日本引起很大的反响，当然也有反对这篇文章的。不久，日

1956 年 7 月，溥仪在沈阳特别军事法庭作证

本某《周刊》就以《溥仪前皇帝的憎恨和它的真相》为题发表评论，进行所谓"反驳"，这只能证明溥仪的文章确实打中了军国主义者的要害。文部省在教科书中回避"侵略"字样与此可谓同出一辙，然而，日本侵华的历史是任何人也篡改不了的，中日人民友好的力量是任何逆流也抗拒不了的，今年已是中日实现邦交正常化十周年，当此之际，衷心希望日本文部省纠正错误做法，顺应历史潮流，为促进中日友好的发展作出贡献。

为自己申辩

——驳沈醉

李 淑 贤

（1982 年）

按： 李淑贤女士 1982 年 4 月前后获悉沈醉先生一年前在香港发表文章，损害了她的名誉，为此非常气愤，曾直接到沈家质问，也到溥杰先生家辩说过，还找过全国政协的领导。由于她是"民革"的联系对象，而沈醉又是"国民党名将"，因此也曾到过"民革"中央主委及组织部副部长周颖女士的家，请这位以打抱不平而闻名的"周青天"为其主持公道。后来又口述成文，遂有了这篇为自己申辩的文章。可见李淑贤女士对个人名誉是十分看重的。

1981 年沈醉赴香港探亲期间，在《新晚报》上连载《皇帝特赦以后》一文，记述他和溥仪同为全国政协文史资料专员那几年中相互交往的情形，但他为了取悦读者，编造了一些喜剧场面，就像演艺界人士搞噱头似的，在客观上对溥仪和我都有不良影响，我不得不站出来为自己申辩。

沈醉说溥仪有一回摔破了饭碗，我便拿着菜刀冲出厨房要"宰"他，吓得他浑身发抖，又说溥仪"最怕老婆"，"闻河东狮吼便发抖"。那时我们夫妻间有事情都是互相商量，并不存在谁怕谁的问题，我们两人平常也是有说有笑，溥仪不会做家务，但他心疼我，总想帮我的忙，我对他是很理解的，从来不曾为这类事吵嘴，更不用说操刀"宰"人了。沈醉把我描写成一个泼妇，说溥仪总是"摇头叹气，愁眉苦脸"，其实溥仪从来就不知道忧愁，我跟他在一起的六年里，他只在 1966 年 9 月见到东北的来信后愁过一回，连临死的时候虽有求生的欲望，也没有唉声叹气，可以说他是外向型、开朗型的人，他一生大波大折、大起大落，一般的家庭琐事哪里会成为他的心事呢！

沈醉说我"不让溥仪抽高级烟"。溥仪的烟瘾很大，但他患有气管炎，有时夜间睡觉咳嗽得很厉害，我劝过他戒烟，他说戒不了。我又劝他尽量少吸，但要抽好烟，因好烟含尼古丁较少，相比之下有利于健康。溥仪听从了我的劝告。沈醉说我"不让溥仪抽高级烟"，大概是说我怕溥仪花钱。其实婚后半年时间里，我家并未起火，他在政协机关食堂吃饭，我则在医院食堂吃饭，各自花自己的工资，我每月只需二十几元伙食费也吃得很不错，当时溥仪每月工资一百元，却分文不剩。半年后我曾问过他工资是怎样花掉的？他说不知道，抽烟、吃零食随手就花掉了，不够便到财务科去借，下月开支时再扣回，如此每月都有扣款，一月压一月。后来我们自己起火，才逐渐还清了欠款，又攒钱买了收音机等家庭用品。那时我们两人的工资加在一起有一百六十元左右，放在一个抽屉里，两人各带一把钥匙，谁用自己取。溥仪很尊重我，花了钱总是告诉我一声，我嘱咐他，该花的钱就要花，不该花的别乱花就行了，这就是当时的实际情况。沈醉说我每月只给溥仪几元零花钱，实在是不了解情况的人乱说。

沈醉说我"常常因为夫妻生活问题跟溥仪吵闹"，还说"他给溥仪配过药"，溥仪食用后"有起色"，"好"过一阵子。其实溥仪病了几十年，什么样的名医都经过，什么样的好药都用过，他的病也没好过。我们婚后几乎寸步不离，我也没见过溥仪何时曾服用过"偏方"，在这个问题上我很理解他，深深地同情他，从未因此跟他吵过嘴。如果我是那种对此不谅解的人，早就跟他离婚了。我认为夫妻之间还有更丰富的生活，同样能够建立深厚的感情，我和溥仪就是这样相爱的。

照沈醉的说法，好像我在家里总是顶撞溥仪，他打个碗我要说他，他去买"薄脆"被风刮跑了我也要骂他。邻居家的房屋漏雨，溥仪想请人家搬进我家客厅暂住，我也不许。如此等等，好像我们成了一对儿冤家，已无感情可言，这完全不是事实。溥仪对我的疼爱之情是众所周知的，比如我们一起出席宴会的场合，他见我很少伸筷，便会不顾众目睽睽往我小碟里夹菜，弄得我不好意思，在桌下用脚碰碰他，但这里有他唯我独尊的"皇帝遗风"，我也只能慢慢地教他礼貌待人。由于婚后家务都放在我一个人身上了，白天又要挤汽车上班，而溥仪的外事活动又很多，我还必须给他准备衣帽鞋袜，深感负担太重，我的体重也由婚前的一百多斤，迅速下降到九十斤左右。溥仪见我一天天瘦下去，非常心疼，无论如何也要让我请保姆，帮助搞卫生、洗衣服，减轻我的家务负担，我终于同意请了一位半日制工作的保姆，这样坚持到我被停薪留职。还有一次我跟他商量想买辆自行车，骑车上班或购物都方便些，溥仪坚决反对，他说骑车不安全，果真买了车，他连觉也不用睡了，得急疯了。像这类事是说也说不完的，我们的夫妻情分，哪里是沈醉所说的那样呢！至于邻居的房子漏雨却不愿意搬进我家客厅，是因为怕影响溥仪接待外宾，而不是因为我反对，那天本来是溥仪和我一起去邻居家看房，并请他们搬过来暂住的。别人有困难的时候，我一向愿意伸出援助之手，因为我有困难的时候，也得到过许多人的帮助，对此深有体会。

谈到在江南和西北参观游览，沈醉也胡编了一些情节，如说溥仪在苏州刺绣工厂，参观双面绣的猫被迷住了，于是便"把刺绣女工的手抚摸起来"；又如说溥仪在西安临潼游览时"乱闯女浴室"，被当作流氓喊打。溥仪实在还没有笨到那样的程度，如此编造，把溥仪当笑料，也是不公平的。

关于这类与事实不符的内容，我曾写信与沈醉交涉，他承认我的一些意见是对的，表示愿意尊重并通过适当方式予以更正，后来他在给中央广播电台写的对台湾地区及海外广播的文稿中就没有重弹旧调，他在相关的段落中这样写道："溥仪对什么都感到新奇而好问，我们便给他起了个绰号叫'每事问'。在江南几处玩过之后，曾很高兴地对我说，过去我的祖先乾隆皇帝下江南，肯定没有我今天玩得这么好，因为他当时还是皇帝身份，哪有我今天这样随心所欲，尽情玩个痛快。我们都是走南闯北惯了的人，只有溥仪过去很少出门，这次幸亏有他的夫人李淑贤，对他照顾得很好，所以才没有出什么事。"

笔下春秋变幻

——《我的前半生》写作及成书目击记

李淑贤

（1985 年 2 月）

按：李淑贤女士这篇文章最早发表在《博览群书》1985 年第 3 期上，同年 3 月 31 日《光明日报》转载。三个月以后，替李文达说话的《也谈〈我的前半生〉的创作和出版》一文，刊登在《博览群书》1985 年第 7 期上。这实际是"二李论战"的第一个回合，两人都从各自的角度，就《我的前半生》一书写作经过公告社会。

1962 年 1 月，经人介绍我和爱新觉罗·溥仪相识，从此开始了几个月的恋爱生活。当时溥仪正在修改他的书稿，也就是今天已经驰名中外的著作《我的前半生》。

溥仪对撰写回忆录是很有兴致的，因为他常对我谈起这件事。他总是说：党把自己改造成为公民，要做一个有用的人，写写回忆录是自己力所能及的事。他那时也常常到出版社去，听取编辑关于修改书稿的意见。记得有几次我也跟他一起到出版社去，他和编辑谈稿子，我就在一旁看溥仪旧时的照片，还有"皇后""淑妃"的照片，我觉得很有意思。

1962年5月我和溥仪结婚后，溥仪经常伏案写作直到深夜，当时我们住在政协院内，房间很小，夜间开着电灯，我很难入睡，常对他说："你早点睡觉吧，干吗那么拼命？"他总是耐心地劝我先睡，让我"照顾"他。当一部用钢笔楷体字撰写的长达四十万字的书稿终于在他的笔下产生之后，他高兴极了，竟像个年轻人似的一下子把我抱了起来。我也高兴，便使劲向他的后背捶了一下。

那天晚上，溥仪向我讲述了他撰写《我的前半生》一书的过程。溥仪说，他从1957年下半年起就开始为撰写这本书进行准备了，不过当时还没有形成把它写成书、拿出去出版的想法，只是想把一生的经历写出来，留给后人一点历史教训。在撰写方式上，他当时想得也比较简单，即写一段经历，再作一篇自我批评。这样，到1959年年底特赦前，他已经写出一部初稿。特赦后不久，周恩来总理就接见了溥仪，询问他改造期间的情况，溥仪便汇报说自己曾撰写了一部文稿。总理对此很重视，当即问文稿现在何处，希望溥仪能把它修改好。溥仪十分感激总理的关怀，第二天就给抚顺战犯管理所金源所长写了一封信，把总理接见的喜讯传到他生活了整整十年的地方，并表示一定按总理指示把书改好，请战犯管理所的领导同志帮助。后来，溥仪这份尚不成熟的文稿又在周总理的亲自关怀下，用16开本四号字印成征求意见稿。周总理和彭真等中央领导同志都看过这部书稿，又有中肯的批评，在这个基础上，溥仪又几经修改，终于写出了《我的前半生》。

为了撰写此书，溥仪付出了巨大的劳动。溥仪经常反复地回忆，努力地追逐那些早已逝去的时光，以及和这些时间相联系的事件。原来，溥仪有一个好习惯——天天写日记，即便是伪满期间，在日本人的眼皮底下，他也曾记下大量日记，很可惜，那些已被摄取的历史镜头，却又大量地被历史吞没了。伪满垮台前夕，溥仪令自己的族侄和随侍烧毁了14年的全部日记，因为在那些日记里，有不少"忠顺奴仆"抱怨"主子"的话，溥仪怕日本人发现后饶不过他，同时溥仪还令人在"缉熙楼"地窖内把有关自己的纪录片和照片全部烧毁，"这倒不是为了日寇，而是为了对祖国人民湮灭自己的罪证"。由此，"险些把'缉熙楼'付之一炬"。从历史上看，这是一大损失，对个人也不利。数年后他写回忆录时，就感到有困难了。好在溥仪的记性不错，连总理也称赞他博闻强记呢！

　　溥仪在撰写工作中认真细致、一丝不苟，核实了各种各样的历史资料。他在有关部门的支持下，翻阅了二三十年代著名遗老陈宝琛、郑孝胥、张勋、金梁、罗振玉、康有为、胡嗣瑗、刘凤池以及庄士敦等人的奏折、信札等档案资料；寻查了报道过有关事件或清室新闻的中外报纸；翻译并阅读了在世界各国出版的用英文、日文或中文写成的有关溥仪生平的著作；还看过由四弟溥任保存的摄政王载沣日记以及郑孝胥的日记。当时郑孝胥的日记收藏在中国历史博物馆内，现任该馆研究员的著名文物专家史树青先生当年就曾陪同溥仪阅看了这部日记。溥仪对这些历史资料的原则是：以当事人的身份，实事求是地加以鉴别，取其实，弃其虚。这在溥仪留下的《我的前半生》初稿和其他手稿中，能找到大量例证。

　　溥仪在《我的前半生》一书中，曾专门介绍了他的英文老师庄士敦。这位英籍"帝师"，从溥仪十四岁起即负责教授他学英文，直到他十七岁结婚。之后，庄被派去管理颐和园。1924 年溥仪离宫，庄则赴威海卫就新职。以后庄还曾到天津和长春访问过溥仪。他回到英国以后，回忆"帝师"生活，写成了一本书，名字叫《紫禁城的黄昏》。溥仪发现这位英国老师并不是实事求是，常常为了炫耀自己和维护溥仪而歪曲事实。溥仪为了澄清事实，要把真相写进自己的著作。

　　在《我的前半生》第三章第七节，溥仪写了小朝廷在"出洋"问题上内部冲突的真相。当时王公大臣为了保住"优待条件"和自身地位，都一致反对出洋，而溥仪感到处境很危险，同时，为了闯一条"复辟大清"的新路，在庄士敦的引导和二弟溥杰的支持下，经与荷兰公使欧登科联系，秘密研究了逃出紫禁城的计划。结果，由于以醇亲王为首的王公大臣的发现和阻拦而告失败。

　　庄士敦写这件事的时候，故意歪曲事实。他绘声绘色地叙述事情经过，竟把自己说成与此事毫无关系，只给荷兰公使写过一封信，并没有"参与"溥仪出洋这个"极其孟浪"的计划。其实，与荷兰公使欧登科联络的具体办法正是庄士敦告诉溥仪的。溥仪指出，庄士敦"捏造许多事实耸人听闻，以显示自己的'高明'"。庄士敦还极力替溥仪开脱。溥仪在自己的笔记上引录了庄的原文，并逐句加括号予以批驳或澄清。现将笔记内容的一部分引在下面：

　　皇帝对这次失败不如我所想象的那样沮丧。他对这件事的态度更是轻松的。（庄只看外表，轻轻掩盖了我的本质。）如果他那时候就想逃出皇宫的束缚，他绝不能有这种态度，开始的时候，我对这个感到迷惑，但是我们谈话结束之前，我觉得这个计划最初不是他搞出来的。（这是歪曲事实！）而是另有人怂恿，带头干起来罢了。（纯粹是臆断捏造。故意为我开脱，而转嫁责任于旁人。）我深信，（为什么不说我确实知道，而说深信？）真正的角色（不仅为我开脱，更主要是为帝国主义者开脱，为某公使开脱），就是那个我不愿提名道姓的亲王，若不然就是幕后还有别人。（此言暴露他并不摸底而是胡猜，故作惊人之笔，转移读者视听。）

庄士敦叙述了这一事件过程后，又进一步议论说：

因此，我们就可以看出，真正的主谋人物不是别人，而是那个有势力的满洲军阀——张作霖，那个对旧皇朝忠贞不渝的张勋和他关系密切，因为他们本来就有通家之好。那个不提名的亲王在这个密谈里虽然是个必不可少的人物，但比较起来并不重要。他只是给予皇帝种种便利，让他离开紫禁城后，安全抵达天津。张作霖的想法主要是，不管这个计划成功还是失败，都不能让人怀疑他和这个计划有任何关系。这就是为什么这个经过长期考虑的密谋计划在皇帝大婚后的几个礼拜付诸实行。他们所以要这样做，就是需要找一个说得过去的借口，让皇帝上满洲去，这个借口就是让皇帝举行婚后谒陵的仪式。

针对庄士敦的一派胡言乱语，溥仪毫不客气地评论说：

这次我打算出走的内幕，并不是如庄士敦所说的那样，这件事仅是我和溥杰商量的，所谓"负主要责任的那位亲王"——载涛，事实上并不知道。因为载涛和我父亲一样，都不赞成我在平日离开故宫，放弃优待条件。我若告诉他无异于告诉我的父亲。至于张勋、张作霖就更不知道了。张作霖曾经赞成复辟帝制，那是另一回事，是不能和这次活动混为一谈的。庄士敦瞎说一气，无非是显示自己的"高见"，以自吹自擂，但这是根本违背历史的。

溥仪把这件事情的真相写进了《我的前半生》一书，严正地驳斥了庄士敦对事实的歪曲，从而订正了这段史实。这是一个历史见证人的责任，也是一个文史工作者的责任。

以上引录的资料，都是从溥仪遗留下来而没有发表的文稿中摘下的。这些资料能够说明溥仪为了撰写《我的前半生》一书，在搜集、鉴别资料的过程中，付出了多么艰辛而可贵的劳动！其写作态度又是何等认真、严肃！当然，溥仪撰写回忆录的成功，也是和党的鼓励、人民的支持，特别是许多知名和不知名的同志给予具体帮助分不开的。例如，老舍曾在《我的前半生》书稿上修改润色；溥杰则在特赦前和特赦后不倦地帮助溥仪回忆并认识一些过去的事件；李文达同志也从编辑的角度帮助溥仪修改过书稿，还有许多专家提出意见，许多亲属提供过资料，所有这一切溥仪都没有忘记，当他领到稿费的时候，首先想到要拿出一部分酬谢曾在写书中付出了劳动的人。

　　现在溥仪离开我们已经整整十八个年头了。作为他的遗孀，我为自己的丈夫能在生前将自己的著作留在了人间而感到欣慰！

我 欣 慰

李 淑 贤

（1989 年 10 月）

　　按：该文系《溥仪的后半生》由天津人民出版社出版后，李淑贤应《天津日报》编辑之约而写，时在 1989 年 10 月，刊出后接到不少读者来信。

　　整整 23 年了，我始终没有忘记这一天——1967 年 10 月 17 日，我的丈夫溥仪因患癌症，离我而去。他去世前拉着我的手说，我没有给你留下什么财产，也没有给国家和人民做什么工作……他对新的生活，对他所热爱的事业的眷恋之情，至今仍刻在我的心中。其实溥仪新生后为国家和人民做的工作是人尽皆知的。他先在北京植物园工作，后在全国政协文史资料研究委员会任专员，参加劳动，研究清史，接待外宾，宣传党的统战政策，多次受到周总理的赞扬。

　　溥仪去世后，正值"文化大革命"的狂热阶段，我的精神压力很大，当时身体不好，无法上班，有时竟用开水和酱油泡饭，好在我也是苦水里泡大的孩子，过苦日子如同家常便饭。在周总理和其他中央领导的关怀下，我的生活才有了着落。

　　丈夫在世时，一部《我的前半生》使他声振海外。尽管这本书的版权问题至今尚未解决。然而，广大读者对溥仪的后半生同样感兴趣和寄予很大希望。人们懂得，溥仪一生真正具有历史意义的是他从皇帝到公民的奇特经历，尤其是在他成为新中国的公民以后。所以不少报刊约我写回忆溥仪的文章，但因我的身体不好，一直未能完成。

直到 1979 年 8 月，吉林省社会科学院《社会科学战线》杂志社的编辑王庆祥同志找到我，让我与该社合作，系统整理出版溥仪的一些珍贵资料。这是一件很有意义的事，作为与溥仪一起幸福地生活六年的妻子，我有责任这样做。我一口答应下来，拖着有病的身子，让自己的思绪 去追回那逝去的岁月……我抚摸着溥仪用过的笔记本，看着同溥仪一起外地参观的照片和周总理接见我们的照片，许多难忘的往事涌上心头。我或口述、或笔记，逐段逐事回忆出来，并提供了大量的实物和照片。经过彼此几年的合作，《溥仪与我》《溥仪成了公民以后》等书相继问世，直至完成了长达 40 余万字的《溥仪的后半生》，总算遂了我的一桩心愿。在溥仪去世 23 周年的时候，这本书终于出版了。作为与溥仪一起度过艰难和幸福时光的我，自然感到无比欣慰。

目前，一些中外人士依然在关注着我的起居作息。有的约我写文章，有的不辞远途颠簸前来采访。今年，我已经 64 岁了，尽管子身一人，身体又不好，但我生活得很自在、很充实，心地坦荡，无所顾忌。每天过得紧紧张张，总觉得时间不够用。一方面要接待来采访者，一方面还要完成一些约稿。我这个末代皇帝的最后一个夫人，在一些人的目光中似乎永远是一个新闻人物，不，我是一个极普通的女人。

溥仪和我的婚后生活

——笔伐美国《新闻周刊》文化版主笔爱德华·贝尔

李 淑 贤

（1990 年 11 月 29 日）

按： 美国《新闻周刊》文化版主笔爱德华·贝尔先生所著《中国末代皇帝》一书中文版 1989 年由中国建设出版社出版后，李淑贤女士就其失实之处撰写了本文，发表于 1990 年 11 月 29 日的《解放日报》，反映了她对历史的认真态度和责任感。贝尔曾就此向她写信道歉。

　　溥仪去世已有二十三年了，溥仪和我婚后的生活仍然时常被有些朋友提起。有的朋友问得多了，我就介绍他们去看我写的《溥仪与我》一书。这些年也有人执意要重新描述我们婚后的这段日子。最近我看到美国作家爱德华·贝尔写的《中国末代皇帝》一书，好像这位贝尔先生也是有志于此的。作为知名的新闻记者，贝尔在记述溥仪和我的共同生活时却显得捉襟见肘。当他立意"写一本关于溥仪和他的生活以及他所处的那个时代的重要传记"（见《中国末代皇帝·译后记》）时，至少可以说缺少应有的严肃态度。据《译后记》介绍，贝尔在影片《末代皇帝》拍摄期间"在中国访问了六个月，找遍了中国历史上那个多灾多难时期后的幸存者；涉猎了有关溥仪时代的古今中外材料；访问了英、美和联邦德国的中国问题专家"。贝尔为写作此书所作的调查不可谓不深入。不过一心要为溥仪作传，要写溥仪和我的共同生活的贝尔先生调查时却忽视了与溥仪朝夕相处整整六年、对这一段历史最为了解的溥仪之妻，这恐怕不仅仅是技术上的疏忽。

　　这些年来我生活的一项重要内容，就是接待来访的中外记者。虽然每有记者来访，我总是尽力搜索记忆，陈述真实情况，提供力所能及的帮助，同时也希望记者如实记录历史。假如当年贝尔先生来访，我也会像接待其他记者一样给予热情接待。当然，记者有权设定采访对象。问题是当他用读来颇感庄重的笔调来描述他并不确切了解的对象，而且这种不真实的描述将给被描述者带来某些损害时，恐怕很少有人会缄口不言。

　　贝尔在他的书中谈到我的身份、年龄以及我与溥仪恋爱、结婚的经过，都与实际情况相去甚远。他是这样记述溥仪和我的婚后生活的。"李淑贤继续做护士，但她发现照顾溥仪简直让人发疯。"他还引述一位"知情者"的话说："溥仪对她（指李淑贤）比她对溥仪更和善。"最后为溥仪和我的婚姻生活作了这样的结论："各方面的材料都说明，她（指李淑贤）似乎十分泼辣，但溥仪平静地忍受了他新的不幸。"读着贝尔先生所作的结论，我的心情实在难以平静，这位从未谋面的西方记者，其想象力，其对并不了解的事实"秉笔直书"的胆量实在让人吃惊。他所发现的"新的不幸"是仅仅想唤起一种轰动效应呢，还是另有所图？也许这就是西方的"新闻自由"吧，他爱怎么说就怎么说，很自由的。

　　直到此时我才觉得有必要向世人披露一些有关溥仪和我婚后生活的情况，让人们从一个亲身经历者平实的叙述中去评定我们令人瞩目的婚姻无论是对溥仪还是对我，到底是贝尔先生所描述的令人胆寒的瑟瑟严冬，还是令人追恋的融融暖春。

溥仪有一次与外宾谈话时情不自禁地说："1962年'五一'节，我和李淑贤建立了我们温暖的家，这是我生平第一次有了真正的家。"这是他的肺腑之言。溥仪出生在中国第一封建家庭，三岁登基，至此失去家庭温暖，包括亲生父母在内的任何人面见他时都必须磕头请安，自称"奴才"。然而他也是人，有血肉之躯，有七情六欲，追求家庭幸福和天伦之乐。他的这一和普通人一样的愿望，正是他的生活中出现了我以后才实现的。

和被大富大贵剥夺了家庭温暖的溥仪不同，我是一个孤儿。八岁丧母，十四岁丧父，悲苦、凄凉和难以忍受的孤独，充斥着我的青少年时代。尽管我和溥仪在出身和经历等方面有着巨大差别，可我们同是天涯沦落人，都如饥似渴地追求人人都有的那种极其普通的家庭生活。我们结合后相依为命地度过了五年半令人难忘的美好时光。那时我们几乎寸步不离。北京西城南草场的街坊邻居看到我们清晨相携而出，日落并肩而归，无不投来羡慕的目光。

溥仪当了几十年皇帝，让别人伺候惯了，自己的动手能力很差，不会生活。每天都闹出许多笑话。起初我还不大理解，有时急了也冲他发火，嫌他笨手笨脚。遇到这种情况，溥仪总是主动认错，虚心诚恳地从一点一滴学起。生活中每经历这样一次"插曲"，我们两人的感情都有新的升华，两颗心都觉得贴得更近了。

婚后不久，溥仪就常有疾病缠身，从1964年秋天起，溥仪先后9次住进医院。本来作为妻子又是职业护士的我，照顾生病的丈夫是情理中的事，并不值得赘述。问题是贝尔先生将溥仪生病住院作为我们婚后生活的重要一节，作了颇具西方式的"共同兴趣"的描述。他写道，溥仪住院后，刚开始，在另一家医院当护士的妻子还来探望，慢慢次数越来越少，最后干脆不来了。李为拒绝探望溥仪找了一个"绝好借口"，因为正处在"文革"内乱的高潮中，"在大街上走路太让人提心吊胆"，以致溥仪感到绝望，在病痛日增的日子里，"唯一盼望的是妻子再来看他一次"。

读着贝尔背离事实的描述，我的思绪又被拖回那秋风萧瑟的日子。记得那是1967年10月3日，家里来了客人，溥仪陪客人共进晚餐时还不错，客人走后却突发尿毒症，一直折腾到天亮。当时派性争斗很厉害，我花了好长时间给出租汽车公司打电话，好不容易才要来一辆车，总算把溥仪送到人民医院。我搀扶他进了急诊室，大夫走过来看看就不管了，未采取任何急救措施。我跑前跑后联系住院事宜，溥仪的病归泌尿科治疗，但该科就是不接收。那时各单位领导都靠边站了，情急之中我打电话找到了全国政协的老领导沈德纯，沈老马上向总理办公室反映情况，经周恩来指示"特殊照顾"后，沈老又打电话给人民医院传达总理指示，医院才让溥仪住进内科病房。从这时起，直到10月17日溥仪去世，除了给溥仪办事外，我再也没有离开他的床头。溥仪病危期间，换住小病房，由于屋子太窄，连个木椅也摆不开，我就把两只木凳放在门口，一连十三天，晚上就趴在小木凳上打瞌睡。溥仪信奉中医，直到生命的最后一刻还在服用著名中医蒲辅周给开的药，我怕医院熬不透，每次都把药带回家里细细地熬。一熬完就往医院赶。由于当时社会秩序混乱，有时乘不上车，只能从家里一直走到医院，心里七上八下地惦着溥仪的病情。

溥仪最后一次住院前，已经蒙受了"文革"的巨大灾难，在医院，他无数次地对我说："我现在真亏了你了。如果没有你，这种时候谁还肯来照顾我，那可就把我苦死了！"他说话时眼眶里滚动着泪珠，每次我都拿出手绢为他轻轻擦拭。如果说溥仪真有不幸，那就是"文革"给他带来的不幸，他本来可以受到较好的治疗，可以活得更长，享受到更多的家庭温暖和人世的欢乐。

一个人如果对事物存有偏见的话，往往无法充分认识事物的本来面目。从20世纪60年代起就听说西方有人对中国的末代皇帝被改造成公民并过上幸福生活存有疑虑，过了二十多年，不知贝尔先生是否还想为此提供反证。当然，如果有一天他能抛弃他的先入之见，愿意发现中国末代皇帝婚后的真实生活，纠正由想象和臆测造成的诸多不实描述，我仍然愿意提供真诚的合作。

《新民晚报》1990年12月3日载《美记者贝尔向李淑贤写信道歉》

我珍惜名誉和尊严

——驳《"末代皇后娘娘"李淑贤的后半生》

李淑贤

（1994 年 12 月 4 日）

按：《青年社交》1994 年第 6 期发表《"末代皇后娘娘"李淑贤的后半生》，以介绍李淑贤女士的生活为名，污蔑她"抱着溥仪的骨灰过日子"，"谁写溥仪就告谁"，"小鸟依人"，把"末代皇帝"的招牌作为生活享乐的资本。该文发表后，经《文摘旬刊》（第 486 期）和《法制文萃报》（第 136 期）等报刊摘登，在社会上广泛流布，产生了很坏的影响。李淑贤当然不能坐视，乃以《一篇胡编乱造的访问记——驳〈"末代皇后娘娘"李淑贤的后半生〉》为题撰文澄清之。《青年社交》编辑部接到李淑贤女士这篇批驳文章以后，即派记者赴京采访她，并征得她的同意，删除了文中词锋犀利的字句，修改而成本文，刊于《青年社交》1995 年第 4 期。这件事一方面说明有些媒体报道名人生活很不严肃，另一方面也说明李淑贤女士面对这类问题既有尊严，又很宽宏。

我是在溥仪特赦成为公民以后，根据中华人民共和国婚姻法的规定与他结婚的，有人称我为"皇后娘娘"是很不妥当的。《溥仪日记》中详明记载了我们互相关怀而共度的岁月，录下了我们在病中相互陪床细心照料的时光，对这真实的历史场面，我至今难以忘怀。

溥仪的骨灰是经党和政府批准而存放于八宝山革命公墓的，我每年清明节都要去看望丈夫的骨灰盒，借以寄托哀思，这是我们的夫妻情分。

有人说溥仪"留给妻子的遗产，却足以让她不愁吃穿安度后半辈子"，接着，又给我一笔一笔算细账：说有溥仪的"抚恤金"（此言不虚，按当时规定确实给过 500 元抚恤金）；说有《我的前半生》一书的稿费（我在"文革"数年间没有工资收入，溥仪遗留的 4000 元稿费当时即已用罄）；说有全国政协每月拨款的补助（此项补助从 1972 年开始发给，先为 60 元，继于 1987 年 1 月改为每月 80 元，1994 年上半年又增加 50 元，连同各种补贴达到 160 元，于 1994 年 11 月改为 167.50 元。这是政府对已故政协委员家属的照顾,我非常感谢);说我作为"北京市朝阳区政协委员享有薪俸"(我从 1984 年起连任四届朝阳区政协委员,但不曾领过分文薪俸,政协委员作为社会职务并没有特殊津贴);说我"除了退休金外,看病有老保"(我自 1964 年停薪留职以来分文不挣,到 1985 年 10 月才补办退休手续,按原工资 50.05 元的 70% 计算退休工资,每月仅 35.35 元,直到 1993 年增加到 250 元,1994 年又增加到 350 元左右)。至于有人说我"又无家累",大约以为我是孤身一人才这样说的,其实,一人有一人的难处,正所谓一家不知一家事也,即按最新的标准,"统加起来"每月收入不过 540 元,是否可以"过得相当不错"一看可知。

有人认为,似乎我只要拿着溥仪的遗产,不愁吃穿地过日子就行了,不应再"缠讼",特别是不应与李文达争《我的前半生》一书的版权。

第一,所谓"《我的前半生》一书是李文达与溥仪合作 9 年重新编著而成"之说。人所共知,溥仪特赦于 1959 年 12 月 4 日,《我的前半生》出版于 1964 年 3 月,即使其间都是两人的合作时间也不过四年零三个月,请问"合作 9 年"从何而来?

第二,所谓"很多爱新觉罗家族成员对李淑贤的做法不以为然,他们多数站在李文达这边"之说。在这里倒要问问某些人,所谓"多数"在哪里?爱新觉罗家族成员名声在外的也不止几十位,"多数"当然不是一位两位,搞概数游戏是不能允许的,必须指出姓甚名谁。

第三,所谓李文达在这本书中"付出了劳累和汗水"之说。须知"付出劳动"和"拥有版权"是完全不同的概念,李文达作为出版社派出的编辑人员协助溥仪修改书稿,溥仪当年很尊重他这份劳动,并分出部分稿酬致谢,至今我也并没有忘记他有这份劳动,但这并不能成为他争夺该书版权的资本,溥仪健在时也从未承认李文达是合作者,他不但未在书上署名,连前言后记也从未提过一笔。国家最高人民法院 1991 年 12 月 4 日"(88)民他字第 2 号"的批复已经明确指出:"经我院审判委员会讨论认为,《我的前半生》一书,是溥仪的自传体作品,在该书的写作出版过程中,李文达根据组织指派,曾帮助溥仪修改出书,并付出了辛勤的劳动,但在当时的历史条件下,李文达与溥仪之间不存在共同创作该书的合作关系。因此,根据本案的具体情况,以认定溥仪为《我的前半生》一书的作者,并享有该书的版权为宜。"

第四,所谓李文达"因为替溥仪撰写此书,坐了八年牢"之说。事实上李文达是在"文革"中因"特嫌"问题被关押揪斗的。当年溥仪因长春来信批判《我的前半生》一书，曾亲往群众出版社求助，看到许多批判李文达"特务"问题的大字报，回家挺生气地对我说："李文达是老干部怎么成了特务？"其实这种人身攻击是当时的一种社会普遍现象，不足为奇。退一步说即使李文达是为帮助溥仪写作而坐牢，难道要让溥仪负这个责任吗？难道因此就要向他奉送版权吗？

有人又说，在此案审理过程中，法庭曾问我愿不愿意和解，我的回答是："不蒸（争）馒头，为争一口气。"我还不大懂得这句话，自然也说不出来。然而，"争一口气"也倒不错，这场版权官司也并非仅仅是"皇帝的官司"，它的普遍意义在于强化了在我国一向淡漠的版权意识，这对于近年公布的著作权法的完善，对于保护著作权人的合法权益，对于促进文化的发展以及维护经历社会主义改造的溥仪的真实形象，都有积极的作用。

一句话，我为《我的前半生》打版权官司，目的是要一个符合真理，符合事实的"说法"，保护自己的合法权益，并不存在"谁写溥仪我就告谁"的事情，20世纪80年代以来写过溥仪的作者起码有数十人，我都起诉他们了吗？

有人对我"被邀请出国观光"也颇有微词，说什么"享有末代皇后的头衔"，"作为末代皇后娘娘"出访。趁此机会我愿把近年两次出访的前后情况向关心我的读者作一简要说明：

出访法国，是法国巴黎法宝公司总经理章温柔小姐邀请的，法宝公司是一家从事影视发行的公司，在欧洲发行中国中央电视台制作的电视剧《末代皇帝》，我是作为溥仪的妻子被邀请的，目的是为扩大该剧的影响并促进发行工作。我从1991年4月30日至6月1日在巴黎生活了三十二天，其间参加了戛纳世界电影节的有关活动，接受了法国第一电视台和某周刊的采访，参观游览了巴黎名胜风光。

出访美国，是由移居纽约的溥仪的孙辈亲属邀请的，他们称我为叔祖母，希望有机会与我在纽约家中团聚，从1993年8月25日至9月26日在纽约生活了三十二天，其间出席了美中关系全国委员会的招待宴会，如此盛大的活动每两年才举行一次，表彰为美中关系作出贡献的个人，与该委员会主席大卫·兰普森、中国驻美国大使李道豫等见了面。在另一次为中美文化交流而举办的盛大画展中，联合国中国代表团陈健大使还接见了我。此外，我还多次接待《世界日报》《侨报》等美国华文报纸的采访，令我高兴的是，在这些活动中溥仪作为中华人民共和国公民的形象，广为美国各界朋友所接受。

作为亲友，他们尊敬我的丈夫溥仪，也爱护我、关怀我、尊重我，然而，我毕竟不曾在皇宫中生活过一天，别人也没有把溥仪成为公民以后才与之结婚的我当作"皇后娘娘"，有人却一定要给我戴上头衔，甚至"一个人坐在普通机舱独自前往"也成了"毛病"，我本来就是普通又普通的人，难道出趟国还需要"前呼后拥"吗？

有人又说："有一次，空中小姐无意中得知了她的身份，马上热情地请她坐进头等舱，把她奉为上宾。"其实这也完全不是因为我被当作"皇后娘娘"，而是组织上的关怀和照顾。我每次出访之前，全国政协有关部门领导同志必到我家看望，询问有否困难，并给予经济资助，使我体会到党和国家的温暖。

我赴法国时，由于到机场送行的全国政协干部的嘱托，空中小姐非常热情地照顾我，特别为我安排了卧位，降落时因地面气温下降，特意嘱我多穿衣服，中国国际航空公司驻法国副总经理侯树杰，还亲自护送我添卡、过关，直到交给接机的章温柔女士。后来出访美国，全国政协耿温芦同志送我赴机场，向空中小姐介绍了我的身份，请予关照。乃得到林亚莉小姐无微不至的照顾，不但把我从普通舱换入头等舱，还在服务方面胜似亲人地对待，这是事实，是他们对祖国和人民负责，却不是为了什么"皇后"。

我是溥仪的妻子，也是一位国家的普通公民，我珍惜自己的名誉和尊严，我想借此机会感谢党和人民对我无微不至的关怀，也想借贵刊一角向广大关心我的读者致以亲切的问候，祝大家在新的一年快乐、幸福。

我 和 溥 仪

● [北京] 李淑贤

编者按： 本刊 1994 年第 6 期发表《"末代皇后娘娘"李淑贤的后半生》一文后，收到李淑贤同志的来信，对文中所谈的一些事实加以澄清。近日，本刊记者在北京专程采访了李淑贤同志，请她撰写了《我和溥仪》一文，以飨读者，以正视听。

我是在溥仪特赦成为公民以后，根据中华人民共和国婚姻法的规定与他结婚的，有人称我为"皇后娘娘"是很不妥当的。《溥仪日记》中详明记载了我们互相关怀相共度的岁月，录下了我们在病中相互体贴细心照料的时光，对这真实的历史场面，我至今难以忘怀。

溥仪的骨灰是经党和政府批准安放于八宝山革命公墓的，我每年清明要去看望丈夫的骨灰盒，藉以寄托哀思，这是我们的夫妻情分。

有人说溥仪"留给妻子的遗产，加上足让她老两口吃穿安度后半辈子"，接着，又给我一笔一笔算细帐；说有溥仪的"抚恤金"（此言不实，按当时规定确实给过 500 元抚恤金）；说有《我的前半生》一书的稿费（我在"文革"数年间没有工资收入，稿费退回的 4000 元稿费当时即已用罄）；说有全国政协每月拨款的补助（此项补助从 1972 年开始增计，先为 60 元。继于 1987 年 1 月改为每月 80 元，1994 年上半年又增加 50 元，连同各种补贴达到 150 元，于 1994 年 11 月改为 167.50 元。这是政府对已故政府委员家属的照顾，我非常感谢）；说作为"北京市朝阳区政协委员享有薪津"（我从 1984 年起连任四届朝阳区政协委员，但不曾领过分文薪津，政协委员作为社会职务并投有补贴）；说"除了退休金外，看病有老保"（我自 1964 年停薪留职以来分文不停，到 1985 年 10 月才办补办退休手续，根据工资 50.05 元的 70％ 计算退休工资，每月仅 35.35 元，直到 1993 年增加到 250 元，1994 年又增加到 350 元左右）。至于有人说我"又无家累"，大约以为我孤身一人才这样说的，其实，一人与一人的难处。正所谓一家不知一家事也。即按最新的标准"统加起

《青年社交》1995 年 4 期第 5 页《我和溥仪》

让美国人民了解溥仪

——《我的丈夫溥仪》英文版后记

（1996 年 1 月 11 日）

按：李淑贤女士这本经过修订和扩写的回忆录完稿后，最先交给了王滨，同时也把这篇完整记述"祖""孙"两代人交往历程的《后记》给了她。然而，李淑贤生前嘱望的那部"英文版"并未问世，10 年后，由倪娜女士翻译成英文的《我的丈夫溥仪》已经出版并深受好评，九天之上的溥仪夫人也应该感到欣慰了。

当此我的回忆录将在美国出版之际，我最感激的人就是王滨小姐。她总是亲切地称呼我"李奶奶"，我也特别喜欢她，叫她"小滨"，把她看作自己的孩子。作为中美文化交流的使者，小滨不但向美国人民介绍了中国的绘画艺术，同时也把我和丈夫溥仪的生活，告诉了大洋彼岸关心我们的朋友们。

记得 1993 年我在纽约的一次文化社交活动中，第一次见到美国西络公司总裁兼"王滨画廊"创办人王滨小姐，就深深感到她的热情、亲切和善良，她是那么能干，又那样爽快和乐于助人，让我一下子就喜欢上了。

王滨小姐看上去只有 20 多岁，非常能干，又善于交际，性格温柔，人也长得很漂亮。从交谈和别人的述说中知道了一些她的情况。她出身军人家庭，在北京读完小学和中学以后，进入中国铁路文工团接受舞蹈艺术的专门培养，18 岁时就以独舞《春蚕》的精湛表演而获首届全国舞蹈比赛大奖。其表现春蚕精神的舞姿亭亭、技艺娴熟的舞蹈形象登上《美育》杂志的封面。当她 24 岁的时候，又以青年舞蹈家的身份，应邀前往英国皇家舞蹈学院讲学，继而又在伦敦城市大学艺术政策管理系潜心钻研绘画艺术品的鉴别等学科，6 年后取得艺术管理硕士学位，嗣后婉谢导师的诚意挽留，只身赴美，在纽约最著名的麦迪逊大道 63 街上兴办起充满中国文化艺术氛围的"王滨画廊"，短短几年间她为赵无极先生等著名画家举办了十余次画展，把博大精深的中国绘画艺术播扬于美国社会，吸引了如美国大财团的头面人物洛克菲勒、世界银行行长詹姆斯·沃尔芬森，以及世界闻名的华人建筑学家贝聿铭等美国各界知名人士。陈健大使曾这样评价王滨小姐的工作，他说自己在美国是"政治大使"，而王小姐就是"文化大使"了，因为她"在促进中美文化交流方面很有成绩"。

回国以后经常接到她的越洋电话，"李奶奶，您要千万保重身体，要自己照顾好自己！"听着远方亲人的呼唤，眼前立刻呈现出小滨那清秀的容貌和苗条的身影，话筒里传来了多么温馨的声音啊！我终于有了一个比亲孙女还亲的时时关心自己的孩子！这是我的福分！

1995年9月9日，正是中国传统的中秋佳节，小滨作为联合国"道德修正组织"的正式代表，返京出席联合国第四次世界妇女大会。那天，我到首都机场去接她，她说因为纽约的工作脱不开身，未能赶在"世妇会"开幕时入会，但她一定要跟李奶奶过个团圆的中秋节，终于赶在今天回来了！当和小滨紧紧拥抱的时候，我怎么也控制不住地流下了热泪。

当天，我在家里给小滨接风，还亲自下厨炒了几样菜，这也是丈夫溥仪当年最爱吃的几盘菜，小滨真高兴。那天还有我的朋友周小奇以及小滨的亲友陈宏等人在座，多少年来这是我家最热闹的一天了。我想，此时此刻，九泉之下的丈夫溥仪肯定正注视着我，注视着关心我的小滨。

我还记得9月14日那天下午，由小滨安排，我和骊谊会董事、总经理马珍妮小姐会面的情景。马小姐是《我的丈夫溥仪》一书译者之一，她是王滨小姐的好友，高高的个子，丰满的体态，俊俏的模样，曾任白宫新闻秘书，是美国知名的传记作家。我们就回忆录的内容和翻译等问题交换了意见。我那本回忆录或许并不精彩，但我相信，经过马小姐的生花妙笔，一定会大大增色。

第二天晚上，小滨又在中国饭店外宾室精心安排了世界银行总裁詹姆斯·沃尔芬森爵士与我的会见。他是应我国政府邀请请来出席"世妇会"闭幕式的，刚从人民大会堂参加国宴归来，就愉快地跟我交谈起来。他一边挽着我的手臂，一边挽着小滨，合影留念。他出语幽默地说："见着'皇后'我很高兴，这并不是我每天都能碰到的事情。在世界上我只见过两位皇后，一位是日本天皇的皇后，一位就是中国末代皇帝溥仪的'皇后'。"他以亲切的语调继续说："我已高兴地获悉：王滨小姐正在筹办溥仪生平照片展览。我很愿意支持这项展览，特别希望能在展览开幕以后，邀请女士到华盛顿他的家中作客。"对此，当然我是很高兴的。

另一个美好的下午，小滨又邀请我和我的合作者王庆祥先生，在王府饭店外宾工作室，与联合国亚洲协会的领导人和专家等，共同审看了溥仪生平历史资料照片。参与审看的有亚洲协会名誉董事会长、贝斯玛信托公司高等顾问、哥伦比亚大学资深研究员安熙龙，有亚洲协会美术馆主任、副院长和经理葳莎卡·德赛，还有西雅图博物馆馆长、西雅图华盛顿大学特聘教授、原耶鲁大学美术馆馆长倪密等人，大家都对能有这么大量的溥仪生平照片保存下来而深感兴奋，希望利用好这个条件，以这些反映溥仪传奇性一生的形象资料为内容的大型展览在美国举办而努力创造机会。

9 月 28 日晚上，我在家里给小滨饯行。那天，张世义先生在座，他就是慷慨出资把丈夫溥仪安葬在清西陵的华龙皇家陵园总经理，帮助我执笔撰写回忆录的王庆祥先生也来了。我们边吃边聊，直到夜深。

然而，我的心情总像掉了点儿什么似的，是舍不得让小滨离开啊！但她的事业在前，重担在身，又不能不放她去呀！我想送她登机，小滨又怕我这些日子太劳累，坚决不允。直到两天后，又接着她打来的越洋电话，我的心情才恢复平静。她回到了纽约，开始了新一轮的奋斗。她说，在她的目标里又增加了一个闪光点，那就是要把中国末代皇帝溥仪和他的公民家庭生活传播到美国人民中间去，应该说本书的出版已使这个目标开始实现了。

我写出上面的文字，是想让亲爱的读者们知道：本书得以与美国朋友们见面，不但是我与丈夫溥仪那一段美好生活的纪实，是我在晚年为社会所做的一份奉献，也融入了王滨小姐的一片心血，我将永远铭记小滨为我和丈夫溥仪所做的一切。

让泰国人民了解溥仪

——《我的丈夫溥仪》泰文版后记

（1996 年 9 月 17 日）

按： "泰文版"是《人民中国》杂志社副总编辑丘桓兴先生提议的，译者是曹幸查女士，李淑贤女士生前非常支持出版"泰文版"，并亲手将刚刚定稿的本书中文稿交给丘桓兴先生，还特别写了这篇《后记》，唯因过早远行而未能看到本书的问世，乃属憾事。

　　泰文版《我的丈夫溥仪》即将在泰国出版，我感到十分欣喜。

　　爱新觉罗·溥仪是中国封建社会的末代皇帝，他并没有到过东南亚的任何一个国家。然而，他于20世纪30年代充当"满洲国"的傀儡皇帝时，曾作为日本军国主义的"小伙伴"，在1941年发表所谓"时局声明"，支持日本军阀发动的太平洋战争。又在日军攻陷新加坡时发表颂诗，说什么"黎明初曙光海陆，伟哉皇军功盖前"。还在一批批日本"肉弹"入阵之前亲吻他们的面颊，鼓励他们陷阵送死，如此等等，不一而足。那时泰国人民从报纸上和广播里了解的溥仪，是笼罩在罪恶光环下的人物。然而，那个溥仪在新中国成立后，经过学习和改造，悔过自新，成了公民，完全改变了模样，变成了我所熟悉的自己的丈夫。他著述的《我的前半生》，也成了畅销国内外的奇书。现在，我要在自己这本新书里，把丈夫介绍给希望了解溥仪新面貌的广大泰国读者。

　　我和溥仪虽然只共同生活了五年多，但他的音容始终长留在我心间。近十几年来，前来访问我的中外各界人士、记者、历史研究者以至普通读者、游客，越来越多了。每次接待来访客人，都勾起我对溥仪的许多回忆。特别是一些外国记者，从我与溥仪的相识相爱到组成家庭的经过，从平日工作到家常生活，从爱新觉罗家族、国家领导人与溥仪的关系，从我们的外出参观旅游到溥仪住院治疗等，每不一一细问。为了更好地回答记者的采访，我往往是一边回忆一边做些简要的记录。

　　本书就是在我自述、记录的基础上，由吉林省社会科学院的溥仪生平研究者王庆祥先生整理成书的。初稿完成后，又经《人民中国》杂志的编辑丘桓兴先生作了编辑加工。此书已译成日文、英文，将先后在日本、美国出版。

　　今年年初，《中国画报》泰文翻译曹幸查女士，将它译成了泰文。后来，《中国画报》的泰国专家威格栗其先生又对译文作了修改润色。为此，当本书即将出版泰文版时，我谨向各位鼎力相助的朋友们表示衷心的感谢。

　　最后，我还要感谢泰国俄阿通出版社的朋友们，没有他们的支持和厚爱，本书也不可能这么快就与泰国读者见面。

让日本人民了解溥仪

——《我的丈夫溥仪》日文版前言

（1996 年 9 月 23 日）

按：《我的丈夫溥仪》日文版于 1997 年 5 月 20 日在东京出版发行，当时李淑贤女士还健在，却已确诊为肺癌晚期，一步步接近了生命的最后时刻。当样式精美、印装漂亮的样书寄到时，她已经走了。在举行遗体告别仪式的灵堂前，摆放着出版该书的日本学生社敬献的花篮。

当此《我的丈夫溥仪》（日文版）将与日本人民见面的时候，我的心情很激动。爱新觉罗·溥仪是中国封建社会的末代皇帝，他年轻的时候曾经长期生活在天津的日本租界内，也曾经出任"满洲国"的傀儡皇帝，还曾经两度以"元首"身份出访日本、一度以囚徒身份为审判日本战犯赴日出庭作证，然而那时日本人民从报纸上和广播里了解的溥仪，却是被罪恶的光环所笼罩的人物。那个溥仪在新中国成立后，经过学习和改造，悔过自新，成了公民，完全改变了模样，变成了我所熟悉的自己的丈夫。他所著的《我的前半生》，也成了畅销国内外的奇书。现在，我要在自己这本新书里，把丈夫介绍给希望了解溥仪新面貌的广大日本读者。

我的丈夫特赦后只活了 8 年，就被肾癌夺去了生命，从时间看比 50 多年的前半生短了许多倍，而从生命的意义看，又胜过前半生不知多少倍。溥仪和我共同生活了 5 年半时间，如果从相识那一天算起，就将近 6 整年了。我们有甜蜜的恋爱生活，幸福的婚姻生活和在病痛中互相照顾的温暖而体贴的生活。1984 年我的回忆录《溥仪与我》首版发行，引起很大的轰动，在那本回忆录的《前言》里，我这样说明了撰写本书的背景：

1979 年 8 月至 9 月间，吉林省社会科学院历史研究所王庆祥同志来京访问我。他鼓励我一定要写好回忆录，他说，这将是我对历史和民族应该做出的力所能及的贡献。他还帮助我挖掘回忆线索，拟定回忆提纲。我们商定的原则是：想出一件事就写出一件事，忆及一句话就记上一句话。他对我说："您的回忆是具有重要研究价值的当事人第一手资料，每个字都要符合历史事实，对历史负责。"我以为这话很对。

　　我的回忆工作是在半年多的时间里，断断续续完成的。每当回忆的时候，我就好像又置身于十几年前的生活中，我的亲人又栩栩如生地站到我的面前，我们共同沿着历史的陈迹，由此一时到彼一时，从这一地到那一地。我不知道笑过多少次了，那是因为又生活在当年的幸福和甜蜜之中；我也不知道哭过多少回了，那是因为突然又把忆念中得到亲人的喜悦和现实里失去亲人的痛苦联系到一起……我的回忆可能很不全面，但却是完全真实的，都是曾经发生过的历史事实。

　　王庆祥同志是一位史学工作者，他在帮助我整理这部回忆录的时候，一再申明自己的观点是要信实地描出历史原型，倘有回忆不得真切者，宁付阙如，绝不虚构。现在呈现于读者面前的这部《溥仪与我》，就是他根据我的口述并对照和印证了溥仪遗稿之后整理成书的。初稿完成后，王庆祥同志又来京，和我共同对全书逐字逐段地进行了核实。我认为，改定的书稿与我口述的精神和内容都是完全一致的。当然，我的回忆只能侧重于溥仪的家庭生活方面，远不足以概括溥仪后半生的全部；倘能略补幸而尚存的溥仪日记等手稿，那就更好了。

　　12年以后，我和王庆祥先生再度合作，对《溥仪与我》加以全面修订，不但增添了我和丈夫溥仪共同生活的许多细节，还新写了丈夫去世后我作为溥仪遗孀，而在"文革"十年中间以及改革开放新时代里的漫长经历。所以能够增添大量新的内容，是因为近十几年来，前来访问我的中外各界人士、记者、历史研究者以至普通读者、游客越来越多了。每次接待来访客人，都勾起我对溥仪的许多回忆。其中，特别是一些外国记者，从我与溥仪的相识相爱到组成家庭的经过，从平日工作到家常生活，从爱新觉罗家族、国家领导人与溥仪的关系，从我们外出旅游到溥仪住院治疗等，无不一一细问。为了更好地回答记者的采访，我一边回忆一边做些简要的记录，这些记录成为本书重要的新素材。

　　本书中文初稿完成后，蒙《人民中国》杂志社副社长兼副总编辑丘桓兴先生惠予编辑加工，增色不少。又经外文局翻译林国本先生译成日文，而日本学生社山本由秋先生也花费很多精力对译文进行了压缩、修改和润色。今天，日文版就要在东京问世了，泰文版和英文版不久也将在曼谷和纽约出版。

　　我把这本经过修订的书稿取名为《我的丈夫溥仪》，希望它能够传达出我对丈夫溥仪深切的怀念之情。当此之际，我还特别要对日本学生社常务理事鹤冈一郎先生和大津辉南先生致意，是他们的支持与厚爱，才使我得到了和广大日本读者交流的机会。还有一切鼎力相助的朋友们以及一切喜欢这本书的读者们，请接受我最真诚的感谢。